U0057673

Image Communication

圖像傳播學

韓叢耀◎著

序

一輪紅日從地平線上冉冉升起，站在蔥翠大地上的人們，感到了周身的淡淡清爽，嗅到了空氣的緩緩流動，聞到了百鳥啾啾的鳴叫……萬物復甦，氣象更新，神韻律動，情緒飽滿。

新的一天開始了。

這一景象自古以來無數次的發生著並正在發生著，還將繼續發生著。然而隨著人類物質文明的發展、文化經驗的積累、安居環境的改變、興趣愛好的轉移，願意同時感受到這種景象的人卻越來越少了。

現代社會的人們往往借助於圖像去感知世界、描述世界、占有世界、享用世界。

圖像，一種圖像性質的現代性符號，它在能指和參照物之間應用了一種質的相似性，它模仿甚或是重複了事物的某些特徵，比如，形狀、比例、顏色、肌理、背景等等。由於這些特徵大多可以依據視覺而被感知，所以它的日常用法總是賦予了視覺圖像的一種優先解讀權，但在質的相似性的視野下，圖像並不一定是視覺性的，正如我們用五種感官來感知世界一樣，不僅僅是模仿一種物體的視覺性質，而同樣可以模仿其聲音特性、嗅覺特性、觸覺特性、味覺特性，甚至是精神特性。因此除了視覺圖像之外還應有聲音圖像、嗅覺圖像、觸覺圖像、味覺圖像，以及精神圖像、語言圖像等。

那麼，圖像是由什麼組成的呢？是什麼使得聲音、文字、語言變成資訊的呢？圖像的意義是如何產生的呢？等等。這就是傳播學要回答而且必須回答的問題了。

本書將視線錨固在視覺圖像的傳播方面，且多以固定圖像（image

fixe）爲理論研究對象，這並不是對動態圖像（image animée）的遺忘和排斥，而是避免類型同化的危險。固定圖像是可以被凝視的；動態圖像僅僅是有時間去記憶，圖像甚至可以觸及到非專業的觀衆，而媒體由此成爲一種豐富的回聲。從最簡約和雅致的固定圖像著手，爲今後的圖像研究提供基礎和辯護。

本書避免談論圖像的美學功能，因爲它趨向於圖像跡象（cindice）的退化，力圖使得我們的藝術品（圖像）非象徵化，重新在跡象之外找到圖像，使得跡象包含在圖像之中，而去尋找一種遺失的連續性一種豐富的表現，總體來說這是一條與文化（culture）反向的道路。而我們重視的是一種文化的進程，從跡象進步到圖像，從圖像進步到象徵，越來越清晰地明曉我們的藝術品（圖像）。我們受到的教育越多越能將跡象轉化爲圖像（image），而傳播也就愈發地呈發散狀，容易進行。

本書也避免談論各種各樣對圖像的爭論（古代的爭論、宗教的爭論、哲學的爭論、文化的爭論、現代的爭論等等），更避免這樣一個常見卻又常態的錯誤：把容易懂的圖像與難懂的文章相比，把容易懂的文章與難懂的圖像相比。

我們在圖像傳播的歷史和圖像傳播實務的基礎上提供理論分析的方法，對占人類資訊總量多數的視覺資訊——圖像及圖像傳播規律，據實地對其進行結構性的解析，從文本的形式、風格和結構、功能等技術手段出發，拓展多維的視覺或深入圖像結構的文本性探討，進而發現「資訊」產製的規律、「意義」生發的物理源，瞭望圖像傳播的理論研究方法。本書沒有著力在目前坊間普遍流行的視傳播爲「資訊的傳遞」的理論再炒上，而將研究重點放在「意義的產生與交換」，試圖回答圖像是由什麼組成的？是什麼使得圖像變成資訊的？可視資訊與圖像符號、造型符號的結構性偏移是怎樣的？圖像資訊與文字資訊的互文性結構特徵有哪些？等等。在傳播學的視野下，剖析圖像傳播的實質，深入圖像文本

的討論。遵從自然科學研究途徑：透過個體元素認知用於普及推廣（或多或少有點嚴密，或許可以公式化），探索著建立一種圍繞個體的科學知識的研究主題；達到人文科學的要求：視覺器官（圖像的對象化）成了該學科的特有之物，且逐漸壓制數學之眼（對象認知），在意義的層面完成圖像傳播研究的理論建構。

應該特別強調的是，本書是綱要性質的引論，有些問題只能做一個簡單的概括，有些問題只能是概略的提及，有些問題尚未觸及，我們將留待其他場合分別討論。

導論和第一章（圖像傳播概述）主要是扼要的介紹圖像傳播的理論流派、歷史淵源和現實狀況，使得讀者有一個清晰的主線和宏觀的視野。

第二章（圖像與圖像研究）、第三章（圖像傳播的符號學方法）和第四章（現代圖像原理與討論）是著重討論該書論述傳播的主體的問題，即圖像的有關問題，該部分需要討論的內容很多，這裡只能簡約的提及，尚未做出深入的探討。

第五章（圖像語言與視覺界面）和第六章（圖像主體與傳播主題）主要是從大眾語言開始找尋，引導到視覺形象的討論上，再例證到圖像的主體討論上。對於傳播理論研究來講，這可以說是最概括或稱抽象的主線了：一是圖像與受眾的關係問題；一是圖像與社會的關係問題。實際上這部分是研究傳播主體（圖像）與外部的關係問題。

那麼，圖像的內質的呈現問題就在下列幾章中做一點概略而必須的論述了。第七章（圖像形態的內結構分析）主要是縷析圖像的內結構（不同於內部結構，這是完全不同的兩個概念）；第八章（圖像傳播中的畫面景別）是論述圖像傳播的視覺外在特徵；第九章（圖像傳播中的母題時間）是論述「場」的問題，這是世界的核心問題，也是哲學的本質問題，更是物理實存的元點。沒有時間就沒有「場」，沒有「場」，一切

物質的存在、精神的存在、有形的存在和無形的存在都將不復存在（母題時間和時間母題也不是一個概念，時間母題只是關於時刻的物理量，而與母題時間對應的還有圖像時間、戲劇時間和記憶時間以及精神時間等）；第十章（圖像傳播中的色彩涵義）實際上就是在討論「圖」和「像」的問題。光是一切物質存在的基礎，也是精神存在的可能，而居中的色彩（彩色、影調等）是描繪兩者的手段。沒有色彩的中介，所有視覺性的資訊都趨歸於零，所謂的傳播也就無法進行。本章也只是大概的提及，具體到組構視覺資訊的造型層面、圖像層面仍沒有全面而深刻的觸及，就是在社會制度層面和語義學的層面也只是小小的展望。

還有很多應該做而沒有做到的事。

讀者可以要求，而且有權要求作者能夠全面、深入又翔實、準確地論述圖像，論述圖像傳播學的理論研究方法。沒有做到，是作者的責任。這不是說，僅僅說明這是一本「概論」性質的關於圖像傳播學的理論研究綱要就可以敷衍的了的。筆者銘記這種責任，並願意以微薄之力和羸弱之肩承擔這一責任，繼續努力，繼續學習，繼續思考，繼續寫作。

希望有更多的人加入對圖像的討論之中，也懇請方家批評與指正，更期待批判與責問，大家的關注就是「圖像」的幸運。

太陽落山了，夜從四周慢慢地包圍過來。一天的景象映入眼底，心靈緩緩地閱讀著，閱讀著圖像。

筆底仍在流淌著圖像，會在明天告訴您⋯⋯

是為序。

韓叢耀

於金陵

目　錄

導　論

　　圖像傳播（image communication）是一種具有視覺符碼特徵的非語文傳播（non-verbal communication）形態，圖像傳播學是現代傳播研究中通過深化、交融、整合而產生的一門新的學科。

一

　　圖像傳播研究理論相對於其他傳播理論，尤其是語言、文字傳播理論，它還顯得年輕，但它的歷史淵源及「書寫」（希臘文：graphein）風格卻早已存在於人類社會。視覺圖像語言作為圖像傳播的基礎構成元素，是先於人類的口頭語言和後來在社會實踐中產生的文字語言而存在的。這是人類的元語言系統。圖像傳播（視覺傳達）應該是人類最早（或說天生）所掌握的技能，所以說圖像傳播理論的研究和學習，成為了傳播學中人際傳播、組織傳播、文化傳播、新聞傳播、大眾傳播及分眾傳播的基礎之所在。

　　視覺圖像傳播是現有傳播媒介中傳播範圍最廣泛、傳播效果最好、傳播受眾最多、傳播速度最快、傳播障礙最小、個體傳播親和性最好、族群接受性最廣泛的既古老而又時新的傳播形態。視覺資訊（圖像）的可塑性非常大，構成一個完整的意義層面，既有諸如造型層面、圖像層面、語言學層面、制度層面等等的組構，也有語文圖像的共融、互文性特質等等歷史文化條件。其他圖像（如聽覺圖像、味覺圖像、嗅覺圖像、觸覺圖像、精神圖像等）在傳播中也會與視覺圖像發生聯覺，產生綜合圖像效應。這些條件關係使得它的傳播形態非常豐富，產生意義的多種面向，同時又使理論研究增加了許多的變數。這也使得圖像傳播理論研究的疆域更具寬泛性。

二

我們知道，就傳播學研究理論而言，當前在學術界分爲兩個主要學派。一派是視傳播爲「訊息的傳遞」。這一學派研究重點在於「傳送者和接受者如何進行譯碼（encode）和解碼（decode），以及傳遞者如何使用傳播媒介和管道」。我們稱這一學派爲「過程學派」，他們嘗試結合社會科學等領域，並將傳播定爲一種「行爲」。另一學派則視傳播爲「意義的生產與交換」。它的研究重點在於「訊息以及文本如何與人們互動並產生意義」。這一學派關注的是文本的文化角色。我們稱這一學派爲「分析學派」，他們取材自語言學和視覺作品等藝術領域，並將傳播定爲一種作品。

過程學派將傳播看作爲人們互相影響彼此行爲、心理狀態的社會互動進程，這很接近我們的一般理解，故坊間的理論著作較多，大學課堂研修也多爲該學派理論。分析學派則將社會互動視爲建構個體成爲社會文化成員的過程。由於這一學派使用「符號」、「符碼」等專門術語和彰顯其工具性特徵，多數人很難理解或接收語言和指意，故坊間較少看到這類著作，大學課堂裡師生也慎爲觸及。

實際上，兩個學派並沒有什麼原則上的不同、本質上的不一樣，兩個學派都以自身的觀點來解釋「傳播爲何是透過訊息而產生的社會互動過程」。

對過程學派而言，訊息透過傳播過程而進行傳送，但現在有許多人認爲傳播的意圖是構成傳播活動的重要因素。對分析學派而言，訊息是符號的建構，並透過與接受者的互動而產生意義。也就是說：過程學派是在某種程度上強調傳播（communication）的過程且模式多爲假設，如

甲到乙的傳播關係；A 到 B、B 到 C、C 到 A 或其互動的指向關係，所用辭彙也大多為傳者、受眾、媒介、頻道、噪音、回饋等等。研究的著眼點在傳者、受者；傳者至受者之間的過程。而分析學派雖然也研究這些內容，但其重要性已大大降低，它研究的著眼點在文本身上。也就是說，對文本進行解讀（reading），解讀是發現意義的過程，並且發生在讀者和文本的協調或互動之際。當受眾（讀者）以其自身的文化經驗中的某些面向去理解文本中的符碼和符號的時候，同時它也包含了一些對這個文本的既有理解，也就是說訊息不僅是簡單的從甲到乙（這只是結構中的元素之一），訊息（文本）、產生（讀者）及指涉的互動箭頭最終都會指向「意義」（meaning），它們是結構性（structural）的模型。這些模型不像過程學派那樣先假設訊息的產生，再去做研究，它不假設訊息流程有哪些步驟或階段，而只著重於分析：何以一組結構性的關係可以使某項訊息得以清楚地表示某件事。也就是說它專注於：是什麼使得文字、圖像或聲音能夠變成訊息（message），將研究重點放在「意義的產生與交換」。試圖回答視覺圖像的組構；可視資訊與造型符號、圖像符號的結構性偏移；視覺圖像資訊與文字資訊的互文性結構特徵等。因此，傳播學的分析學派的理論更容易受到圖像傳播研究者的關注，它不但可以使圖像傳播研究的視野更廣闊、語彙更豐富，而且使得圖像傳播研究對結構性圖面切入得更深。

在視覺圖像中，符號和對象的關係，或能指和所指的關係，表現出某種性質的共同性：由符號顯示的關於圖像的一種一致性或適合性被接受者所承認。也正因為如此，圖像傳播研究借用了分析學派——即符號學派的大量辭彙，以使圖像的意義呈現得更為清楚。一旦離開了圖像的結構性主題解讀，我們仍沿用過程學派的一些理論，這樣，我們才可以在人們較為熟悉的結構性框架和慣用的語彙內，來表述我們的觀念和研究方法。這並不等於說圖像傳播研究沒有自己需要表述的觀念和獨特的

語彙，恰恰相反，圖像傳播研究所需要表達的觀念和使用的辭彙是非常之多，以至於我們目前還無法清晰透徹地表述，就我們的傳播目的而言，先要使受眾（讀者）明白這是怎麼一回事，然後再同讀者一道走入理論研究的巷道，親歷圖像傳播研究正在開掘的工作面。

三

圖像傳播中的意義究竟是如何產製的？圖像的結構性意義是如何建構的？人們在解讀圖像時，圖像又是如何使得人們獲取訊息的？這一切的一切問題都有待於我們做出急迫且中肯的回答。這些也將是本書重點討論的問題。但需要限定的是，我們的研究只在視覺圖像上鋪陳開來。

我們明白，旗幟是一種圖像；照片是一種圖像；音樂是一種圖像；氣味是一種圖像；味道是一種圖像；粗礪是一種圖像；圖像傳播研究之所以把視覺圖像置於優先的位置，是因為它曾經為我們的大部分文化經驗。它可以代替一種缺失的或不可感知的事物，可以用於喚起思想，或與其他感受的事物相結合，以實現一種活動。

圖像傳播的理論研究包括三個面向：

一是普通圖像傳播理論研究。這類研究具有哲學性質，旨在建立一個理論對象並提出有關完全形式化的總體模式。它研究圖像、圖像傳播的定義本身、結構及動力等等。

二是專業圖像傳播理論研究。它研究圖像傳播的語言結構，包括構成、組織、造型符號、圖像符號、意思、句法、語義學及實用主義哲學。主要研究理論化、概念化的觀點；特殊的圖像傳播系統，如視覺圖像符號、電影畫面、電視圖像構成、錄影技法等等。

三是應用圖像傳播理論研究。它是一種研究模式，其嚴格性建立於

圖像傳播學手段的應用基礎上，而這些手段所假定的社會化一致性與未經驗證、「印象派」的或是太多偶然的闡釋是相對的。它的主要任務就是透過借助於先前的圖像傳播學手段，使一個「酸味的語言」或是一種給定文本的闡釋具有兩者之間的可控性。

圖像傳播一直受制於物質技術手段表達的限制，同時又囿於「風格歷史」或稱之為文化表徵的歷史（history of cultural symptom）的修正，這都將給研究、分析和詮釋圖像的意義帶來極大的困難。所幸，我們正在行走。

四

圖像研究（iconography）以及圖像傳播的研究對建構社會政治、文化、倫理有著不可低估的作用；對解放生產力、構造道德新秩序以及開發人類智力、提高思維效率都會起到極大的促進作用。當然，它在強化傳播效果，建立科學、有序、豐富、自然的圖像語言和視覺文化等方面也會有著巨大深遠的影響。

我們研究圖像傳播的方法，取決於我們研究和觀察的領域自身，不同的觀察者和不同的考察角度會有不同的結果和結論呈示。當然，不同的傳播媒介也會有不同的研究結論，這裡我們極少觸及動態的圖像（如電影、電視等）和圖像的動象化（如動漫、網路遊戲等），也沒有探究數字圖像，這不是我們的排斥，而是暫時將視點錨固在靜態圖像上，以期有一些共性的認知，為今後圖像傳播研究方法提供一些基礎性的辯護。通過補充、回顧、整理和發展，一種完整的圖像傳播學研究方法將能更好地確認闡釋和思考的可能性，具有一種預見性的理論形態。

在圖像傳播研究領域，我們要討論的問題有很多，如一直不被重視

的造型符號、色彩符號、景別視像等被我們重新強調，而且置於優先考慮的位置，避免忘記視覺圖像的基本構成元素，從傳播的專業性背景來考量，應該在能及的範圍內為每一種概念或是每一種圖像的解釋提出一個恰當的話語平台。也許這些是極個人化、私密化的視點。這並不重要，重要的是致力於目的：提出一種關於圖像傳播研究的綜合性介紹，使之成為一種充滿學術活力的、獨立於時尚、流行之外的原則；指出有益的研究原則，回顧性了解當代社會有關視覺圖像的身分的某些基礎及圖像傳播的種種可能；遵從自然科學的研究方法和途徑，通過個體元素認知用於普及或推廣，探索著建立一種圍繞個體的科學知識的研究主題，對圖像（視覺資訊）傳播的理論建構和理解的功能性的研究充滿有效的活力和展望性的手段，發展出一種圖像傳播的嚴肅而科學的方法，對不確切的圖像傳播研究觀點引出通常可以在特性之上的切實思考的共同之處。

五

　　圖像已為人類訊息交流提供了基礎，也為圖像傳播的研究提供了巨大的學術空間，同時也為詳盡地分析人類在世界中的作用提供條件。圖像已滲透到人類社會生活的各個方面，無所不及。我們發現，世界的「現實」，本質上已不屬於物像的自身，而是屬於事與物之間的關係，屬於人們閱讀圖像後所產生的意義。圖像傳播已成為現代傳播的一種最為有效的傳播方式和途徑，成為一種不可或缺的社會生產力（如新聞宣傳、國際傳播、資訊交流、輿論引導、倫理構建、政治訴求等），成為人類一種創造性的思維活動，成為人們觀察自然、社會和人類自身的有效工具，成為一種文化的力量。

　　圖像傳播研究步履維艱，陷阱密布。其結構複雜、體系龐大、專業精深，需要恆久地投入大量的精力，堅持不懈地努力工作。就目前的圖像傳播研究狀況而言，我們尚不可求全求深、求精求新，而只能求其簡單了。因為：

Simplex sigillum ueri.（簡單是真的標誌。）

　　圖像傳播的研究還不能像符號學或圖像學那樣，借助於最為嚴格的工具指明最為可能的主軸。但它會借助於圖像學或是借助於作為手段或比較的圖像學機制，這是一種理論性的、方法性的選擇，這種選擇可以有效地把握圖像傳播研究的最初時期，但也會因此被維護或被攻擊，即以全面且不可逆轉的方式去指摘圖像傳播的研究方法，如此便也省去了研究它的力氣。

　　人文科學今天似乎面臨著一種窘境：具有可信的研究成果，卻只有一個薄弱的「學科」地位；具有高等的「學科」地位，而研究成果卻不是十分可信的。至於視覺圖像傳播的理論研究，甚至連一個「學科」的名份還不具備。正因為如此，才更需要研究者具有持久的恆心和堅定的方向，多付出些力氣。

　　圖像傳播理論研究是人文科學中最為基礎的科學研究，因此它具有一種默默於輝煌的科學殿堂之下的基石特徵。

1 2 3 4 5 6 7 8 9 10

圖像傳播概述

　　圖像（image）是結構性符碼的建構，符碼是一個文化或次文化成員所共用的意義系統，它由符號和慣例規則共同組成。解讀圖像也就是發現意義（meaning）的過程，意義不但需要從訊息中獲取，更需要從文化中理解。這裡所指的文化是廣義的，而不是單指讀寫能力（literacy）這樣的嚴格意義上的文化。傳播（communication）是透過媒介（media）傳遞文化共有符碼而產生的。

　　圖像傳播活動就是透過傳播媒介獲取訊息（message）的過程，這一過程產生的意義會因受眾（讀者）的文化背景不同而有所不同。在傳播活動中，圖像是結構主義的終結，同時成為經驗主義的工具。

第一節　史前圖像傳播活動

　　圖像傳播是人類進行物質生產的同時，而創造的一種精神生產活動，在人類社會一百多萬年[1]的演進長河中，它緊隨著人類文明的進化，同時又扮演著催發人類文明進化的先鋒角色。

　　在中華文化悠久燦爛的文明歷程中，我們看到先民們最早對於圖像崇拜的證明——圖騰[2]（totem）。在沒有文字語言的年代，他們用智慧將傳播訊息濃縮於視覺範圍有限的圖像中。

　　在法國南部小山丘的洞穴內，人們於 1940 年發現了距今大約 15,000 年前的壁畫[3]，並考證為這是先民們的圖像訊息傳播活動——類似於今天學校教育的黑板演示，這可能是西方人最早使用圖像進行傳播活動的例證。

　　在中外文化的傳播史上，粟特[4]（sogd）人將西元前六、七世紀的伊朗圖像（兩河文明）傳入中國，形成了世界上一種獨特的拜像文化——祆教。[5]粟特是一個圖像崇拜的民族，這一點可以在安伽墓的石刻壁畫上

得到印證，也可以從今天仍生活在中國西北部地區粟特後裔的日常生活中隱約看到。這種人類早期的圖像傳播行為，仍是今天人類社會進行傳播活動的一些主要圖式。

一、遠古的神秘圖像

在人類社會一百萬多年的生命演化進程中，有文字記錄的歷史只有幾千年，絕大部分的人類歷史都沒有文字記錄，而只有圖像遺存，就是這些遺存的圖像，依目前人類的科學技術能力而言，也只能追尋到西元前二十一世紀左右。

在中國江蘇省連雲港市境內的錦屏山麓，考古人員發現了十幾座石器時代的村落遺址，該處多次出土過舊石器時代的文化遺存——船底形石核、石片等，還出土過新石器時代的遺物——網墜、骨針、磨光石斧、陶紡輪、陶片等。最令人不解的是在山腳下一塊不整光亮的黑色岩石上發現刻有許多農作物圖案和幻面人像，除了這一組圖像之外，還有一組星象圖與動物頭骨相間雜的岩畫，在這處被稱為將軍崖的岩畫上，最為引人注目的是一幅三個光芒四射的太陽岩畫[6]。

到底是什麼人、在什麼時候、為了什麼而在岩石上刻下了這些圖像呢？

> 農作物圖案看上去很像禾苗剛分蘖。令人迷惑不解的是，禾苑中總有一根特別秀出的莖，連接著一張張圓圓的人臉。最大的人臉，直徑一米左右，它們就像懸浮在空中的氣球，表面畫滿了奇怪的線條，眼睛瞪得鼓鼓的，長了貓一樣的鬍鬚。髮式（或許是頭飾）各不一樣，有些像瀏海，有些像髮套，有些像在前額上捲著好幾個捲髮器。（見**圖 1-1**）
> 三個太陽的圓心排列成直角三角形。（見**圖 1-2**）

圖 1-1

鑿刻在將軍崖崖面上的幻面及農作物的原始崖畫。中國連雲港

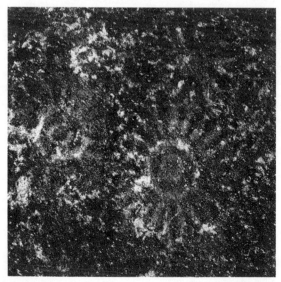

圖 1-2

原始人用以測量冬至和夏至的三個太陽圖案的岩畫。中國連雲港

第三組岩畫位於岩石最上部，一些鳥頭人面高高在上。（見**圖 1-3**）

人們經過大量的田野調查和文獻考證，大致推斷出將軍崖的岩畫是原始農耕部落的作品，並從將軍岩所處的地理位置來判斷，這應是古代東夷的範圍，岩畫作者屬於東夷氏族。因為在三組岩畫中鳥頭人面居於最頂端。東夷少昊氏以鳥為官，鳥為氏族圖騰。

那麼另兩幅呢？從禾苗的幻面和星象太陽圖上，隱約覺得它們應該與農作物的生長有關。據天文學家的認定，三個太陽的圓心成直角三角形的排列，是為了根據太陽的位置測出冬至和夏至的時間。禾苗幻面圖則表明這是一個靠土地生長的農耕民族。

結合對將軍岩周圍地形的考察，以及對「社石」的考證，社主確定了：此處應是東夷鳥國的社稷壇。

圖 1-3
崖面上圍有衣裙的鳥頭人面圖案。中國連雲港

祭土地，祭社神，往往同祭稷神連在一起。這是因為有了土地並不意味著有了豐收。莊稼雖然從土地中生長出來，而豐歉卻並不完全由土地決定。它似乎有著自己的生命和意志，而且它同日月星象的運動似乎有著某種原始人把握不住的神秘關係。

將軍崖上的圖像傳播著什麼呢？人們從圖像中讀解出哪種意義呢？

解讀只能依據受眾（讀者）的文明程度及社會經驗和專業技能進行，綜合分析的結果是，將軍崖上的圖像似乎在向人們傳遞這樣的資訊：

從禾苗中長出來的圓圓的、大大的人頭，代表著莊稼的精靈，也就是稷神。

測量冬至和夏至的三個太陽，告訴東夷鳥國的子民每年中最短和最長的兩天。

也許在這一年中與農事最密切的兩個節氣首日，子民們都要在頭戴鳥毛羽飾的各級頭領的帶領下，來到這氏族最神聖的天然祭壇，戮俘殺牲，享祀土地和莊稼之神。

對於尚沒有文字語言的氏族來講，圖像所起到的傳播作用非常巨大，正因為如此，圖像構成了人類沒有發明和使用文字語言之前的史前史。

二、歐洲洞穴壁畫

當巴黎還是塞納河（Seine）河邊的幾幢小屋，屬於蒙馬特（Montmartre）的少數幾個洞穴之一的時候，而位於它南部幾百里遠的地方，人們為了抵抗第四紀冰川時期的嚴寒和巨獸的威脅，已經在波爾多（Bordogno）地區聚集起來。這個地區就是我們今日所熟知的法國南部的波爾多葡萄酒區（Bordogne Wine Country）。

　　如果是 15,000 年前站在小山丘上向下方看，可見一條小溪，名叫韋澤爾河（Vézère）。向西望去，則是一處大型聚落，多爾多涅河（Dordogne River）穿過這個大型部落緩緩向前流去。晨曦中，裊裊炊煙從部落的洞穴中飄了出來，洞穴中的人們正圍著燃燒的火堆烘熱手和臉。這時，部落中的某個人會帶領著另一人或　群人走向另一個洞穴。

　　這是一個特別的洞穴[7]，一眼就可以看出它不是用來住人的。洞穴壁呈黃、黑、褐色，這是當時地球的顏色，也有粉紅色和白色的光芒夾雜其間（見圖 **1-4**）。在石灰岩壁上是一幅彩繪的獸類圖像，畫中的兩排野獸彷彿正從受眾（觀者）所站立的位置奔向洞穴的深處，如果觀者手舉火把走動觀看這些圖像，野獸看起來「跑動」得極為迅猛。如果移動到石壁間狹窄的通道口前，猶如無法抗拒地加入到追捕野獸的行列中，隨著隊伍奔向通道深處。如果靜靜地凝視圖像，細細品味豐富的色彩，圖像中對個別動物細部的描繪達到令人吃驚的地步。部分野獸的身體有些彎曲，兇猛威力，有躍出畫作之感。還有一些動物的圖像，栩栩如生，活靈活現（見圖 **1-5**）。從西班牙北部發現的二百多座洞穴的壁畫中，也呈現出同樣的動感（見圖 **1-6**）。

　　在西班牙坎塔布連山脈發現的阿爾塔米拉洞穴（Altamira caves）的峭壁上，繪有優美的野牛圖像：四足齊聚、目視前方；肌肉緊繃、蓄勢待發；完全一副欲躍起攻擊的兇捍威猛之相。圖像中野牛所展現的抑制力和爆發力，就連今天的畫家們所繪野牛之作也無法與之相比。看一看先民們的圖像壁塗，真令今日的美術家們汗顏得無地自容。與今天的畫作相比，那些壁畫的藝術價值極高，無人能出其右。但可以肯定地講，它不是為了藝術而藝術，更不是為藝術家的聲望而繪製。它們應該是洞穴居民社會意圖（social intent）的一部分，它有其重要的意義：「它們是群體策劃的證據或帶有某種社會目的。」[8]

　　現在，人們不禁要問，為什麼這些壁畫被先民繪製在黑暗無底的洞

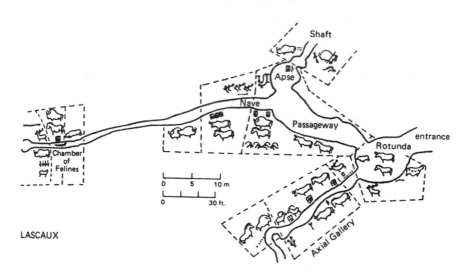

圖 1-4

法國拉斯科（Lascaux）洞穴岩畫及平面圖。法國拉斯科（Lascaux）

圖 **1-6**

馬。法國拉斯科（Lascaux）

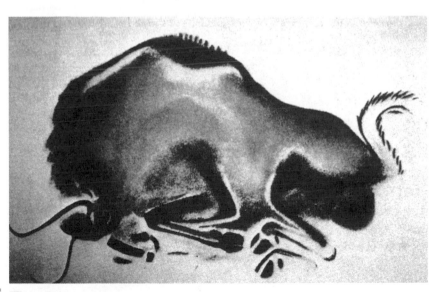

圖 **1-6**

野牛攻擊圖。西班牙阿爾塔米拉（Altamira）洞穴

穴中而不在光線可及的地方？為什麼許多壁畫都繪在必須要涉水或爬過狹窄的入口的幽暗絕險之處？為什麼這些壁畫要在一個特別的角度下經過某種照明才能得以窺其全貌？當然，解釋的理由可以有很多，但綜合起來考察分析，我們會得出這樣的結論：先民們希望欣賞壁畫成為一種特別的經驗。因此，洞穴藝術較為合理的解釋是為了教育：

> 這些畫作或許是成年禮中，部落將神話（mysteries）、圖騰（totems）及儀式（rituals）傳遞給年輕族人的媒介。

當然也還有更重要的目的，

> 即教導年輕人一些事情，並使其永不或忘。舊石器時代的學生沒有課本和教室，但他們必須迅速習畢許多重要課程：包括部落的歷史和信仰、獲取食物以維持部落生存的工具和方法、自然世界的各種跡象（signs）等等。這些課程的教導務求深切地銘刻在年輕成人的記憶中，那麼，還有什麼比黑暗的洞穴為背景，使學習情境絕對嶄新、無法預期，並使人印象深刻更好的方法呢？在洞穴中，老師可以帶領學生到達某一位置，使他們能在某種角度或火光的照明下看見壁畫而印象深刻；長者可以要求學生爬行過深坑與狹窄通道，然後遽然看見栩栩如生的巨大獸類圖而銘記在心。使年輕人牢牢記住這段經驗，正是先人選擇了洞穴作為教學場所的真正目的。[9]

從洞穴地面上的考證得知：那塊曾經是潮濕輕軟的土地，留下了大小不等的足印，甚至在壁畫前面的地面竟然留有小孩臀部的痕跡。繪有壁畫的洞穴在舊石器時代先民們心中的重要地位，可能就如同教堂在今日西方人心目中的地位。

有人曾對此壁畫的作者是否為人類所為提出過懷疑，但到目前為止，人們還沒有發現其他有生命的動物繪畫技巧能達到如此高超的程

度，雖然已有證據表明大猩猩、大象等動物也具有繪畫的天賦，但與洞穴壁畫相比，動物們的「傑作」，充其量只能算作是即興塗鴉。更何況在有些洞穴旁竟留有人類的手印（見**圖 1-7**）。今天人們在重要的文件上按上鮮紅的手印，以示證明或鄭重，是否為祖宗的文化遺傳？

在洞穴內人們還發現，除了圖像之外，壁畫中間及旁邊還有數以百計的符號與塗鴉痕跡，其中有一部分或許可以視為圖像文字——象形文（hieroglyphs）的雛形[10]，這些圖像文字至今沒有人能夠辨認，它仍然是我們繼續探討人類早期傳播活動的謎團。

三、龍飛鳳舞的年代

在中國的江蘇省徐州市銅山縣利國鄉出土了距今二千多年前漢代的一些墓穴，在墓穴的石壁上刻有一幅淺浮雕的兩個「人首蛇身」的怪獸交尾的圖像——《伏羲女媧圖》[11]（見**圖 1-8**）。伏羲女媧為上古帝王，又傳說為人類始祖神，〈魯靈光殿賦〉云：「伏羲鱗身，女媧蛇軀。」在中國的神話傳說中，伏羲女媧是流傳最廣、材料最多的，也是最具有傳奇色彩的。李澤厚先生在其著作《美的歷程》中，就給出了我們如下的一些材料：

媧，古之神聖女，化萬物者也。（《說文》）

往古之時，四極廢，九州裂，天不兼覆，地不周載，……女媧鍊五色石以補蒼天，斷鼇足以立四極。（《淮南鴻烈·覽冥訓》）

俗說天地開闢，未有人民，女媧摶黃土作人。（《太平御覽》七十八卷引《風俗通》）

女媧禱祠神祈而為女媒，因置婚姻。（《繹史》引《風俗通》）

宓義氏之世，天下多獸，故教民以獵。（《尸子·君治》）

古者，庖犧氏之王天下也，近取諸身，遠取於物，於是始作八卦以

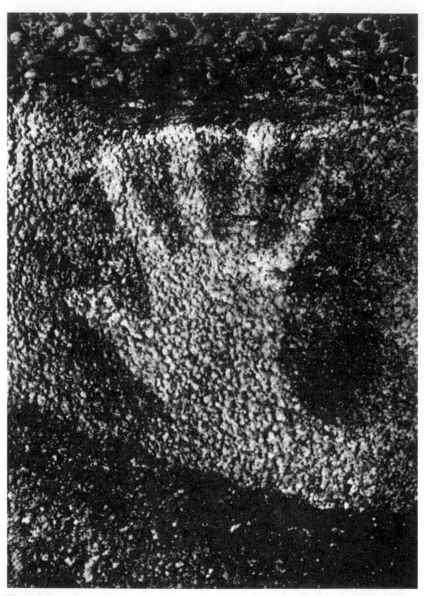

圖 1-7

在洞穴壁畫的旁邊，人類留下了一些手印，隨石灰岩留存至今，而成為歷史的一部分。圖中這些手印發現於西班牙桑坦德（Santander）的埃爾卡斯提洛（Elcastillo）洞穴

圖 **1-8**

《伏羲女媧圖》。江蘇省徐州市漢墓拓片，韓叢耀收藏

通神明之德，比類萬物之情，作結繩而爲網罟，以佃以漁。（《易·
繫辭》）

伏者，別也，變也。戲者，獻也，法也。伏羲始別八卦，以變化天
下，天下法則，鹹伏貢獻，故曰伏羲也。（《風俗通義·三皇》）
……[12]

伏羲、女媧都不是現實生活中的人物，它是先民們創造出來的神話
中的人物。「神話中的伏羲的形象是人首蛇身，且與一女性（人首）蛇
身（即女媧。筆者註）絞在一起，半人半獸，且獸身相連，」「傳說中的
伏羲，還是八卦的創始人，八卦以陰陽爲基礎，」「陰陽和合，則天人吉
祥、身心交泰；陰陽不調，則只有問『伏羲伏羲奈如何』了」。[13]女媧，
依《山海經·大荒西經·郭璞注》解釋爲「女媧，古神女而帝者，人面
蛇身，一日中七十變。」

那麼，「伏羲」、「女媧」到底是個什麼東西，如果是人，又該是什
麼樣子呢？至今沒有人能確切地考證，也沒有人能夠說得清楚。李澤厚
先生的答案是有一番道理的：「如果剝去後世層層人間化了的面紗，在
眞正遠古人們的觀念中，它們卻是巨大的龍蛇。」[14]

伏羲、女媧應該是龍，只是在這幅圖像中，保留著更完整的關於龍
蛇的原始狀態的觀念和想像。龍是中華先民們想像的精神產物，龍是中
華民族的圖騰。

與龍蛇同時誕生的中華民族另一圖騰爲鳳鳥，這在徐州市銅山縣利
國鄉出土的文物中得到了佐證。《龍鳳呈祥》[15]（見圖 **1-9**）出土於中
國的江蘇省徐州市銅山縣利國鄉，畫面上方刻三隻盤捲的虺龍，下方刻
三隻鳳鳥。

據史書記載：「龍爲百蟲之長，鳳爲百鳥之王」，都是吉祥的象徵。
關於鳳的傳說也有很多，具體的形象不確定，但作爲中華民族頂禮崇拜

圖 1-9

《龍鳳呈祥》。江蘇省徐州市漢墓拓片，韓叢耀收藏

的對象是可以肯定的。關於鳳的材料，李澤厚先生也給出了我們一些：

> 鳳，神鳥也。天老曰，鳳之象也：鴻前䴏後，蛇頸魚尾，鸛顙鴛思，龍文龜背，燕領雞喙，五色備舉，出於東方君子之國……。（《說文》）
>
> 天命玄鳥，降而生商。（《詩經‧商頌》）
>
> 大荒之中，……有神九首，人面鳥身，名曰九鳳。（《山海經‧大荒北經》）
>
> 有五彩之鳥，……惟帝俊下友，帝下兩壇，彩鳥是司。（《山海經‧大荒東經》）[16]

龍飛鳳舞是原始社會氏族部落的族徽——圖騰，這是山頂洞人撒紅粉活動（原始巫術禮儀）的一種延續、發展和進一步的符號圖像化。它們是人類觀念意識物態化活動的符號和標記。在沒有政治體制、等級制度、金銀錢幣、科學技術、短槍長炮、文字語言的石器農耕時代，人人平等，靠什麼辦法來用團結氏族部落？靠什麼手段來驅邪扶正？靠什麼力量來與自然的災害和內心的恐懼做鬥爭？只有創造圖像，進行圖像傳播活動——圖騰崇拜。「在這種種圖像符號形式裡的社會意識，亦即原始人們那如醉如狂的情感、觀念和心理，恰恰使這種圖像形式獲有了超模擬的內涵和意義。」[17]

第二節 人類傳播活動的演進

人類文化中心的轉移是從口頭傳播到多媒體傳播，經歷了口語傳播、圖形傳播、文字傳播、印刷術的應用到影像傳播、多媒體傳播等幾個階段。雖然每一階段難以有明確的區隔，樣式也沒有截然的不同，但

跨越的幾大階段今天仍透過「風格的歷史」呈現在我們眼前。在人類的歷史文化發展過程中，語言傳播、圖形傳播、文字傳播、影像傳播等都是一場場劃時代的革命，從傳播學的角度來看，每一場傳播方式的演進都對人類文明進化做出了意義深遠的改變，這種宏大的意義，只有等我們回頭觀望時，才清晰地顯現出它本該有的輝光，才能更明晰地看出人類在前行時所付出的足夠大的艱辛與耐力。

一、人類的誕生

地球從它誕生（地殼固化）以來，已經經歷了 39 億年的時間，如果我們把地球進化的 39 億年當作我們今天的一年來看，那麼人類出現在地球上距今只有很短的時間：510 秒（8 分 30 秒）！也就是說人類在地球上出現的時間為：一年中的 12 月 31 日午夜 23 點 51 分 30 秒！在這最後的 8 分 30 秒那一刻，是什麼力量將類人推入了人類之門呢？人類起源於混沌渺茫無從記載也無所記憶的年代，為後世留下一個難解之謎，引誘近代相關學者、專家們跌跌撞撞地東奔西走，開山掘地，尋找哪怕是一星半點的線索。人類渴望認識自身——我們從哪裡來？我們到哪裡去？這些問題留待歷史學家、哲學家去解答吧，我們這裡只關心人類已有的歷史。

如果人確是由猿到人演變而來的，我們可追尋的歷史將是很久遠的：人們已經發現距今上千萬年前的開遠森林古猿化石；距今 800 萬年前的祿豐古猿化石， 170 萬年前的著名的元謀人化石[18]等等。

如果我們確定人類的上界為距今 100 萬年左右，並將人類的歷史當作一天（24 小時）來看的話，我們會感性地看到語言的發明和使用是何其的晚，其他傳播手段就更晚了。參照韋伯‧施蘭姆在《人類傳播史》一書中所繪製的人類在地球上 24 小時的時鐘，我們可繪製出下圖（見**圖 1-10**）：

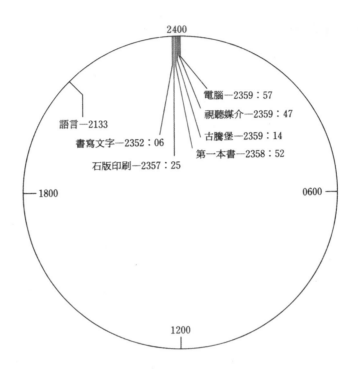

語言—2133
書寫文字—2352：06
石版印刷—2357：25

電腦—2359：57
視聽媒介—2359：47
古騰堡—2359：14
第一本書—2358：52

2400
1800
0600
1200

圖 1-10

人類在地球上 100 萬年的 24 個時刻

說明：100 萬年 ≈ 24 小時，4.2 萬年 ≈ 1 小時，700 年 ≈ 1 分鐘，12 年 =1 秒鐘。

　　依據考古得到的材料，大約在 24 小時時鐘的 12 點鐘左右，北京猿人首先使用了火，這是距今約 50 萬年前的事，北京猿人應是人類始祖最早學會使用火的。但可以肯定地講，當時的人類還沒有學會系統地使用語言，如果有口頭傳播也是使用一些比語言更簡單的喊叫、節奏等，當然，這只是猜測，目前還沒有一個科學的定論。

　　當時針指向 21 時 33 分時，也就是說距今 10 萬年前左右，人類發明和使用了語言。語言的發明和使用是人類文明史上最為智慧的成就，使用語言也是人類傳播史上相當重要的一步。

　　從人類誕生的那一刻到人類學會使用語言，人類經歷了極其漫長的歲月，語言從單音到音調，從節奏到旋律，從聲響到韻味，從表情到傳意，逐步地進化到一個高超絕倫的地步，甚至成了藝術。雖然在世界上不同地區出現的語言形態有早有晚，有象形有象聲，形成了各種語言體系，甚至不同語言的交流出現障礙，但正是這樣的語言態勢，保存了世界文化的多樣性。傳播也因語言的出現而顯得重要了。

二、從口頭語言到象形文字

　　靜靜地躺在博物館一隅的甲骨文（見**圖 1-11**）見證了這場文明進化的艱辛；巴黎協和廣場上具有五千二百多年歷史的埃及方尖碑上的象形文字，也坦誠地表露我們人類從口頭語言到象形文字所走過的曲折歷程。文字在古埃及時占有特殊地位，因為它是用來傳達法老指示的必經之路（見**圖 1-12**）。

　　人類語言的發明和使用，使得人類真正地從自然界裡強大起來，憑藉語言的優勢，可以聯合同類捕獲比他們力量大得多的動物；憑藉語言的優勢，他們可以言傳身教將勞動的技能及生存的經驗傳給親人、友人以及後代；憑藉語言的優勢，他們可以從具體中學會抽象，學會思想，使智慧得到充分的提升；憑藉語言的優勢，他們發展出概念，使資訊得到高度濃縮與提煉，同時又保有資訊的鮮活性；憑藉語言的優勢，他們能夠思考和處理一些在今天看來也顯得深奧玄妙的問題；憑藉語言的優勢，他們使自己的生活越來越方便等等。總之，語言是人類所取得的最大的收穫，也成為邁上文明道路的重要因素。

　　隨著人類文明向前演進，對語言的不滿足也開始顯露出來，如它的個體記憶行為、不可複製性、不可考證、不便於記錄歷史、不利於視覺交流等等，為此人們開始尋找一種新的方法，使之更便於傳播、記錄和保存。人們開始用岩畫、壁畫、洞穴畫、石刻等形式來「書寫」，與此同

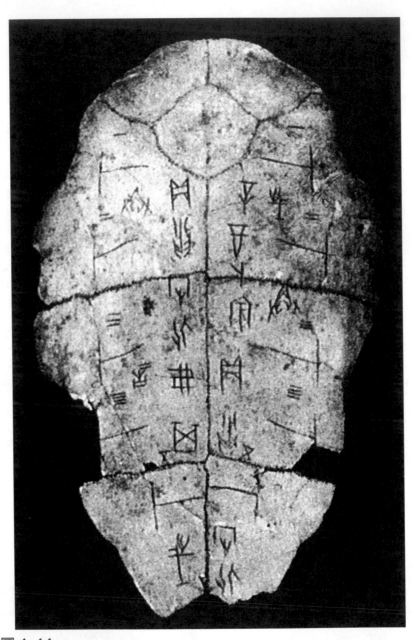

圖 1-11
甲骨文。出土於中國洛陽殷墟

圖 1-12

古埃及的象形文字

時，開始發明符號和象形文字。

　　可以說，象形文字是伴隨著語言而發展的，到了西元前 5000 年左右，象形文字開始獨立於口頭語言，具有了傳播的大部分功能。到了西

元前 1792 年，古巴比倫人將文字刻在玄武岩石上，使其內容公諸於眾，這就是著名的《漢摩拉比法典》（見圖 **1-13**）

在此基礎之上，人類發展出文字藝術，代替人類原來僅靠大腦的記憶，這樣可使得人們不再需要記住過去的所有事物，而以此為基礎來進行新的探索。文字的出現，開展現代意義上的科學研究才能成為可能，傳播才可能在更大的範圍內進行，使其更具社會性和大眾化。

三、從手寫文字到印刷術

人類傳播史上極富里程碑意義的是印刷術的出現。雖然印刷術的發明不像語言文字那樣具有革命性的影響，但時至今日，它仍是人類社會的主要傳播方式。印刷術幫助語言文字和圖像得到迅速、廣泛而多向度的傳播。

世界上最早發明活字印刷術的人應為中國宋代的畢昇[19]，據沈括在其科技史巨著《夢溪筆談》中的記載，畢昇在中國宋朝萬曆年間（西元 1041-1048 年）發明了在膠泥片上刻字的方法：一字一印，用火燒硬後，便成了活字，這樣就可以將手寫的文字透過排版印出。排版前，先在置有鐵框的鐵板上敷一層攪和紙灰的松脂蠟，活字依次排在上面，加熱，使蠟稍稍熔化，以平板壓平字面，泥字便固著在鐵板上，可以像雕版一樣印刷，雕版印刷（block printing）雖早在 2000 年前就有人使用，但都沒有活字印刷來得方便、經濟和普及性高。畢昇還研究過木活字排版，活字可以多次使用，比整版雕刻經濟方便。

西方人使用印刷術印刷的第一本書直到西元 1450 年方才出現。古騰堡[20]（Johannes Gutenberg）的印刷術比畢昇的印刷術晚了將近 500 年，這是位於歲月時鐘上的最後一小時的最後一分鐘！可見在人類歷史的長河中，印刷術創造的這種文字傳播方式在文明的進程中是多麼的短暫。

印刷術的發明和使用，使得人類在文明進化的過程中獲得了巨大的

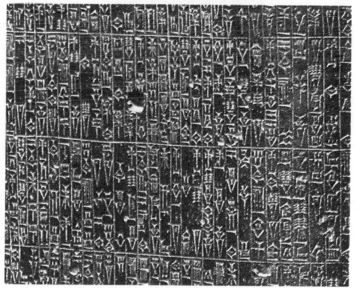

圖 1-13

《漢摩拉比法典》（局部）。西元前 1792-1750 年，玄武岩碑，高 225cm。當時，作為戰利品運到蘇薩（伊朗）的巴比倫石碑。現藏於法國巴黎羅浮宮黎希留館一層第三展廳

動力，尤其是人類從農耕文明走向城鎮文明，進而產生了現代意義上的科學技術，技術的催生使得文明化的進程加快，人們從閱讀中獲得豐富的經驗，脫離實物實在的「意義」就誕生了。

這一階段人類經歷了幾千年。

四、從印刷術到影像工業

縱觀世界文明進化的歷史，曾經出現過兩次文化藝術的繁榮時期，一次是在古希臘，一次是在文藝復興時期，與此相對應的是兩個偉大的科學時期。所以說，文化藝術和科學技術之間的關係是極為緊密的。當人類社會的時鐘指向最後一分鐘的時候，西方社會的工業化發展已經有了很長的一段時間，到了十九世紀初，恰恰是鐵路發展的高峰期。由於生命力、電、蒸汽機等強有力的推動，此前還局限在小空間的人們現在迫切需要自身解放，需要知道他所在的星球面貌。

攝影術（photography）就在這樣的人文和科技背景下誕生了。因此，曾有人驚訝地說道：攝影術是十九世紀的光榮，也是十九世紀給予人類的最好回報。十九世紀是如此的富饒，科學以各種發現方式為人們縮短了時間和縮小了空間。

攝影術的出現使人類走向了「影像」（image）的時代，技術複製圖像作品成為了一種可能。總之，人類對於現實世界的認知遭受到一場極為狂躁的顛覆。這一切都加速了人類社會的極大發展。

攝影成為今日電影、電視的基本技術，完成了影像工業社會的奠基。因此，可以肯定地說：攝影術的本質用途是一種現代性表述的符號。

從印刷術到影像工業奠基，這一階段人類經歷了大約 400 年。

五、多媒體（multi-media）時代

1906 年無線電廣播誕生，1926 年電視的發明與使用，聲音、文字都可透過電波而進行傳播，就連圖像也可以透過電波進行傳播。這真是人類傳播史上具有劃時代意義的一場革命。

電子技術的發明和應用，強化和擴展了傳播功能，大大縮短了人類文明的進程，從電視時代到衛星通訊時代，人類僅僅用了 50 年的時間。但電子技術的這種革命遠沒有結束，人們發明了電腦，人類便很快地進入了數字時代、網路時代、虛擬實境時代。至此人類的傳播活動進入了多媒體時代。

在多媒體時代裡，人類的思維方式發生了巨大的改變，在新的思維方式之下，人們的生存和生活方式也發生著巨大的變化，人類社會正在快速的演變，真可謂「一日千里」、「日新月異」。電視、電腦、網路在社會演變中扮演著重要的角色，當它們給人類社會帶來種種好處的時候，也給人類社會製造了許多麻煩。以往我們所知的傳播方式都是線性的而非互動的，那麼由電子科技而帶來的傳播手段是多樣的，傳播方式是可以互動的。在這種理念之中，受眾（閱聽人）的主動地位就凸顯出來，對每位社會人的素質要求便更加嚴格。面對新的傳播媒介，媒體人的素養也顯得更加重要。

第三節　現代圖像傳播媒介

先民們的圖騰和岩畫是人類早期圖像傳播活動的明證，但由於沒有能夠有效地使用傳播媒體，還不能算是現代意義上的傳播活動，只能稱之為圖像傳播活動的史前史。只有人類能夠解除巫術，在日常生活中使

用大眾傳播媒介才能算是真正步入圖像傳播時代。

說到圖像傳播，中西方公認的大量的例證是繪畫，雖然繪畫到後來被人類演變為一種藝術，甚或是藝術的形式，但作為傳播文本，它仍富於大量的傳播訊息。由於繪畫、塑像等傳統圖像形式已為人們所熟悉和共知，本書不予過多地討論，而主要著眼於技術性圖像[21]（technical image）或稱之為「影像」的媒介。

人類目前面對的溝通和傳播方式，公正、客觀地講，大多數是以圖像的形式出現的，現代社會的人們已經習慣於運用圖像方式來思考，圖像已成為地球上人類共通的語言。實際情況是：我們久已身居圖像的海洋裡。

一、攝影術的誕生

1839 年 7 月 3 日，法國物理學家阿拉戈（Arage）在國民議會上為達蓋爾（Louis Daguerre）發明的攝影術作詳細的介紹和辯護時指出，攝影可以廣泛運用在人類活動中，讓攝影與所有人類活動交織成關係密切的網路。

8 月 19 日，法國科學院和美術學院舉行了一次特別的聯席會議，會上法國政府授權時任巴黎天文館館長、國會議員、法國科學院常任秘書的阿拉戈向公眾宣布法國物理學家、畫家達蓋爾發明的「達蓋爾攝影術——銀版攝影術」[22]。這一天就成了攝影術的誕生日。由此，開啟了人類真正進入了影像媒介的新時代。其時，達蓋爾的銀版攝影術只是當時世界上發明攝影術的幾種方法之一，時在 1826 年，尼埃普斯（Niépce）就拍出了世界上公認的第一張照片《鴿子窩》[23]。實際上，我們還發現了尼埃普斯更早的一張照片——餐桌[24]，這是一張攝於 1822 左右的靜物照片（見**圖 1-14**）。

攝影術的誕生，就像「靈光」[25]（aura）一樣閃耀，讓人們歡欣鼓

【圖 1-14
《靜物》。尼埃普斯攝】

舞，也讓傳統感到無名的恐懼和震顫。一切都來源於這種媒介的「真實性」與對於所面對事物主題的強烈「再現」（re-presentation）性格。這種真實性是繪畫等其他媒介終極追求，但仍未達到的，攝影就這麼輕易地將「真實」呈現出來。正如華特·本雅明（Walter Benjamin）所說：「『真實』就像徹頭徹尾灼透了相中人」[26]，攝影的逼真度太高，沒有讓出解釋空間，因此遭到了其他傳播形式的妒恨，接著遭到群起而攻之的事情發生也就不足為奇了。但攝影仍以它的真實再現能力，越來越成為追求「真相」的人們之所好。

二、電影的發明

　　從本質上來說，電影與攝影沒有什麼不同，它們都是一種技術性圖像。以攝影為基本技術的電影是利用人類視覺「殘留原理」發展出來。

現在電影機的放映速度是每秒 24 格，我們人類的眼睛是無法辨別的。如果非要說有區別，那也是攝影將照片一張一張的以慢於 0.26 毫秒的時間舉給我們看，故我們看到的是「靜止的圖像」，而電影卻是以快於 0.26 毫秒的時間一張一張放映給我們看，故我們看到的是「活動的圖像」。如果從現象學的角度來看，它們之間還是有區別的，正如羅蘭·巴特（Roland Barthes）所分析的那樣：「攝影不可模仿的特徵（其所思）在於有人曾看到指稱對象（即使涉及的物件）其有骨有肉的親身，或甚至可說其本人。況且就歷史觀之，攝影自初即是門與人有關的技藝：有關人的身分證明，社會地位，或所謂身體的矜持自守，包含這詞的全部意義。」[27]對於電影，主要是指虛構情節的劇情電影，它「混合了兩種意義：演員的『曾在此』及角色的『曾在此』以致於（這點我不可能在畫作前感受到），每回一看或再看我明知過世的演員拍的電影，總會感到某種憂鬱：這即是攝影的憂鬱。」[28]難怪有人將集各種視覺造型作品集合起來的展覽稱之為「文件大展」（documents）[29]，把對這些圖像的批評稱之為《憂鬱文件》。[30]

　　1895 年的電影發明，使得人類的傳播媒介得到一次超時空的提升，人類真正進入了機械複製與控制圖像傳播時代。

三、電視的加盟

　　1926 年電視的發明和應用，宣告文字、圖像、聲音綜合運用的新傳播時代的來臨。由於電視技術的不斷完善和發展，造成了傳播的劃時代格局。全世界真正進入資訊即時的傳播時代。電視的普及，使得影像在繼文字、聲音之後，成為傳播資訊的一個重要手段。

　　電視同時改變了時空的距離、城鄉的差異，使人類真正地生活在地球村裡，這是資訊時代的顯著特徵。

　　在電視傳播時代，需要警惕的是，圖像不斷以極其強暴的態度侵入

極私密化的家庭；電視圖像成了一種消費時尚。更主要的是，這種圖像會變成一種技術性偽真的手段，「說謊」成為電視圖像的特徵之一。

第四節　圖像與電腦

當人們還在讚歎電視的奇功異能、沉浸在對於線性圖像傳播的歡愉之中，其實圖像傳播的另一革命正在悄悄地發生著，這場革命的主要角色就是「0」和「1」數字，當數字深入走進了人類的生活，互動式圖像傳播就已經開始了，從此，人類不但能夠反映現實、反映生活，更主要的是人類可以「創造現實」，創造自己的「生活」空間，並賜予自己以「時間」。電腦開啟了人類進入資訊社會的大門，進入數字人廳的人們幾乎都可以平等地掌握自己「生活」的命運。

一、電腦與電腦繪圖藝術

上個世紀五〇年代還是電腦繪畫的萌芽階段，在這個階段裡，電腦主要是用來進行數值運算和科學研究，繪圖功能處於初始技術階段，因此，其繪製的圖形具有明顯的幾何特徵，甚至比不上手工的作品。這有兩個原因：一是因為電腦技術條件的限制；一是人們還沒有這樣的觀念——使用「機器」進行創作，讓「機器」施展只有人才具有的「創作」才能。

到了上個世紀六〇年代，利用電腦創作的藝術形式開始了初期的發展，當然，最初的作者並不是視覺藝術家，而是進行電腦科學研究的工程技術人員。恰當地說，電腦繪圖藝術是科學家們進行科學研究時的一個副產品。第一張由電腦繪製的賀卡，就是一位電腦技術人員用他那台用來進行科學研究的電腦繪製的，由於他在實驗室一直忙於工作，忘記

了妻子的生日，等到想起時，身邊已沒有賀卡好寄，於是，他就自己動手在電腦上畫上一張，並透過電腦寄了出去。

到了六○年代後期，電腦開始真正有了繪製圖形的功能，但這時還不能處理像今天這樣的複雜圖像，而只能處理一些較為抽象的圖形。

七○年代到八○年代，個人電腦的發明和使用、繪圖軟體的最終解決，使視覺藝術家運用電腦進行圖像創作的可能性變成了現實，於是藝術家們以極大的熱情投注到電腦圖像的創作中去。

八○年代到九○年代，電腦技術得到了迅猛的發展，進入了整合聲音、影像、文字、動畫的多媒體時代，其時，電腦的創作也告別了個人獨創、獨享的時代，透過網路（internet）的傳播結合各種專業人才和專業技術，成為集體創作的工具，改變著人們的審美趣味和文化理解。

到了二十世紀末的九○年代，互動性繪圖軟體（graphic Net）、「虛擬實境」（virtual reality）技術[31]和各式電腦動畫技術的使用，電腦已經不單單是一個資訊處理系統，而成為了人們的一種生活方式，尤其是虛擬實境技術的出現。在虛擬實境的世界裡，人們用與電腦相連接的鍵進入隱性空間，或者說是「虛擬的真實」空間，以不介入自然的原始方式建構了一個圖像世界。

二、圖像與真實

伴隨著虛擬實境電腦動畫技術的出現，圖像的模擬仿真技術已經達到一定的真實度，一定的真實卻變成了虛像，而一定的虛像又可以讓人們誤以為真實。如使用虛擬實境技術使逝去的電影明星「活」過來，再演電影；使用虛擬實境技術締造英雄、少女使之成為現實生活裡青少年的崇拜偶像；使用虛擬實境技術訓練太空人，甚至使用虛擬實境技術培訓商用客機飛行員等等。

美國的傳播學者麥克魯漢（Marshall McLuhan）相信，虛擬的世界需

　　要有一點「不眞實」，否則想像力將大大降低。動畫在每秒鐘內要求完成的格數，並不能完全滿足於我們眼睛的「視覺殘留」時間，但我們在觀看時，它的運動就跟現實生活中的一樣。電視現在有這種技術，甚至可以高速拍攝，然後以正常的速度播放，以求取「慢動作」的效果。如果要使得正常拍攝的畫面，具有動畫的效果，就要使用抽格技術——在瞬間形成動態的印象，產生強大的視覺衝擊力。

　　虛擬世界之所以虛擬，是我們將其與外在世界相對比的結果，如果我們不與外在世界相對比，其結果會讓我們覺得這就是眞實。事實上，我們並不需要再建一個類似的世界，因爲複製總是不及原始。但我們是否清醒：眞實的自然，是我們該用眼看、用耳聽、用鼻聞、用手摸、用身體感知的。圖像使得人們耽於幻想，甚至妄想，圖像已成爲眞實的再現。

　　對於藝術作品而言，模擬現實不需要太具體，事實上，這也是當前藝術形式的一種合理化存在。尤其是後現代（postmodern）的藝術作品，因爲後現代的許多作品多的是一種觀念的呈現。

　　在人們的心裡，模擬眞實有時比眞實還眞實。

　　所以說，模擬眞實世界的程式設計者，實際上在扮演上帝的角色。如魔幻寫實小說《哈利波特》（*Harry Poter*）在全世界迅速風行、持久不衰一樣。

　　虛擬世界有一種萬能的特性，這是因爲人類在現實生活中無法隨心所欲，而在虛擬世界裡想什麼、做什麼都可以。圖像在心理所創造出的眞實感受和印象，強化圖像對於眞實再現、對於受者的相信能力。

第五節　現代圖像與文明

　　模擬眞實是第一個強調圖像與符號這些非文字的內含式電子傳播媒介，對於難以溝通的對象（媒介受眾）是非常有效的方式，如果使用符號、圖像來進行溝通、互動、傳遞資訊要比其他媒介手段來得簡單和容易。

一、圖像語言

　　在人與人之間的溝通和傳播上，報紙雖然也很有效，但受眾首先要識字，識字、受教育本身就是一種「貴族式」的接受方式，學校本身就是貴族的廳堂。圖像的受眾族群不需要一定的文化教育基礎，只要能看到圖，都會具備部分的理解能力。所以說，圖像是一種世界共同的語言、人類社會最高的理解形態（因爲只有大多數人能行的理解行爲，才是眞正的文明。政治家嘴裡的「藍圖」，文學騷客書桌上的「桃花源」，校園裡少數人才能享有的教育權利等，都不能代表人類文明的理想狀態）。

　　圖像是人類共同理解文明進步的基本語言。

　　電影、電視、電腦所描述的世界都可以在各式視覺界面[32]上得以呈現，受眾可以平等地看到圖像，但圖像是稍縱即逝的，所以視覺介面的這種轉變延伸的世界的眞實只有投射和放映出來的那一瞬間，所以它是一種「幻象」，但是這種幻象卻可以使觀眾感受到部分的眞實。

　　文明是在工業社會發展到一定程度之後，導致出的必然結果，因此說，社會工業化程度越高，應該越文明，離原始形態越遠，這種文明其實就是一種人工化。隨著人類社會工業化進程的加快，社會「文明」、一

體化的進程也在加快，技術性圖像的量也越來越大。

二、圖像社會

　　技術性圖像是一種利用機械技術產製的產品，大量複製的產品構成了一個圖像的社會體系，脫離眞實的圖像社會體系實際上是一種「後工業社會」。坦白地講，圖像是虛構的產物。就像作家描繪出的他腦海中的影像，這個影像可能與眞實完全不同。個人習慣以及經驗在傳播媒體的左右下，使得人們失憶了，當人們集體失憶後，人們就不再接受現實。即使我們有些嚮往自然與原始的眞實，那也是自戀的體驗。

　　圖 1-15 爲安迪·沃荷（Andy Warho）的《二十個瑪麗蓮》，他把生活可視、可觸的視覺圖像，由極度熟悉轉到絕對的空洞的時候，也顯露出物質社會的結果。

　　形形色色的傳播媒體爲人類構成一個無所不有的圖像空間，假如突然失掉這個傳播環境，我們會發現：人類會失去所有的感覺，會變笨、變傻、甚至死亡。沒有傳播圖像的干擾，「探菊東籬下」的那種清靜生活已經不現實了。

　　德國導演文·溫德斯（Wim Wenders）曾於 1987 年拍攝過一部電影：兩個天使對人間世界的觀察和體會。在影片中，這兩位天使只能看到人間世界的黑白模樣，他們無法用手觸摸到他們所觀察到的人物和物體；他們也嗅不到瀰漫在他們周圍的氣味。但他們卻能夠聽到人心裡的聲音，其中一位天使即使在這樣的觀察之下，還是受不了欲望的誘惑，決定不在天上當神仙，而是來到人間，去體會眞實的人間生活。這部名爲《欲望之翼》的電影想告訴我們什麼？我們又能從中得到怎樣的啓示？

　　在虛擬的影像中我們觸摸不到現實的生活，也感覺不到眞實的生活，但我們卻能從影像當中去體味現實的生活，這就要看知識教育和文

圖 1-15
《二十個瑪麗蓮》。安迪・沃荷，1962 年

明規則帶給我們什麼樣的教養和經驗。沒有閱聽者的本體,沒有文明的圖像經驗,一切都會越來越盲目,越來越依戀於影像。

　　如同法國作家聖修伯理(Antoine de Saint-Exupery)所說的那樣:最珍貴的東西肉眼是看不見的,我們必須用心靈去體會,只有心靈能夠感覺。面對現代社會的各種傳媒,面對我們周圍的圖像世界,我們已無可避免地要被圖像媒體所包圍,但我們要保持一顆清醒的頭腦,不能被圖像媒體所淹沒;要學會拒絕圖像媒體利用我們貪夢自私、不勞而獲、欲壑難塡的人性之弱點而順水推舟地強加給我們的一些非文明行為;要從自戀的迷幻中驚醒,保持一顆清澈的人性之心,拒絕文明的庸俗物化。

註釋

[1]據目前的科學研究和考古實踐證明，地球上人類有生命的歷史大約在 100 萬年左右，更為確切的人類生命存在年代，目前仍是一個巨大的謎團。

[2]totem 係印第安語，意為「他的親族」。原始人相信每個氏族都與某種動物、植物或無生物有著親屬或其他特殊關係，此物（多為動物）即成為該氏族的圖騰──保護者和象徵（如熊、狼、鹿、鷹等）。圖騰往往為全族之忌物，動植物圖騰則禁殺禁食；且舉行崇拜儀式，以促進圖騰的繁衍。圖騰信仰曾普遍存在於世界各地，在近代某些部落和民族中仍然流行（見《辭海》，上海辭書出版社， 1979 ，縮印本，頁 777）。

[3]拉斯科洞穴壁畫發現於 1940 年 9 月 12 日星期五（見施蘭姆[Wilbur Schramm]，游梓翔、吳韻儀譯，《人類傳播史》[*The Story of Human Communication*]，台北：遠流， 1994 ，頁 19）。

[4]粟特（sogd），中亞細亞古國。即粟弋。在阿姆河、錫爾河之間的澤拉夫善河流域（索格狄亞那）。居民屬伊朗語族，主要經營農牧業。約西元前六到五世紀始形成階級社會和國家；首都馬坎拉坎達（今撒馬爾罕）。西元前 329 年馬其頓亞歷山大入侵，當地居民英勇抗擊（斯皮泰門起義）。後相繼附屬於塞琉西、大夏、貴霜諸國。粟特與中國（自漢朝以後）有密切的經濟和文化聯繫，其地即中國隋唐時期的康國一帶（見《辭海》，上海辭書出版社， 1979 ，縮印本，頁 1841）。

[5]祆（xiān），拜火教信之神在古代中國的名稱，其教亦名「祆教」，廟稱「祆廟」（見《辭海》，上海辭書出版社， 1979 ，縮印本，頁 1580）。

[6]蕭師鈴，《中國古代文化遺跡》，北京：朝華出版社， 1995 ，頁 14-15 。

[7]拉斯科洞穴，位於法國南部的多爾多涅（Dordogne）省蒙蒂尼亞克鎮（Montignac）附近的拉斯科森林。 1940 年 9 月 12 日由 4 位少年在探險過程發現了著名的拉斯科洞穴壁畫（見施蘭姆[Wilbur Schramm]，游梓翔、吳韻儀譯，

《人類傳播史》[*The Story of Human Communication*]，台北：遠流， 1994 ，頁 15-33）。

[8]施蘭姆（Wilbur Schramm），游梓翔、吳韻儀譯，《人類傳播史》（*The Story of Human Communication*），台北：遠流， 1994 ，頁 19 。

[9]施蘭姆（Wilbur Schramm），游梓翔、吳韻儀譯，《人類傳播史》（*The Story of Human Communication*），台北：遠流， 1994 ，頁 24 。

[10]施蘭姆（Wilbur Schramm），游梓翔、吳韻儀譯，《人類傳播史》（*The Story of Human Communication*），台北：遠流， 1994 ，頁 26 。

[11]《伏羲女媧圖》，徐州漢畫像石藝術館，館藏文物編號為 Z-119 ，淺浮雕，原石縱 92cm ，寬 21cm ，江蘇省徐州市銅山縣利國鄉出土。

[12]李澤厚，《李澤厚十年集·第一卷》，合肥：安徽文藝出版社， 1994 ，頁 12 ，

[13]陳墨，《張藝謀電影論》，北京：中國電影出版社， 1995 ，頁 00 。

[14]李澤厚，《李澤厚十年集·第一卷》，合肥：安徽文藝出版社， 1994 ，頁 13 。

[15]《龍鳳呈祥》，原石為弧面淺浮雕，縱 93cm ，橫 26cm ，江蘇省徐州市銅山縣利國鄉出土。

[16]李澤厚，《李澤厚十年集·第一卷》，合肥：安徽文藝出版社， 1994 ，頁 16 。

[17]李澤厚，《李澤厚十年集·第一卷》，合肥：安徽文藝出版社， 1994 ，頁 17 。

[18]韓叢耀，《踏查西藏秘境》，台北：大地地理， 2001 ，頁 32-33 。

[19]畢昇，宋代人，出生年月不詳，卒於 1051 年前後，活字印刷術的發明者。

[20]古騰堡（Johannes Gutenberg），生於 1400 年前後，卒於 1460 年，西方鉛字印刷術的發明者。原名為 Johannes Gensfleisch zur Laden ，古騰堡（Gutenberg）為其家鄉名稱，佐安（Johann）則是住處之名。

[21]所謂技術性圖像（technical image）是指由機具（apparatus）製作出來的圖像。

[22]韓叢耀，《新聞攝影學》，南寧：廣西美術出版社， 1998 ，頁 3 。

[23]*Photo Icons*, TASCHEN GmbH, 2002.

[24]巴特（Roland Barthes），許綺玲譯，《明室：攝影札記》（*La chambre claire: note sur la photographie*），台北：台灣攝影工作室，1995，頁105。第一張相片，尼埃普斯（Niépce）：擺好餐具的桌子，1822年左右。

[25]「靈光」（aura）並不是得自原始相機的產物，華特・本雅明稱早期的人相信「有一道『靈光』（aura）環繞著他們，如一種靈媒物，潛入他們的眼神中，使他們有充實與安定感。」（見華特・本雅明[Walter Benjamin]，許綺玲譯，《迎向靈光消逝的年代》[*Walter Benjamin Essais*]，台北：台灣攝影工作室，1998）。

[26]本雅明（Walter Benjamin），許綺玲譯，《迎向靈光消逝的年代》（*Walter Benjamin Essais*），台北：台灣攝影工作室，1998，頁20。

[27]巴特（Roland Barthes），許綺玲譯，《明室：攝影札記》（*La chambre claire: note sur la photographie*），台北：台灣攝影工作室，1995，頁96。

[28]巴特（Roland Barthes），許綺玲譯，《明室：攝影札記》（*La chambre claire: note sur la photographie*），台北：台灣攝影工作室，1995，頁96。

[29]第一屆文件大展於1955年在原聯邦德國的邊城小鎮卡索（Kassel）開辦，至今已舉辦了十一屆。該展彙集了當今世界的主要造型藝術門類，故稱之為「文件」大展。現在每四年舉行一次，已成為當今世界上最重要的視覺造型藝術展出活動。

[30]陳傳興，《憂鬱文件》，台北：雄獅，1992。

[31]虛擬實景（virtual reality），簡稱VR。虛擬實境技術開創了人與電腦的新型關係。在虛擬實境環境中人們穿戴電腦設備，設備直接與人體相連結，虛擬實境變成隱形，不是以隱喻的方式介入而是以自然的方式達成原始運動，因此虛擬實境需要做使用者界面的重新工程，事實上界面已不需要，人們不與真實接觸，而是接觸個別物體，虛擬實境造就的是一種浸入的環境。

[32]視覺界面處於媒介與圖像的緊張作用之中，視覺的畫面構成都有其共軛的物理元素，視覺既參與了「物理源」的尋定，也參與了「心理場」的合成（見韓叢耀，

〈視覺界面初探〉，中國攝影家協會理論部編，《世紀攝影論壇精粹》，北京：中
國攝影出版社，2001，頁 11-24）。

1 2 3 4 5 6 7 8 9 10

圖像與圖像研究

圖像是一種內部要素魔術[1]（magic）般地相連結的有意義的視覺作品，它有廣義和狹義之分。從傳播學的角度講，圖像是一種非語文傳播（non-verbal communication）的閱讀文本。從狹義的角度來理解，圖像就是具有深刻意義的平面。在這個視覺平面內有結構性符碼[2]（code）的建構，既充滿了符號具（signifier，或稱符指），也充滿了符號義（signified，或稱符徵），既有現場符碼（presentational code），也有再現符碼（representational code）。總之，(1)圖像能夠呈現外在世界（out there）事物的意義；(2)圖像可藉由將外在世界抽象化（如將外在世界的四度空間減化為二度平面），將人類想像力無法企及的東西翻譯[3]（translating）出來；(3)將外在世界的時空抽象化為平面，並將抽象重新投回外在世界的具體能力。這種能力也可稱之為想像力。[4]

對於 image 的法文、英文解釋有很多，如圖像、映像、影像、意象等等，本章重點介紹幾位國外專家學者研究 image 的一些觀點。

第一節　基本概念

我們知道，圖像是具有深刻意義的平面，那麼與圖像相似甚至相同的一些對「像」的敘述方式又是怎樣的呢。

一、物像

物像是人們的眼睛能夠看到的真實的外在世界，或者說是真實的外部世界在人的眼睛視網膜上的呈現。

人們的眼睛能看到五彩繽紛的現實世界，從生理學和物理學的觀點來看，是由於光的存在，不同的光線（光亮）作用於人們的眼睛就會產生不同強度及色彩的感覺，當物體被光照明後，由於不同表面性質的差

別，對投來的光線產生了不同的吸收與反射。在眼睛的視網膜上，分布著許多神經細胞，它們是數量極多的視幹細胞與數量較少的視錐細胞。在對光強有敏感作用的視幹細胞和對色彩有敏感作用的視錐細胞的共同刺激下，我們人眼可以「看」到現實世界的物像。這裡要強調：「有光才有影像。」因為光的存在，眼睛才有可能看到外部世界的物像，正是由於光線與構成物像形狀各個部分的關係（距離、角度等）各不相同，我們透過物像輪廓中各個部分濃淡和色的變化，才有可能判斷每一部分在空間中的位置，感受到立體形象[5]。

就字面意義來理解，「像」和「象」是有著本質上的不同的。像與現實世界的物是共軛的，也就是說「像」與「物」有一一對應的數學關係，而象與觀實世界的物是不共軛的。因為人們的眼睛都會有某些缺陷，或說人眼並不能足夠地客觀（人們身體的每一部分都是由「主觀」性較強的大腦控制的），這就導致它會在某種程度上還帶有非物質的成分。

二、心像

心像是每個人在自己心裡所構築的世界，這個世界既可以與現實世界相像也可以與現實世界相左，甚或部分是現實世界的物像反映，也可以是「純粹心理狀態的感情」。[6]心像又可分為「記憶心像」和「創造心像」。

記憶心像是由人們頭腦的記憶而得來的；創造心像是由人們頭腦的創造而得來的。比如人們在讀小說這個傳播文本的時候，有多少人是真正地在讀「文本」呢？大多數人是在「看」。小說的成功，很大程度上是因為文本對場景的建構是否成功而決定。好的小說，場境建構得當，無景的心理描寫少。真正的心理描寫，應描寫整個人群或個人的行為。中國古典小說《紅樓夢》[7]中就沒有多少心理描寫。當然，一部好的小說，

十個人讀會產生十種「版本」，即使是同一個人，在不同的心理時期，也會有不同的感觸，會幻化出不同的心像。這不完全靠感覺，不完全靠記憶，而是在舊有的體驗中建構出的關於書中所述內容的真實想像。

三、表象

表象是人們運用媒體再現的所見、所知、所感。如人們運用紙、筆、顏料、底片、磁帶、CCD 感光板等媒材，並使用物理、化學或光電技術等方法在選定的媒體上來再現的過程，可以是視覺的，也可以是觸覺的、聽覺的能知覺形式。我們常見的視覺形式有繪畫、雕像、照片、平面影像等。可以說這是一種物化形態，它客觀地記錄物像的形體，也主觀表達記錄者對主題的概念。[8]

四、映像

映像有許多種解釋，下面我們還將專門討論美國學者 Herbert Zettl 的「映像」觀念。現在較為普通的看法為：映像是攝影、電影、電視、電腦等機具[9]所呈現的技術性圖像。其實，在機械工業社會之前（當然，電還沒有發明），我們把視覺藝術上的一些部分，比如繪畫、雕塑也看作是一種映像。可以說，映像是人與真實世界的一個連接，它反映了生命整體的意義。

有人將映像分為三部分：即物像、心像和表象（見圖 2-1 所示）。

透過以上對物像、心像、表象的討論，我們可以得知，映像的各個層面是互相依存的，我們只是為了討論問題的方便，才將它們生硬地孤立出來。它們有時是相離，有時是相交，有時是相切的。關係的確定，要依概念的表達和手法的使用而定，最主要是要考慮到受眾（觀者）的因素。

受眾的心理研究顯示，物像占大部的人，我們或許可以說，這樣的

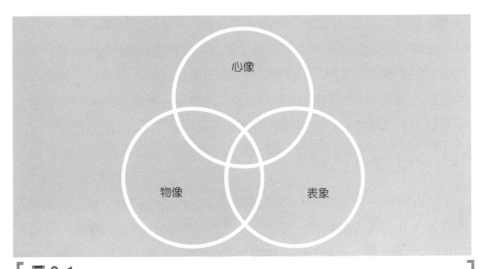

圖 2-1
物像、心像與表象的關係。韓叢耀繪製

受者是生存在現實世界中的實際主義者，他們多以「自我認知」為自己
的第一需要；心像占大部的人，或許是神經質的人，這裡包括了那些大
才和極富智慧的一流科學家；而表象占大部的人，是善於表達的人，如
詩人、畫家、攝影師等視覺藝術家。對一般人來講，我們應該尋求物
像、心像、表象這三者之間的平衡。

　　以下針對上述關於「像」的概念，介紹幾位重要的學者和他們的研
究成果。

第二節　翟德爾的「映像」

　　翟德爾（Herbert Zettl）是美國的著名學者，他在《視界、聲音、運
動—— 應用媒體美學》（*Sight Sound Motion: Applied Media Aesthetics*）[10]

一書中詳盡地討論了映像的構成。他認爲映像意指透過攝影與放映的過程而映現於一定框圍平面上的眞象（眞實的整體與現象）。映像並非單純的機械性的寫實，它也是人們思想情感的一種反映，是人們一種創造性的勞動。從傳播學的角度來講，電影、電視是一種很有效的傳播媒體，映像就是影視媒體的有效傳播符碼系統。

一、一度空間

在映像的一度空間中，翟德爾討論了光和色的問題。光是這個世界的生命，也是映像的根本，沒有光，我們的眼睛什麼都看不見，一切都將不存在，光是人們頭腦中產生視知覺信號的本源，爲此，我們可以透過有計畫地操縱光來影響別人的視覺能力。映像由光構成，光是這種媒體的實質。電影、電視的映像都由外在的光和內在的光來操控。所謂外在的光是指由攝影鏡頭所攝取的（外在的光是從物體反射過來的光）；內在的光是指用來使電影與電視映像看得見的光源而言的。

有了光之後，就構成了光線照明的範圍，也就是確認某種照明形態與照明技術，這樣才能達到外在的或內在的照明。光可以用來作爲主要的表現性媒體，透過調節光，將其分配到特殊的環境中，以取得理想的映像之態。

色彩在映像的一度空間裡扮演極重要的角色，增加新的層面。色彩除了具有認知功能，還有情緒功能和象徵功能，色彩影響著我們的知覺與感情。當我們客觀地知覺色彩是指我們看到色彩的眞實的顏色呈現；當我們主觀地知覺色彩是指我們可藉色彩色或在頭腦中混合色彩來刺激神經，引起對物像的反映。

二、二度空間

二度空間是討論如何將現實世界的四度物像空間變成二度平面的空

間。二度空間的裁定既要考慮到畫面邊框的基本形式，又要考慮到主體在平面的二度空間內所占的面積大小，還要考慮到基本的畫面空間張力。為了強調與分辨發生於運動空間中的事件，必須利用 6 種空間張力的類型[11]：(1)主要導向；(2)框圍的磁力與塊體的牽引；(3)畫面的不對稱；(4)圖形—背景；(5)心理描繪；(6)誘導力。這些因素構成了平面映像重要的技術條件。

構成二度空間，意味著使畫面張力為我們所為（而不是違背我們的映像構成意志），因此我們才能在畫面上清晰而富於視覺衝擊力地呈現事件。

靜態作品的處理方法是使用各種構圖要素，在畫面內達成某種安排，使之看上去是適宜的，並變成一種恆久性；但在處理動態的作品時，就不能使用這種方法了，如在電視、電影的畫面處理時，不僅會在框圍內經常變換所有構成要素，也會從一個畫面變換到另一個畫面、從一個鏡頭到另一個鏡頭、從一個場景到另一個場景等來處理構成的變換性。要慎重地處理誘導力的相互作用問題：經由誘導力分配來穩定二度空間；經由塊體的分配來穩定二度空間。

所謂構成二度空間，就是指在運動的畫面內，把變動的視覺要素帶入一種平衡卻強有力而且有韻律的相互作用上去。這種相互作用有助於強調基本的傳播訊息。

三、三度空間

運動的映像實際是在二度的平面上映現具有「三度」空間效果的世界。機械鏡頭的光學系統會自動地處理這樣的三度：高度、寬度和深度，其實深度是一種幻覺，它是沒有實際尺寸的，是在受限制的高度（X軸）和寬度（Y軸）的作用下形成的卻等於無限的深度（Z軸）。深度產生的原因為：(1)這是鏡頭所拍攝到的，而非人眼所看到的；(2)與繪畫、

攝影的單一靜止視點不同，它的視點（鏡頭位置）與事件本身（物體、人物）即使在很短的事件連續內也是變換的。Z軸運動誘導力是一種強有力的深度指標，Z軸對形成映像的立體感和運動感是有著決定性的作用的。

為使映像構成三度空間，採取的手段有：(1)創造體積二元化；(2)連接Z軸；(3)Z軸配置；(4)雙重Z軸定位；(5)建立Z軸空間。

所謂構成三度空間，實際上是對體積二元化的周密控制，使映像看起來好像是三維的。映象的三維呈現大大的增強了它的傳播效果。

強調映像空間，還有一個有效的方法，那就是使畫面內的主要景、物形象化。形象化的意思是指在事件的前後關係內，選擇作者的視覺範圍與鏡頭的視點，給觀眾一種視覺差異與對事件的某種強調。形象化就是建立畫面的空間，它意味著從特定的視點去看一個場景，並用特殊方法看銀幕或螢幕的映像。通常，形象化以事件的前後關係來引導。關於視點的基本形象化因素有：(1)視界；(2)正常視點上下；(3)主觀攝影；(4)角度。其中角度是有助於表現創作者的風格，如同小說的看問題的角度。

四、四度空間

形成運動畫面（電影、電視的映像）的東西就是光線──運動中的光線。電影、電視的銀幕、螢幕映像沒有太多的恆久性。它們不像東西一樣地存在著，它們是短暫的。同在真實的生活中一樣，變化是映像四度空間的要素，運動映像不僅要求空間範圍的連接與操作，也要求空間─時間的連接與操作。所謂構成四度空間，是指達成一種空間──暫時的秩序，以及加入時間的要素。在對時間的理解上既有客觀的時間也有主觀的時間。客觀的時間是指自然界機械的時鐘，主觀時間是我們心理感覺到的時間。如圖 2-2 所示，利用靜止的圖畫來對時間進行描述。

圖 2-2
《時間》。布里傑‧黎里，1962 年

　　對於電影，瞬間的複雜度可在事後連續地呈現出來；對於電視，瞬間的複雜度應該在多層面上同時呈現，即電視馬賽克的有機延伸。

　　在具體操作上，客觀時間與主觀時間經常重疊。這就意味著人們不大在客觀時間上變戲法而去構成鐘錶時間，但卻費盡心思構成主觀時間：為了達成某種全盤的時間感覺，使呈現的映像有一個適度的韻律。對客觀時間和主觀時間的操控是構成四度空間的重要手段。在四度空間的構成上，有四個運動概念很重要，即：(1)運動的矛盾性；(2)緩慢與加速運動；(3)運動與體積；(4)運動的類型。映像的呈現效果，要看對時間的操控如何。「時間」的表現，就是畫面中的「運動效應」。

在強調形象化時，我們只關心個別而不連續的映像誘導力圈的控制，致力於個別鏡頭的結構；但在談到動像化時，我們需要操控一連串的鏡頭、場戲，這就要關注鏡頭的連續關係，使它們的個別誘導力圈形成統一的整體。動像化包括兩個範圍的控制，即第三類運動，它是貫穿運動也是視覺的發展；以及剪輯，它是指建立銀幕或螢幕上的事件。

五、五度空間

在前面構成的四度空間中再加上聲音要素，就構成了映像的五度空間。以各種不同姿態（對白、旁白、音效、音樂等等）出現的聲音，是電影、電視不可或缺的構成要素。它代表在電影、電視全部結構中極為重要的五度空間。它的主要層面有：(1)聲音與噪音；(2)音響及功能；(3)有涵義與無涵義的聲音；(4)敘述性與抽象性的聲音；(5)聲音的要素。

優秀的電影或電視節目，其聲帶和視覺映像絕不會分開地完成任務。為了產生最理想的有效傳播效果，視覺與聽覺應該一起發生作用。在五度空間的構成上，主要是聲音與畫面的配合，形成一個較大的表現形態。

翟德爾對映像的結構性解析和技術性美學的構建，使我們對像、映像的認知有了一個更為堅實的基礎，同時，他還為構成映像提供了中肯而實用的操作性準備。

第三節　傅拉瑟的「圖像」

傅拉瑟（Vilém Flusser），1920 年生於布拉格，1940 年移民英國倫敦，後又於 1941 年移民巴西，到了 1972 年移居義大利，1974 年移居法國定居。他在大學攻讀哲學，後來雖然在企業任過經理一職，但一直從

事哲學研究。所以，他對「圖像」的研究充滿著一股哲學的意味，也正因這樣，才使我們有機會在另一個層面來理解圖像的豐富內涵。他認為「圖像是具有深刻意義的平面」[12]，與圖像對立又交織在一起的是文字[13]，因此，從語義學的角度來講，圖像是將現象編制成二度空間的象徵符號[14]（sign）。

一、圖像的建構

傅拉瑟認為圖像的意義是散布在它的平面上的。可能一眼就可以看出來，但這一眼看出來的意義可能是非常膚淺的。要想獲得有深度的意義，必須使眼睛的視線掃描[15]過圖像的每一處，這樣才能在我們腦海裡重新建構被抽象化的空間。

眼光巡弋於一個圖像平面的行為就是掃描（scanning）。掃描的路徑是極為複雜的，中西方受眾文化背景及生活經驗的不同，其掃描路徑也很不一樣，它是由圖像的結構與觀察圖像的意圖二者所決定的。常見的掃描路徑有以下三種基本形式（見**圖 2-3**）。

圖 2-3a 的掃描方式是西方人的習慣，看橫排版的書也是這種機械的

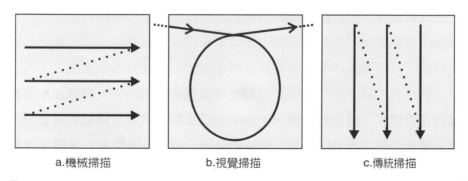

a.機械掃描　　　　b.視覺掃描　　　　c.傳統掃描

圖 2-3
掃描的基本路徑。韓叢耀繪製

掃描方式，這種方式獲取訊息、知識較直接和快速，容易形成對文章的感性認識；**圖 2-3c** 是過去中國人的習慣方式，看豎排版的書是這樣的方式，除了獲取訊息、知識之外，還有一種閱讀上的美感。**圖 2-3b** 的視覺方式是看一幅平面作品（非語文呈現）的路徑，東西方人的視覺習慣差別不大。

掃描過程所揭示的圖像意義實際上是兩種意圖的合成：一是圖像本身固有的，透過表象可呈現的；二是觀者自己內心的意圖。圖像不同於數字這種一對一地指涉對象的符號複合體，它是一種可因受眾不同而使指涉對象有不同意涵的符號綜合體，圖像的作者為圖像的觀眾提供了可供他們詮釋的空間。

眼睛掃描圖像，會將構圖元素一一攫取，這樣時間關聯性也就建立起來了，可如果眼睛又回到掃描過的元素上，就會將「之前」變成「之後」，形成一種「永恆的回返」。掃描過程重建的時間向度即在於有意義的關聯性。在於一項元素賦予另一項元素意義，且回頭從所有其他的元素接受到它的意義。圖像這種重建時間—空間特質，像魔術一樣：一切事物能重複自身，也參與意涵的建構。魔術世界與歷史世界在結構上是不同的，在歷史直線式世界裡，一切事物從來都不會重複發生。所以說圖像具有魔術般的意義：因果關係可以倒置。

二、圖像的解讀

要想真正地解讀[16]圖像，就要把握圖像的魔術特性。將圖像放在符碼的世界裡，介質已經改變。把圖像當成「靜止」的事件來解讀是錯誤的。圖像是將事件變為情境[17]（situations）的一種翻譯；圖像以場景（scenes）取代事件。

圖像的魔術力量來自於它的平面結構，因此先天的辯證性和內在矛盾對立都必須從圖像的魔術特性觀點加以理解。否則，我們就無法進行

圖像的解讀。

事實上，圖像是居於人與現實世界的中介物（這裡，把人從現實世界中獨立出來，並與現實世界並行）。人「存在」（ek-sists），說明人與世界之間沒有直接可以溝通的橋樑。圖像起到一種溝通的作用，它將世界譯介成人可以觸及和可以想像的。即使這樣，圖像仍然將自己橫亙在人與世界之間。「圖像原本應該是地圖，卻變成銀幕。圖像不但沒有將世界呈現給人類，反而以自身取代世界而使重新呈現（re-present）的是圖像，其僭越的程度有如人活著是為了配合他製造圖像。他不再讀圖像，而是將未經解讀的圖像再往『外在世界』投射。世界變成類似圖像的東西，成為場景和情境的關係。」（傅拉瑟語）圖像作用如此倒置的狀態被稱為「偶像崇拜」[18]（idolatry），也可以說是圖像膜拜（lmage adoration）。

這種情況過去發生過，現在還在發生，且在當今社會越來越嚴重。無所不在的現代圖像（照片、電視、電影、廣告圖片等）已經神乎其技地將「實在界」（reality）重新架構成圖像形式的電影分鏡頭劇本。人類也許有一種善忘的心理習慣，人類忘記了為什麼製造出圖像的這樣一個事實：人類製造圖像原本是為了尋找人類在世界上的道路；現在，人類卻回過頭在自己製造的圖像中努力尋找人類的道路。

人類不再解讀自己和圖像，而是生活在圖像的作用中。圖像製作者的想像已經變成（圖像受眾的）幻覺。人類原本不想這樣，但事實卻是如此。

三、圖像與文章

圖像居於人與世界之間的內在辯證關係，是有其歷史淵源的。

1.書寫符號的產生

在西元前 3000 年左右，人類開始與圖像疏離，試圖設法召回圖像背後的原本意圖，企圖摧毀圖像的銀幕，以便重新開啟通往世界的道路。當然，最簡捷有效的方法就是將圖像的構成元素從其平面上撕扯下來，然後再加以連結。於是，就發明了線性書寫符號。這樣一來，圖像魔術般的圓圈型時間就轉變爲歷史的線性時間的符碼。人類創造了「歷史意識」（historical consciousness）與符合「歷史」這個辭彙適切意義的歷史。這樣的結果是，歷史意識被賦予同魔術意味進行鬥爭的沉重使命。如猶太教先知、一些古希臘哲學家，特別是在柏拉圖（Platon）身上，可以清楚地看到這種對抗圖像的使命感。因此說，文字的使用就是對抗圖像，中國的象形文字的演進也說明了這一點。

2.從平面中抽繹言辭

當書寫發明的時候，我們知道一種新的能力出現了，這就是概念化（conceptualization）。它能從平面中抽繹出言辭，能夠製作和解讀文章[19]。這種概念性思考比圖像性思考來得抽象。概念將現象界裡除了線條以外的時空向度都進行抽離。人類發明文字書寫後進一步脫離世界。文章並不等於世界，而只代表它所撕碎的圖像。所謂的解讀文章實際上就是解讀文章所指涉的那個圖像。文章的目的在於解釋圖像，在於將圖像的構成元素和意思轉化爲概念。這就證明了：文章也是一種符碼，是在圖像之後設立的符碼。即超越圖像的符碼（meta-codes of images）。文章與圖像出現了鬥爭的局面。

3.圖像與文章的關係

文章與圖像鬥爭中所提出的問題就是文章與圖像的一種關聯性，也就是歷史的中心問題。在中世紀的鬥爭形式是：基督教以經文的忠實性對抗異教徒的偶像崇拜；在現代的鬥爭形式是：以文字性的科學對抗想

像出的意識形態。當然，這種鬥爭是一種辯證式的鬥爭。如基督教義對抗異教思想時，吸收了圖像而使自己逐漸成爲「異教」一樣，雖然文章解釋圖像是企圖透過解釋將圖像趕走或撕碎，但是圖像卻回過頭來幫文章的大忙，爲文章做圖示，以便將文章中的「意義」譯介成人們能夠想像的東西。

原本以概念性思考來分析魔術性思考是爲了將其消滅，但魔術性思考卻滲透到概念性思考中以便其想像概念。

4.超越符碼

在以上辯證鬥爭的過程中，兩者都獲得了益處，魔術性思考與概念性思考相得益彰，取長補短。文章因此變得富有想像力，圖像也因此變得概念化。如我們在優秀的科學論文中可以找到最高程度的想像；在電腦製作的圖像中可以找到最高程度的概念化。想像與概念就像一枚硬幣的正反面一樣。原來的符碼階層組織（hierarchy）也因此好像從背面被推翻，文章原本是超越圖像的符碼，現在也能以圖像做爲超越符碼。文章與圖像的關係就這樣奇妙地呈現著。

傅拉瑟的圖像理論聽起來有些玄妙，也有些深奧難懂，但他畢竟是從哲學的角度揭開了圖像眞相的一角，爲圖像研究打開了一扇全新的窗口。

第四節　沙特的「影像」

沙特[20]（Jean-Paul Sartre）是法國的哲學家，存在主義哲學的主要代表人物，他在 1936 年出版的《影像論》（L'imagination）中對影像進行過深刻的討論。他從「影像」問題入手，透過分析近、現代一些哲學家

和心理學家關於影像與事物、影像與知覺、影像與思維等一系列關係的
論述，提供並闡述他的基本觀點。雖然書中的語言晦澀難懂，觀點是形
而上和唯心的，但他要表達的思想卻是清楚的。也許只有如此，才能顯
其深刻。這裡只作一點簡單的、大致的介紹。

一、自在的存在和自爲的存在

　　沙特說：「我對著放在桌子上的這張白紙看，看到了它的形狀、顏
色和位置。」雖然顏色、形式和位置等性質不同，但其共同的特徵是
「存在」。影像的存在既是自在的，又是自爲的。

　　所謂自在的存在是指客觀世界，客觀存在。所謂自爲的存在是指人
的意識、自我。兩種存在是什麼關係呢？沙特在《影像論》中並沒有直
接說明這個問題，而是在另一著作《存在與虛無》中作了明確的回答。
他認爲「自在」和「自爲」雖然存在著很本質的區別，但二者並不是對
立的。沒有「自在」，「自爲」便是一種抽象的東西，就像沒有形狀的顏
色、沒有音高和音色的聲音一樣不能存在。而另一方面，「自在」是由
被當作「自爲」的人的意識所顯示出並賦予其意義才存在，也就是說，
沒有「自爲」，「自在」便沒有什麼意義，二者是密切相連的，是借助於
「自爲」本身統一起來的。

二、事物的存在和影像的存在

　　沙特說：「作爲影像的存在是一個非常難以把握的存在方式。必須
具有專心致志的精神，尤其需要擺脫我們幾乎不可克服的習慣才行，因
爲這種習慣是依據物理的存在的類型而組成一切存在的方式。」在他看
來，影像並不是一個物，而是以它的形狀、顏色、位置等向人們的顯
現，這種顯現就是影像，它的存在不同於事物的存在，它以另一種形態
存在，即作爲意識而存在。

　　為此，沙特還特意地分析評述了近、現代的有關學者專家對「影像」的看法。他認為他們的看法都是形而上學的，如笛卡兒雖然承認物質和思維的存在，但看不到人本身的能動性，表現了「純思維的觀點」。而萊布尼茨把影像看作是偶然的、從屬的，只強調理性的作用，是理性主義的表現；休謨又把思維歸結為影像體系，從而否定了思維的存在，又表現出經驗論的特點，萊布尼茨和休謨都走到了極端。柏格森及其他學者，雖然想在影像問題上提出一些解決辦法，但終究因為沒有擺脫聯想主義，而重蹈了以上三人的覆轍。在沙特看來，他們都是沒有弄清「影像」和「事物」之間的區別，以致把影像和事物等同起來，因而造成了認識上的混亂：或是導致唯心理論（如萊布尼茨）；或是導致經驗論（如休謨）；或是導致二元論（如笛卡兒）。情況的確如此，但沙特硬是把「影像的存在」和「事物的存在」分割開來，實際上，這也是形而上學和主觀唯心主義的表現。

三、真正影像的特點與影像和思維的關係

　　沙特說：「在維爾茲堡學派的一些著作之後，關於心理影像的性質的實驗研究越來越少了。這是因為大多數心理學認為問題已經解決了」，實際上是「導致了一種折衷主義。」沙特分析了他們「必然導致矛盾」的根本原因。

　　關於「真正影像的特點」問題。沙特認為「第一步就是要把影像和知覺統一起來；第二步應當是把它們區別開來。沙特認為，在這個問題上，有兩種意見使人敬服：首先，真理的標準起了變化，它發展了，影像的問題不再是與外部客體相一致的關係，我們是在一個表象的世界裡，因此，標準就變成了表象之間的一致，這樣一來，「我們就擺脫了樸素的實在論」；其次，「『真正影像的特點』問題徹底改變了涵義。它不再具有『影像』的素材或『客體』的素材了」，「影像恰恰是在感覺素

材之間，它不能算是客觀的東西。影像，就是主觀性」。

關於「影像和思維的」問題。沙特認爲，人們在這個問題上所遇到的困難或使問題複雜化，是因爲把影像也看作思維，「是因爲大部分作者在他們把影像當作一個外部客體之後，另外又把它做成了一個觀念。」沙特認爲，影像不等於思維，並且也不能用影像來思維。

沙特在《影像論》中的觀點概括起來有以下幾點：(1)「影像並非是一個物」，它既不能歸結爲一種感覺的內容，也不能建立在可感覺內容的基礎上；(2)影像和知覺具有本質的區別，即知覺是外在的、客觀的東西，而影像則是內在的、主觀的東西；(3)影像「是一種意識的狀態」，「屬於某種事物的意識」，它並不等於思維，但它在思維的活動中起作用。

沙特在這裡所稱的影像，實際上含有想像或想像力的意思，這對於研究圖像傳播中「意義的產生」特別有啓示作用，沙特的觀點深刻、獨到，但主觀唯心主義和形而上學的東西也十分明顯。

第五節　潘諾夫斯基的「圖像研究」

潘諾夫斯基[21]（Erwin Panofsky），德國藝術史學家，對聖像學、肖像學的研究有獨特的貢獻；是圖像研究理論的奠基人。潘諾夫斯基學識淵博，思維敏捷，善於從生活現象中發現眞理。

圖像研究（iconography）是藝術史的一個分支，現泛指除聲音、文字傳播之外的視覺作品傳播研究。

圖像研究原並不針對形式（form），而在於探討圖像作品的主題（subject matter）或涵義（meaning）。

圖像研究考慮的只是一件作品內在涵義的部分因子而已，而在內在

涵義欲公諸於世之際，這些因子也必得獲得證明（圖像傳播研究中的圖像研究也只是考察傳播作品中的內在意義即「意義的產生」的構成元素的一部分元素而已，而要將這些意義全部公諸於眾，那麼這些元素也必須獲得足夠的證明）。

圖像研究到底是在幹什麼？這對於　般人來講是個謎；圖像傳播過程其意義是如何產生的？這又是一個魔幻，為了揭開真實的一角，我們只有借助於圖像的形式，當然，這個形式最好是在現實的日常生活裡、幾乎每一個人都能獲得的這一資訊。潘諾夫斯基為此曾舉過一個生活中的例子[22]：

> 我正走在大街上，
>
> 有一個認識我的人在街上舉起帽子，
>
> 向我打招呼。

現在，我們就來分析這一事例，並試圖去探討圖像作品的主題或涵義。很顯然，這就是許多人們還不熟悉的圖像研究。

一、形式

在形式上，當有人舉起帽子向我打招呼時，首先我看到的是對方的形式──線條、色彩、影調等物像元素所組成的一個人形，這也是我在最初的生理認知，當然，這個人形可能在某些細部會起變化，比如這人脫帽──打招呼。接下來，我好像會自然地要確認對方是男的還是女的，是老的還是少的，這時，我已脫離了純粹的物像──形式認知的範圍，轉而進入了主題（或涵義）的初級階段（也稱主題的第一層領域）──事實的涵義（factual meaning），在這種情況下的涵義，具備了基本的、容易了解的本質。

我是如何掌握這些涵義的呢？解釋只能有兩點：一是透過我過去的

實際經驗所認識的東西，來確認某些進入我頭腦的視覺形象；一是借助它們和某種行為或是事件之間的關係所產生的變化。

我認識這個人，我看到這個人向我打招呼，一旦這些東西和事件在我的心裡得到確認，我的內心就會有某種自然的反應。由打招呼的人對我完成的動作方式，我開始判定此時對方的心情如何：是好是壞？或是看不出來；其態度是友善還是充滿敵意？也許是其他等等。這些細微奇妙的心理上的差異，會賦予打招呼的人更進一步的涵義，這些涵義被稱為表現性的（expressional）。這些涵義不同於事實的涵義（factual meaning），因為它不單是被眼睛認識和確定的，而是因為它需要用心去理解和瞭望的，有人稱之為「同感共鳴」（empathy）。共鳴是人類生活中的正常現象，它是指人們在思想情緒上有某些相通之處，具有共同心情和情感。產生共鳴的現象是很複雜的，既有產生的社會根源也有其歷史根源，既有命運和閱歷上的共同遭遇，也有迥然不同的人生境況。但有一點卻是確鑿無疑的，那就是閱讀者必須要有一定的敏銳度，「沒肝沒肺」、「頭腦愚鈍」的人，是無法透徹地了解它。敏銳度是有一定生活基礎的，或是「我」的日常生活經驗的一部分，否則，就會像林黛玉一樣變成超出常人的、過於敏感的「神經質」，陷於自我感知世界，放大或誇大事實，結果表現性統攝了事實。

事實和表現性的涵義應該歸為一體，是它們構成了最初的或稱自然的涵義。這層涵義是透過形式而獲取的。

二、意思

一個人向我舉起帽子，我明白這個人是對我打招呼，對我表示問候的意思。我讀懂這個意思，依據上面的第一層涵義，顯然是不夠的，這是另外一個不同於上面的詮釋領域。脫帽致敬，這是在上世紀二、三〇年代中國城市社會中曾普遍流行的一種問候方式；在西方社會，至今也

是一種普通的問候方式。有人解析這種問候方式來源於古代的爭戰，當
對陣雙方的一方為表明求和的願望，以及要取得對方的信任，會首先取
下自己的頭盔，讓最重要的進攻部位——頭顱暴露給對方，以示友好。
在西方，有人說這是中世紀的騎士遺風。

現在，我們仍不能確切地了解，中國人、中世紀的騎士、澳洲的原
住民或古代的希臘人舉帽問候的不僅僅是表現性涵義的事實，這同時也
是一種禮貌的象徵。要想深入了解這個舉動的意義，必須熟悉現實社會
事與物的組合，了解某種文明裡超出事實的風俗與這個民族的文化傳
統。這也就是說：如果對方不了解其意，那麼，也就不會選取這種脫帽
的方式來向我打招呼了。打招呼人隨著舉起帽子的動作而帶來的表現性
涵義，本人也許知道，也許並不清楚，但這是一種文化習慣的自覺。在
現實生活中不了解其深刻涵義的動作，但又被頻頻自覺使用的事例太多
了。有一點是可以肯定的，在示意人的生活經驗裡，這個動作能表達出
什麼樣的意思應該是清楚的。這可能就是我們常說的「知其然，不知其
所以然」，意思是清楚的，具體到底為什麼這樣做，可能一時半刻並不清
楚。

在解釋舉帽是一個禮貌的問候的同時，也在其中看到一種意思，我
們稱之為第二的或是傳統的涵義，它有別於最初的或是自然的涵義。因
為它是理性的，它是被有意識地帶入了實際的行為之中。

三、意義

一個人的舉帽動作在時空裡組成了一樁很是自然的事件，它自然地
暗示了氣氛或感覺，除了表達一次比較傳統的招呼之外，對於我來講，
如果我是一個富有經驗的觀察者，那動作還能給我很多的訊息，比較
它，能透露出所有構成其「人格」的因素。如，這個人是個男人；是個
二十世紀的男人；他是哪個國家或哪個地區的；他所受到的教育背景如

何;他生活在怎樣的社會環境中;他過去的成長背景和現在的生存狀況如何等等。雖然這是個禮貌性問候的獨立行為,並不能從他單一的禮貌問候動作去架構他精神的全部層面,但我們只要配合大量的觀察經驗,再使用我們的知識、文化及科學的態度(如對其時代、國家、文化、階級、傳統、族群、風俗等的了解),與直接觀察結合起來加以詮釋,那麼,我們透過這一舉帽問候的行為所獲得的資訊將會更多。因為,每一單獨的行為,都可以在一些特質下被認識和了解,一個人精神層面所呈現出來的所有特質實際是隱含在每項單一的行為之中。

第六節　觀察與經驗

現在的問題是,要想使得這種解釋合理有效,那麼觀察者的經驗將是極其重要的。所謂經驗是極其複雜的一個人的知識、閱歷、意識形態等等的文化總和。不然,面對同一個行為,其得到的訊息,有其共性的一面也有其差異的部分,有些差異可以說還是很大的。

下面讓我們來看看五位觀察經驗豐富的人面對同一尊像——維納斯,除了共性之外,他們還會有哪些差異。他們分別是詩人海涅、費特、烏斯賓斯基,作家屠格涅夫和文藝理論家盧那察爾斯基。

維納斯的傳說很多,有的說她是宙斯和赫拉(羅馬名字為朱比特和茱諾)所生;有的說她是從愛琴海的泡沫中誕生,為西風神引導,隨波逐流漂到了賽普勒斯島,時辰女神在天地萬弈的歡呼聲中迎接了她,為她披上用天空明星裝飾的錦衣,帶她來到眾神聚會的奧林匹斯山以神蹟出名的狄爾菲街神廳[23](見圖 2-4),眾神為維納斯的美麗所迷戀,都希望娶她為妻。但眾神之父宙斯因為瓦爾剛為他創造了雷電,因此作主把維納斯許配給了這位神間仙界面相最為醜陋且跛腳的鐵匠神。後來,他

圖 2-4

《維納斯的誕生》。波蒂切利，約 1485 年

們生了一個兒子叫丘比特，丘比特成爲了眾神喜歡的小愛神。

　　當然，以上是希臘的神話，在希臘的神話中神也是有人性的神，或說是「擬人」的神，「神人同形同性」。希臘的藝術家們創造了無數的維納斯女神，後來其他國家的藝術家也創作了數不清的維納斯女神。但最爲有名的應算是今天陳列於法國巴黎羅浮宮緒利（Sully）館一廳高 202cm 的大理石製品，這尊製作於西元前 100 年左右的雕像是在 1820 年春天在希臘米羅島上被一名叫波托尼斯的農民發現的。這尊屬於古希臘時代的作品被稱之爲米羅島的維納斯（見**圖 2-5**）。

　　自從她被陳列到法國巴黎的羅浮宮以後，醉迷了無數的觀眾，有人爲她傾倒，有人爲她折腰，有人爲她精神失常，有人爲她無悔地自殺。

　　爲什麼會是這樣呢？

　　維納斯（圖像）太美了（對觀察者而言）！

圖 2-5

《米羅島的維納斯》。約西元前 100 年,現藏於法國羅浮宮

　　據說德國的大詩人海涅於 1848 年病重期間,感到自己生命的時日已經不多了,遂抱病執意前往羅浮宮,他要向這位「美人」訣別。我們從他的長詩《羅曼采羅》的後記中可以清楚地讀到這種心情。他寫道:

　　那是 1848 年 5 月,那一天是我最後一次出外的日子,我和那在我幸福的時代所崇拜的可愛的偶像告別。我費了辛苦拖曳著腳步才一直

到了羅浮博物館，當我踏進那座崇高的大廳，看到那位鴻福無疆的美的女神，我們那位可愛的米羅島的婦女站在她的台座上，我幾乎痛哭失聲。我在她的足下躺了許久，哭得十分傷心，連一塊頑石都得對我動起憐憫之心。那位女神也同情地俯視著我，可是同時卻又無可奈何，好像要對我說：你沒瞧見，我沒有手臂呀，因此對你是愛莫能助的！

我們沒有詩人那般豐富細膩的情感，沒有詩人那敏感而純情的內在神經，總之，沒有他的觀察經驗。但詩人的體味——對維納斯的讚歌中滲入了悲歌的韻味，我們每一個人都能體味到，我們還能體味到詩人快要離開人間的、他無可奈何地與美的理想訣別。詩人與維納斯的訣別，是人與美的訣別！在詩人眼中維納斯是人世間最完美的化身。

同是維納斯的圖像，同是詩人的觀察，維納斯卻成了十九世紀俄國詩人費特心中的人體最美。他在〈米羅島的維納斯〉長詩中寫道：

是這樣的大膽，
又是這樣的適度，
從頸項到腰際，
閃躍著迷人的赤裸裸。
女神的身軀，
吐露著永不凋謝的美。
在稍稍隆起的頭髮下，
在一塵不染的臉龐上，
浮蕩著多少醉人的柔情！
整個的你都散發著愛的激情，
整個的你都沁透著海的浪花；
你能攝服一切，

你屬於永恆。

這也許與詩人的年齡有關，費特去羅浮宮看到米羅島上的維納斯圖像的時候，才只有 36 歲，精力充沛，熱血滿腔，因此吟詠出的讚歌是那麼充滿著性感與活力。

與費特心目中的維納斯不同，在烏斯賓斯基看來，維納斯的最美不是在她的形體之美，而是在她內在的人性美。這位與費特同時代的詩人認為從裸體上尋找女性之美，意圖是對美神維納斯的一種褻瀆。他認為當初雕刻者在打鑿這尊雕像時是抱著一個十分崇高的藝術理想的，那就是他需要在他同時代人和所有時代、所有民族、所有的人們心中，永久地鐫刻下一種永恆的人性之美。作者需要全世界的男女老幼都體會到做為一個人的幸福之感。

面對維納斯，有人感到了一種力量，一種生活的勇氣。俄國作家屠格涅夫在小說《舒展》中藉主人公特雅普希金之口說道：「當我停步在大廳裡的米羅島的維納斯面前時，我被一種非同一般的、不可思議的力量所震攝，我站在她的面前，端詳著她，我不住地自問道『我到底發生了什麼』？從我見到她第一眼起，我就這樣地問我自己，因為這一瞥開始，我就感到在我的心中升起了巨大的歡樂。我突然感到，在這一瞥之前我感到，人類的語言中找不出一個辭彙，可以來說明這座雕像創造奇蹟的奧秘。」

屠格涅夫寫到：在他看來如果打碎了這座雕像的話就等於使世界失去了太陽，如果在人的一生中連一次都沒有感受到維納斯的溫暖，他就不值得生活在這個世界上。因此他看了這座雕像以後，靈魂得到了舒展。他決定買一張女神雕像照片，把她掛在牆上，當沉重的生活壓得喘不過氣來的時候就見見美神，會增添無限的生活勇氣和力量。美的力量多麼的大啊。

　　實際上維納斯的美已經是一種典範，不光是知識份子、藝術家、作家能感受到維納斯的各種美和力量，就是一般的老百姓階層也強烈地感受到了維納斯之美。文藝理論家盧那察爾斯基曾寫到：「我和幾位工人同志去參觀羅浮宮的時候，我把米羅島的維納斯指點給了他們。我從他

圖 2-6

《薩賓婦女》。雅克‧路易‧大衛，1799 年

畫布油畫，385 × 522cm，藏於巴黎羅浮宮德儂館二層第 75 展廳。薩賓婦女的故事敘述的是一場家庭糾紛：古羅馬人為了在他們出生的國土上傳宗接代，搶掠薩賓婦女為妻。三年之後，薩賓人奮起報仇，他們來到慘遭掠奪之地向古羅馬人發動戰爭。此時薩賓婦女勇敢地站在兩軍之間，為一方是他們的丈夫，另一方是他們的父親與兄弟的兩族人調解。大衛透過這幅畫來捍衛他的繪畫主張：繪畫裸體英雄。他說：「我的意願是想透過這幅畫精確地表現出古代的道德風尚，以致於即使古希臘人和古羅馬人來參觀我的畫時，也會覺得所描繪的風俗習慣與他們的生活習慣相符。」

們在欣賞維納斯時流露出的欣然神往、衷心讚歎的表情上得到了堅定的
信念：這些俄國工人不僅能像西元前兩三世紀的古希臘人那樣，而且也
能像海涅、烏斯賓斯基那樣地讚美維納斯。維納斯這種充滿健康、莊
重、睿智和恬靜的女性美的典範，對於我們這個時代也是彌足珍貴的；
我甚至強烈地意識到，這種美的典範，恰恰是在社會主義時代，至少是
在它的最初十年（以後如何我不敢妄加猜測）將是特別受歡迎的」。

　　面對同一個圖像，每個觀察者都可以得到他的意義，或稱之為內在
的涵義或是內容，這才是作品內在的東西。透過以上的事例分析，我們
知道這種內在的涵義或內容超出了意識的範疇，而表現性的涵義則在意
識範疇之內。最初的（自然的）和第二的（傳統的）兩層意義是我們可
以知覺的，甚至可以將其定義為融合性的原則。它不僅做為基礎，也可
以用它解釋視覺作品和感性的東西，這一基礎甚至決定視覺作品——圖
像的形式。

　　對於《薩賓婦女》（見圖 2-6）這幅繪畫的圖像研究，受眾的意義解
讀具有超意識範疇，讀者不妨根據圖 2-6 的說明試著解讀該圖像。

註釋

[1]魔術（magic），在一個永遠可以回來的世界的存在。

[2]所謂的符碼（code），是指用規定加以秩序化的符號系統。

[3]翻譯（translating），在符碼與符碼之間移動，因而是從一個宇宙跳躍到另一個宇宙。

[4]想像力（imagination），製作與解讀圖像的能力。

[5]韓叢耀，〈第五章：色彩美學〉，《新聞攝影學》，南寧：廣西美術出版社，1998 。

[6]布洛克（H. Gene Blocker），滕守堯譯，《現代藝術哲學》（*Philosophy of Art*），成都‧四川人民出版社，1998 ，頁 105 。

[7]原名《石頭記》。中國古典長篇小說。共 120 回。前 80 回為清代曹雪芹所作，後 40 回一般認為係高鶚所續。小說語言優美生動，善於刻畫人物，塑造了許多富有典型性格的藝術形象。其規模宏大，結構謹嚴，具有高度思想性和卓越藝術成就，是中國古代長篇小說中現實主義的高峰。

[8]概念（concept），文章的構成要素。

[9]機具（appratus），模擬思想的玩具。

[10]*Sight Sound Motion: Applied Media Aesthetics* 為美國學者 Herbert Zettl 所著，廖祥雄譯介後取名為《映像藝術》，由台北志文出版社於 1994 年 6 月出版發行。

[11]翟德爾（Herbert Zettl），廖祥雄譯，《映像藝術》（*Sight Sound Motion: Applied Media Aesthetics*），台北：志文，1994 ，頁 136-194 。

[12]傅拉瑟（Vilém Flusser），李文吉譯，《攝影的哲學思考》（*Towards a Philosophy of Photography*），台北：遠流，1994 ，頁 29 。

[13]文字（character），一種書寫符號。

[14]傅拉瑟（Vilém Flusser）認為，符號是指示出其他現象的一種現象。

[15]掃描（scanning），解讀情境的圓圈狀動作。

[16]解讀（deciphering），呈現某個象徵（或符號）的意義。

[17]情境（situation），一種形體，其中具有意義的是元素之間的關係，而不是元素本身。

[18]偶像崇拜（idolatry），沒有能力解讀圖像要素所指陳的想法，因而是圖像膜拜（image adoration）。

[19]文章（text），一行或數行文字。

[20]沙特（Jean-Paul Sartre），法國哲學家，存在主義哲學大師，他的思想和主要觀點在其主要著作《存在與虛無》中體現出來。《影像論》（L'imagination）出版於 1936 年，也有人將其中譯為「想像」、「想像力」。根據沙特在書中對 image（法文）一詞的討論，魏金聲先生將其譯為《影像論》，由台北商鼎文化出版社於 1992 年 5 月出版。

[21]潘諾夫斯基（Erwin Panofsky），1892 年 3 月 30 日生於德國漢諾瓦，1968 年 3 月 14 日逝於美國普林斯頓。藝術理論博士。1921 年任教於漢堡大學，1933 年因猶太人身分受迫害，舉家移居美國。潘諾夫斯基是圖像學理論的奠基者，為公認的二十世紀最傑出的藝術史學家，他的研究範圍廣泛，學識淵博，他的美學思想和方法在西方深具影響。此處圖像研究的觀點引自他集 40 年之大成的著作：Meaning in the Visual Arts。該書已由李元春譯為《造型藝術的意義》，由遠流出版公司於 1996 年 7 月出版。

[22]引自潘諾夫斯基（Erwin Panofsky），李元春譯，《造型藝術的意義》（Meaning in the Visual Arts），台北：遠流，1996，頁 31。

[23]圖 2-4、圖 2-5、圖 2-6，引自《羅浮宮》（LOUVRE）畫冊，凡爾賽：法國黎絲藝術出版社，1997。

12345678910

圖像傳播的符號學方法

　　圖像傳播研究的著力點主要在視覺方面，它與視覺傳播符號有著千絲萬縷的聯繫。

　　人們都承認，他們的感知幾乎同時與很多層面或類型的接受相結合，這些接受構成了感知的整體。不同類型的認知理論都區分開感性、感知、情感、心智等不同層面，實際上這些層次不是在經驗中自動區分開的，而只是在分析的時候被人為地劃分的。而符號學主要致力於可闡釋的方面，與圖像學有許多相似之處，即致力於那些能夠從經驗、背景中被陳述和被思考的東西。這些能夠被陳述和被思考的東西，並不是社會學家表達的言語，而是一種或多或少合理的可能性，這種萬能性考慮到了應用的編碼、傳播的條件、閱讀的歷史性等等。正如安貝爾托·艾科（Umberto Eco）在《符號學與語言哲學》一書中所說：「最為遲鈍的觀眾或讀者可能不會闡釋資訊」，但是符號學家正是「那些在別人看到事物的地方看見了意義的人」，符號學家們借助於最少的證據便可以展示出什麼樣的意義和什麼樣的闡釋可以產生這樣的事物。

　　圖像學和符號學有一種胎生的血源關係，都致力於探討意義是如何產生的，甚至在一些學者、專家眼裡，符號是圖像的一個組成部分；而在另一些學者、專家看來，圖像正是符號的一種形式。總之，目前還沒有人能將兩者截然分清，這也說明我們在圖像傳播研究中選用符號學方法的可行性。

　　借助於符號學或是借助於作為手段或比較的符號學機制，是一種理論性、方法性的選擇，這種選擇可以有效地把握圖像傳播學的最初時期，但也會因此被維護或者被攻擊。圖像傳播學學科的建立將會證明「維護與攻擊」的確實存在。

第一節　符號學的歷史

　　符號一詞在英語中爲 Symbol，它來自於希臘字 Symballein，意思是把兩件事物平行並置地放在一起做出瞬間比較。法語的符號學 Sémiologie 這個術語也並不新鮮，它從古代開始就有了。 Sémoilogie 一詞源於希臘語 Séméinon ＝ Signe（符號），以及 Logos ＝ discour, science（話語、科學）。它代指醫學的一個研究領域，醫學上稱之爲症候學[1]。在人文科學中，符號學術語在上個世紀初開始出現了，表現出了建立一種「關於符號的總體科學」的願望。實際上，符號（Signe）定義的本身早已存在，它不僅僅與醫學語言相關，而是同樣在語言哲學中出現，我們今天仍可以從柏拉圖（Platon）和亞里斯多德（Aristote）的著作中讀到。

一、歷史的回顧

　　符號（Signe）定義的出現，並不只是指代「符號」這個名詞，這個名詞本身經常被認爲是由發音和字母構成的一種「象徵」，而這些字母和發音是一種約定俗成排列的；「符號」與證明或是「跡象」聯繫更爲緊密，正如自然符號（咳嗽相對於感冒，喘息相對於發燒）也是症狀的一部分一樣。艾科寫過一本重要的論著：《符號學與語言哲學》（法文版，FUF 出版社， 1988）。詳細而較全面地研究從古至今的符號學與語言哲學之間的關係。他從五個最主要的概念開始論述，(1)符號（signe）；(2)所指（signifé）；(3)隱喻（métaphore）；(4)象徵（symbole）；符碼（code）。對此感興趣的還有斯多葛派（Les Stoisiens）和奧地利的語言哲學家維根斯坦（Wittgenstein），他們非常重視有關語言和其他符號系統的論戰的重要性，闡明從美學到形而上學上的一系列問題。界定出符號研

究中的一些常數（constante），比如符號的交換（échange）功能及其物質性（matérialité）等，雖然每位學者對常數沒有表現出絕對一致的意見，但對此默認和妥協卻是其一致行爲。

　　對符號作出深入且特別研究的要數十九世紀初的美國邏輯學家皮爾士（Pierce）和瑞士語言學家索緒爾（Saussure），他們二位被稱爲西方現代符號學之父。二十世紀初期的符號學研究達到了一個輝煌的頂峰，除了學者、專家們的自身興趣和學術研究努力之外，還有一個很重要的社會原因：那就是二十世紀初葉，歐洲社會恰是極具創造性的時期，無論是在政治、經濟、軍事、科學、技術、文學、繪畫、音樂等領域都掀起了一個又一個的創造浪潮，整個社會處在創新這樣一種理性和激情交織的氛圍裡。於是我們看到了文明的燦爛：數學家弗雷格的現代邏輯學的誕生；物理學家愛因斯坦相對論的誕生；索緒爾現代語言學的誕生。

　　索緒爾提出將語言看作是一種「表意的符號系統」，他與傳統的語言研究的標準性、歷時性傳統決裂，主張此時此地共時性地列出一份語言的清單和調節這些符號聯合的規則的清單。索緒爾將語言（Langue）和言語（parole）對立起來，他認爲語言是一種元素和規則受社會限制的儲備，而言語則是我們任何一個人使用歷史化的、非限定性的元素，創造出一種無限的資訊。他的符號學研究代表作爲《普通語言學教程》（*Course in General Linguistics*），書中他致力於描述什麼是一種語言，以及這種語言的功能。在歐洲，早索緒爾 16 個世紀之前，聖奧古斯丁（Saint Augustin）就在《De magistro》一書中提出「符號理論與語言理論的一種決定性結合，」這同索緒爾的論述是一樣的，但索緒爾在現代語言學中發現並建立了符號學的最爲清晰的表達方法。

　　幾乎與索緒爾同時代的美國邏輯學家、天文學家、大地測量學家皮爾士考慮到建立一種符號學的整體科學，他的思考更多地涉及到數學領域而非哲學領域，他提出深入研究各種類型的符號（不僅僅是語言符

號），將這些符號加以分類，並分析其運作的方式。這便涉觸到我們在交際（傳播）中可使用的各種不同類型的符號。

　　源於皮爾士的美國語言學派的查理斯・莫里斯（Charles Morris）將符號學發展成爲三個主要方向：(1)與語言學和語言哲學關聯密切的「純粹」符號學；(2)受行爲主義者啓發，研究非語言的社會行爲（空間、時間或是手勢的社會文化管理），非語言的語言（圖像、服飾等）的描述符號學；(3)受實用主義和個體與符號的關係影響，包括研究動物交際的符號等的應用符號學。

　　在歐洲索緒爾之後的符號學研究者們又根據他們是否是正統的語言學者而分成兩派：一派爲「正統」的學者，僅僅研究有意的交際（傳播），也就是說這些交際是應用由有限數目的元素構成的符碼，如語言、電碼等，實際上這是一種「傳播符號學」，目前在中國，大多數傳播學者信奉的資訊傳播理論蓋源於此。另一派爲「意義符號學」派，相對於「正統符號學」派，它更爲靈活，一種符碼可以是一個開放的系統，甚至是模糊的系統，一旦它產生了意義，並且被人們選作研究對象，它便可以被認爲是一種符碼或是一個有結構的觀察領域。[2]這一學派傾向於由捷克的雅各布遜（Romon Jakoboson）建立的布拉格語言學派。

　　哥本哈根學派是由丹麥語言學家葉爾姆斯列夫（L. Hjelmslev）建立的。

　　法國這個流派的領軍人物是羅蘭・巴特（Roland Barthes）和克利斯蒂安・梅茲（Christian Metz），他們在圖像和電影領域著力頗深。還有「巴黎學派」的格雷馬斯（A. J. Gremas）和致力於開發和研究皮爾士著作的佩皮尼昂（Perpignan）。

　　義大利在這方面做出貢獻的研究人員有埃米略・伽羅尼（Emilio Garroni）和艾科。他們在提出科學的符號學理論後，其後認識開始轉向，大多轉向了爲不同角度的「第一符號學」（Première Sémilogie）的批

評提供資料。

在中國，符號學理論的引入，是發生在二十世紀八○年代初，其後陸續有一些譯介著作出現，後來也有不少本土學者致力於符號學的理論研究，雖然他們步履維艱，進展緩慢，但仍然堅守這塊學術重地，因爲符號學研究是一個充滿無限活力的研究領域，需要研究者投入超常的力度尤其是幾十年如一日的恆心。這絕不是十年八年就能見到成效的研究領域，沒有恆心、沒有廣博而深邃的知識，沒有雄厚的西學國學功底，是很難邁入這門學科的門檻高度，泛泛了解和深刻理解不是一回事；深刻理解和從中研究又是一回事。

研究是什麼使得圖像、聲音、文字變成資訊，就要研究符號，而研究符號和符號的運作的學問就是符號學。美國學者約翰·費斯克（John Fiske）在《Introduction to Communication Studies》一書中認爲目前符號學有三個主要的研究領域：(1)符號本身。包括對符號種類的研究，研究不同種類符號傳播資訊的不同方式，以及研究符號和使用者之間的關係；(2)組成符號所依據的符碼或符號系統。這個領域研究一個社會或文化如何因應其自身需要，或因應開拓不同傳播途徑的需要而發展出的各種符碼；(3)符號或符碼運作所依託的文化。同時文化也依賴符號或符碼的運用以維繫其存在與形式。[3]

二、符號學與語言學

從以上的歷史回顧中，我們已經發現了符號學和語言學的扯不清、理還亂的關係，直至目前爲止也沒有人能夠有能力將兩者彼此截然分開，尤其是符號學和語義學的關係。一方面，符號學確實與語義學有許多相似之處；另一面，實踐又充分地表明，符號學並不是語義學，不管它們之間有多少相似之處。

讓我們暫時停止符號與語言的討論，在語義學處做一缺暫的停留與

稍稍的瞭望。我們不打算對語義學做深入的討論，但爲了說明問題還得從語言學談起。通常，人們都會認爲語義學是語言學的一個分支，語義學研究的是可能由語言產生的意義（sens），而不是一個詞語指代某種事物的方式，也不是一個透過一種普通的方式與所指（signifié）聯繫的能指（signifiant）。而語言學是研究意義的一門學科，它並不研究符號的系統，也不是研究意義（signification）的形成和闡述過程（而這恰恰是符號學的研究內容），它研究的是意義（sens）本身的問題，意義的發展、變化及意義的結構。

不管是符號學還是語言學，簡單地講都是研究「意義」，儘管「意義」是一個十分難以定義的概念。語義學主要研究一個符號學體系的產生，而符號學是研究其體系本身，它的元素、它的結構、它的組織原則等。

法國著名的語言學家、結構主義語義學研究者格雷馬斯[4]（A. J. Gremas）研究意義單位，曾證明一種｜結合（conjonction）＋分離（disjonction）｜的關係：這樣一來「黑」與「白」就是相對的，就好像「好」與「壞」是相對的（分離），但是這些意義單位按照同一個語義學的軸線（conjonction）循環，對於前一對詞語來說這個軸線是顏色，而對於後一對詞語來說是價值。格雷馬斯還提出一個著名的「符號正方形」（carré sémiotique）[5]模型，見**圖 3-1**。

這涉及到對於任意種類的語義學的邏輯代表，在這種代表中，四個位置可以由三個關係來限定：水平方向的反義：好／壞；間接矛盾的關係：壞／不壞，好／不好；這還可以與垂直方向的補充性否定關係相聯繫：好／不壞，壞／不好。

長期以來，人們一直認爲語義學僅僅是研究語言符號的意義，但現在看來，遠不是這樣，它是一個更爲普遍的科學，涉及到無論由何種符號學體系的符號所產生的意義，這種符號學體系可以由語言學符號組成，可以由圖像符號組成，可以由身體符號組成，亦可以由服飾符號組

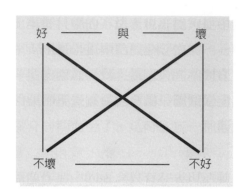

圖 3-1

符號正方形。 *L'image et Les Signes* (p.15). Martine Joly, 1994, Paris: Nathan

成……

實際上，這依然存在著一種模糊性，且這種模糊性又爲語言學和符號學之間的關係論戰提供資料。

對索緒爾來講，符號學是一種應該研究多種符號體系的科學，而語言學只是特別地研究語言及其特點的科學。在他看來，語言學依然是符號科學中一個最爲重要的組成部分，但是它還是從屬於普通的關於符號的科學，也就是符號學。

羅蘭・巴特提出了「已感知」（perçu）與「已理解」（déjà connu）之間的關係問題。在這樣的大前提下，他建議推翻索緒爾所提出的語言學與符號學之間的等級關係，他在由瑟伊出版社出版的《交流》1964 年第4 期的「符號學研究」的「引言」中寫道：「語言學不是關於符號的普遍科學的一部分，相反，符號學正是語言學的一部分。」

爭論仍在繼續，正像在西方遇到符號學有時用 sémiotique 來表示，有時又用 sémilogie 來表示一樣，這要考慮到爭論的背景。根據艾科的分類方法，符號學可分爲三類：

(1)普通符號學（sémiotique générale）：具有哲學性質，旨在建立一個理論對象並提出有關完全形式化的總體模式。它主要研究符號的定義本身、結構及動力等等。

(2)專業符號學（sémiotique spécéfiques）：從語法意義及廣義上來講，它包括句法、語義學及實用主義哲學。主要研究理論化、概念化的觀點、特殊的符號系統（如圖像符號、電影符號）等等。

(3)應用符號學（sémiotique appliquée）：它是一種研究模式，其嚴格性建立於對符號學手段的應用基礎上，而這些符號學手段所假定的社會文化一致性與未經驗證的、「印象派」的或是太多偶然的闡釋是相對的。它的主要任務就是透過應用借用於先前符號學的手段，使一個「酸味的語言」或是一種對給定文本的闡釋具有兩者之間的可控性。

　　圖像傳播研究採用符號學的方法，一方面是使圖像作為一種普遍理論上的定義，一方面當我們談及圖像傳播（應用符號學）可以用符號學的手段來分析圖像。也就是說透過專業符號學給出圖像意義理論元素和給出透過符號學手段或是應用符號學手段來分析圖像和建立圖像分析方法。

　　符號學（sémiotique）是一種元語言，「一種酸味的語言」（**圖 3-2**），它是透過其方法定義的而非透過其目的定義。它所提出的問題，在意義是「怎樣」產生方面要多於意義是「什麼」，這種對資訊原文的分析方法是與圖像傳播的「意義」研究一致的。正如艾科在《符號》一書中所說的那樣：「當今的符號學是一種研究的技術，它成功地描述了交際（傳播）和意義的功能。」

圖 3-2

酸味的語言。《傳播符號學理論》（頁 227），費斯克（John Fiske），張錦華等譯，
1995，台北：遠流

三、符號與視覺資訊

　　對於視覺資訊來說，符號學方法是一種眞正嚴肅而且有效的手段。
圖像傳播學的主要研究對象實爲視覺資訊，以及透過對承載資訊的圖像
解讀出意義。而視覺資訊呈現出可塑性，它由造型層面的意義、圖像層
面的意義、語言學層面的意義及制度層面的意義等構成完整的意義層
面，符號的特性以一種決定性的方式介入意義的產生過程。這種意義有
些像是羅蘭・巴特所研究的意指作用[6]（signfication），我們不妨來看看
羅蘭・巴特在《符號學原理》[7]對直接意指和含蓄意指、元語言所構成的
模式。

　　他認爲「一切意指系統都包含一個表達平面（E）和一個內容平面
（C），意指作用則相當於兩個平面之間的關係（R），這樣我們就有：

ERC 。」[8]接著他又討論了第一系統和第二系統。如果 ERC 為第一系統中的單一成分，那麼第二系統是第一系統的延伸。這樣就會面對著兩個密切相連但又彼此脫離的意指系統。

(1)第一系統（ERC）變成表達平面或第二系統的能指（ERC）RC：

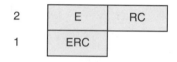

(2)第一系統（ERC）成為內容平面或第二系統的所指 ER（ERC）：

　　模式(1)中的第一系統構成了直接意指平面，第二系統構成了含蓄意指平面。所以說一個被含蓄意指的系統是一個其表達面本身由一意指系統構成的系統。模式(2)的內容平面本身就是由一個意指系統構成的，這是一種元語言系統。它又可以分為兩種方式，即含蓄意指和元語言：

含蓄意指

元語言

　　討論至此，我們也就可以回應到這節開頭所說的視覺資訊的層面上。長久以來，理論界一直忽視符號和視覺資訊的關係研究，混淆圖像與符號之間的根本區別，掩蔽了圖像的「實體」或「物質」的特點。

　　葉爾姆斯列夫曾指出：所有與言語有關的事物都具有顯然面（能

指），在內容層面上就具有相反面（顯示面或所指）。這種表達面與內容面的對立，並不是背景與形式的對立，就視覺而言，背景與形式的對立既不自然也不恰當，且兩者都無法分析。形式與背景並不對立，而是實體或物質的對立：表達方式有其自身的實體，如影像、聲音等，後者可以被賦予不同的形式，如視角、照明、蒙太奇等。任何內容同樣有一個實體，如主題：愛、戰爭、災難等，後者也可以被賦予一種形式，如史詩小說、專題攝影、音樂劇等。這是就表達面與內容而言的。

在符號上要嚴格造型能指和圖像能指之間的差異，將視覺代表物的造型大小，看作為一個完整的符號系統，看作實心符號，而不能簡單地將其當成圖像符號的能指之一，致力於研究圖像和造型層面如顏色、形狀、構成、組織等等。

造型符號這種自主性支持了視覺資訊的內容層面及表達層面的元關係。雖然造型符號仍舊與圖像符號相互關聯，但它並不屬於圖像符號。這時，我們可以清晰地看出視覺資訊在四個層面之間（葉爾姆斯列夫的術語）或稱四個「同位性」之間（奧丁的術語）造成了一種循環。這些層面既彼此區別又相互聯繫：即造型的表達層面和內容層面；圖像的表達層面和內容層面。[9]可視資訊內圖像及造型的組構圖表化處理見下圖：

如果將其再明確化一些，那就是：

造型		表達層面	內容層面
圖像	內容層面	表達層面	

　　視覺資訊中造型符號和圖像符號之間的主要區別，將其綱要提供給了修辭學家，即使後者無法賦予造型符號以固定的價值——對所有圖像來講都是固定的。價值必然限定於由作品所構築的一個既定的系統當中，就是這樣的限定圖像也會給受眾一種多義的感覺。但要強調的是：實際上並非是圖像多義，而是圖像受眾的多義。所謂多義性的定義，可理解為：人們將圖像敘述性的缺省所引起的闡釋上的猶豫，稱為多義性。

　　克利斯蒂安‧梅茲總結了造成圖像多義性的幾種情況為：

(1)由圖像的能指材質擢化所導致的，如重疊、損毀、拭抹；
(2)由不恰當的期望所引起的，如要找一個詞的對等物：「面孔」，結果只能找到一段陳述‧一幅肖像；
(3)像文字遊戲或雙關語那樣生造出來的，如畫中畫、變形圖像等；
(4)由受眾的知識缺乏所引起的；
(5)由必然不屬於圖像範疇的「作品」的深層次闡釋而導致的；
(6)非象形影像的特殊性造成了一種特別強烈的多義性效果。

　　視覺資訊這種多義性的爭論會一直持續下去，而且將永遠爭論下去，因為圖像符號由一些具有社會性代碼並對我們的闡釋起支配性作用的參數所搭建而成的。所有對視覺資訊的解讀都必須以圖像與受眾之間的相互作用為前提：圖像必然擁有一整套推論策略，其中必有某些因素起作用，即作品之間的相互聯繫性、期望獲得的東西，以及受眾的心理調整活動。

第二節 符號的類別

　　符號學的研究者告訴我們符號有許多種的分類方法。因為我們不是符號研究的專業人員，本書也不是一本普通符號學研究方面的專著，所以不會做過多的理論探究，而只是歸納和展現前人對這方面的研究，列舉出與我們談論的主題有關的一些方法，沒有被列舉的，也不是我們不同意他們的做法，而是圍繞著我們談論的話題，為了更好地理解「圖像傳播」才加以引用的符號分類方法。

一、符號

　　艾科在他的專著《符號》（*Le Singe*）一書中的開頭，為讀者講了一個小故事，大意是說一位名叫 Sigma 先生（Monsieur Sigma）的義大利旅客來到法國遊玩，在巴黎期間他的「肚子疼」，為了尋求治療，他從找一間電話亭到找一家診所，從找一輛計程車到找路標，從找電梯到找一種語言。他必須向別人解釋各種不同的資料，傳達各種訊息，才能夠被治療並向醫生解釋他的症狀。

　　艾科在這個故事裡向人們展示出了最為普通的情況也會使得所有個人都必須進入一個符號系統網絡中：有些符號是直接與完成實踐活動的可能性相聯繫，另外一些則更直接地突出了我們定義為「意識形態」的觀點。艾科特別地指出：「符號的入侵」並不僅僅是一種工業化或城市化的功能，即使是沉浸在大自然裡，Sigma 先生也是生活在一個充滿符號的世界裡，雖然自然現象本身並不能進行任何交際。它們對 Sigma 先生所「說」的話，只是在鄉村傳統所教會他的對自然的解讀。因此，Sigma 先生不管生活在何處，他都是生活在一個符號的世界裡。這不僅是

因為他生活在自然裡，而且還因為即便他是獨自一人的時候，他也是生活在社會裡。

每個人（或每位符號研究者）對符號這一概念的界定都有其微妙之處。我們沒有必要先跟著他們的理論，被「忽悠」著。我們可以從常識開始，從日常生活表達法中開始對「符號」術語的理解：如有生命的「跡象」（符號），表現出疲憊的「樣子」（符號），看看是好的還是壞的「兆頭」（符號）等等。再如：他向我「示好」（符號），煙是火的「象徵」（符號），雲是雨的「前奏」（符號）等等。因此，我們可以先分辨出「有意的符號」（生命的跡象、友好的示意）和「無意的符號」（雲是雨的徵兆、蒼白是勞累的表現、黑貓是厄運的徵兆）等。我們接著會發現有些符號並不明顯，但卻可以原樣被感知，如啞語、義大利語歌曲等，而另一些符號，如語音語言，它們越是「明顯」，便越是難以被感知。

符號的基本特徵為：處在其他事物的位置上，作為某物的替代。不論是數學符號、物理符號、化學符號，還是速描、地圖或是圖表、標記、信號、症狀等等。因此，在拉朗德（Lalande）哲學字典中，符號被解釋為：一個物質對象、一種形象或一種可感知的聲音代替了另一種缺失的或是不可感知的事物，或是用於喚起思想，或是用於與其他符號相結合，以實現一種活動。

所有的符號只有在它表意的時候才可能被稱為符號，其表意的程序就是一種闡釋的程序，所以符號具有了感知面和意義面。這兩者之間會產生各種類型的關係。例如(1)身分關係：如 A ＝ A，B ＝ B；(2)等同關係：紅旗＋鎌刀＋斧頭＝共產主義；(3)演繹關係：有煙必有火；(4)推論關係：某人有一枝槍，某人可以殺人等等。被我們稱為意義的，實際上是一種程序的應用，一種符號首先是它所做的事，而它所做的事便是它的意義。

學者滕守堯歸結了符號的幾種主要形式[10]：(1)是指某種用來代替或

再現另一事物的事物，例如，十字架代表基督教、白色的飛鴿代表和平等；(2)是指一種書寫的或印刷的記號，例如簡寫字或某種字母，它們多被用來代表某件事、某種性質、某種過程、某種具體的數量等，像音樂、化學、數學中的約定俗成的統一公認的記號；(3)在精神分析學中，符號專指那些代表著被壓抑到心理深層的無意識欲望的行為或事物；(4)在神學中，符號是指某種抽象的教條或概括。對符號做出這樣解釋顯然是簡單了些，但它著重要指出的是符號的最根本的涵義：符號是一種用來代替其他事物或涵義的東西。

不管從什麼角度去理解符號，也不管是什麼樣形式的符號（語言符號、手勢符號、圖像符號或是其他符號）或什麼可以作為一種符號，首先要做的是理解符號的功能，認識符號的形象。

二、符號的形象

在符號的複雜發展過程中，基本上是按照兩條路線來進行的，「一條是將代表不同事物或動作的某一名稱用某種語法規則連結起來，造成一種推論性的符號系統（即語言陳述或描述）；另一條路線是將簡單的記號發展成較複雜的表象符號。即展示出各個部分間的相互複雜關係和作用的符號形象。」[11]滕守堯在《審美心理描述》一書中，劃定了 10 種鮮明簡要的符號形象。這幾種符號形象，不管是視覺的、聽覺的、聯覺的及其他符號形象，對全面認識和理解符號是有很大幫助的。

1.靜態的現象[12]

這是指符號可以是再現性的或某種具體事物的表象，但符號的真正作用卻不是再現，而是一種象徵。如中國繪畫中的老虎，並不是為了畫一隻老虎，而是為了象徵力量、勇猛；中國古代有錢有勢人家門前的石獅子，不是為了給獅子塑像，而是為了象徵權勢；西方油畫中的聖母瑪

麗亞的形象，也並不是為瑪麗亞畫像，而是用她的形象代表著美和母愛；現代雜誌出現的機器形象，不是為具體機器去作圖，而是用它代表工業科技時代等。

2.簡單的動態形象

在中國的戲劇中，這種符號出現得最多，如表現某種胸有成竹、信心滿懷的內心狀態，劇中人物往往手搖鵝毛扇，悠閒踱方步。表現騎馬、下馬、跑馬的各種形態，劇中人物在舞台上只需揮動手中的馬鞭在台上做各種疾走狀，就足以使觀眾「看」以為真；以某種誇張的喝水動作代替饑渴或勞累等。這種簡單的動態形象，不但在舞台上「亮相」，在現實生活中也有許多，如手勢語言等。

3.以複雜「情景」出現的意象

意象多在文學、戲劇、電影中出現，這是因為對情境的心理喚起需要讀者與觀眾的過去生活經驗和文化積累。情景是對受眾心理感受的符號性表述。如表現「絕望」的狀態較為典型就是一個行走在沙漠中的人已經許多天沒有喝到水了，在渴得幾乎發瘋的狀態下看到了水源，但就在他將要接近的時候，才發現這只是一種幻覺，翻過一座沙丘，前方仍是更廣闊的沙漠，於是癱瘓倒地，嘴唇乾裂得發不出聲響，風沙逐漸逐漸地掩埋了他的臉龐……

4.標示某種具體的「情勢」的意象

「情勢」比某一個簡單的動作複雜，但是又比某一「情景」短暫和簡單。它或許是某一情景中較具典型性的片斷或瞬間，或許是人生中較具典型意義的動作。如獨自徘徊表示孤獨；嬰兒的啼哭形象表示誕生等等。

5.用表情或動作表示意義

　　還有一些符號是透過某種可視的形象或動覺的身體表情或活動來表現意義。例如，用一張極為扭曲的面部來表示深刻的痛苦；用緊握著的拳頭去表示一種憤怒；用彎腰屈膝來表現服從等等。

6.透過對效果的描述來表現意義

　　一般來講，如果透過對某種心理上的或與人有關的效果描述也可以表現意義。如用依依惜別的情侶離別來表達愛情；用鐵窗內被拘留景象來表示「犯罪」；用亂七八糟的景象來表示一場劫難等等。

7.用感覺和感受來表達意義

　　運用某種感覺或者感受作為主要的手段來表達意義，這主要是利用生理及心理上的聯覺效應取得的。如透過溫暖來表達母愛；用明亮的光來代表真理；用冷涼的感覺來代表被遺棄；用緘默代表孤獨等。

8.用語言的解釋去表達意義

　　用某種語言的解釋作為符號去表達意義的做法有些抽象，它不是以具體意象來陳述。如表達誕生不說誕生，而是說「從一片混亂中浮現出屬於自我的世界」；幸福也不直說幸福，而是說「在常見的東西中發現了不易發現的東西」。符號是一種「酸味的語言」，在這裡展現得無比清楚。

9.以某種比喻作為符號

　　在比喻性符號中，雖然意義通常是透過某種具體現象的意象表現的，但嚴格地講，用來表現這種意義的現象並不屬於傳統上用來例證這些意義的那些現象範圍。如「一座建築就是一首樂曲」；「愛情就是至善至美」；「美就是一首和諧的樂曲，其中每一個樂音都保持著自己的個性，但其作用又超出了自身。」還可以把一場政治運動中的清洗同清

洗街道的情景並置，使受眾從自己的生活經驗中輕易地就能讀懂政治
「清洗」的具體涵義。

10.原本意義上的符號

這是指正規的或本來意義的符號，如作曲家用特定的符號再現聲音
的高度和延續時間；物理學家用表示向量的箭頭展示出力的有關性質
（如強度、方向）等。這類符號性形象本身具有一種特殊的力的結構，即
某種包含著兩種力量的對立，對立的逐漸消除，最後達到和諧的複雜結
構。滕守堯認為「凡是正規的、本來意義上的符號，大都是一種含有某
種意志的東西，它是經由心智上的操作而創造出來的，具有深層無意識
的動力形態，因此，當它把觀念翻譯成圖解說明式的感性形式時，勿須
理解和推論，便使人直接感受到其中的深刻涵義。」[13]**圖 3-3** 為中國人
最為熟悉的太極符號。

圖 3-3
太極圖案。韓叢耀繪製

三、西比奧克的符號分類

美國符號學家西比奧克（Thomas A. Sebeok）建議將符號分為三種類型。一類是信號（signal），標準是符號在受話者身上所歸納出的行為；一類是症狀（symptôme），標準是資訊傳播者的意識程度和目的；一類是名稱（nom），標準是單純的能指和參照物之間的關係。當然，在了解西比奧克的三種類型符號之前，先要了解他所稱的「零符號」的概念。

所謂的零符號（signes zero）是指信號缺失成為一種信號的情況。西比奧克認為：在很多符號系統（尤其是在語言符號系統）中，當背景情況的條件是有益的，一個能指有時可能在符號缺失的情況下找到其意義，這就是「零」的形式。因此，如果是兩個互相認識的人在早晨第一次見面沒有互致問候，道一聲「早安」，便可以表示一種敵意。西比奧克認為「零能指」也在動物交際中出現：非洲象的危險警報的方式是沉默。

下面我們來看看西比奧克的類型符號：

1.信號

西比奧克認為，一種信號即一個能指自動地或人為地或約定俗成地為接受者的一種反應命名，「自動」是表明「自然地」（如一聲響雷可能會驚動聽到的人）；而「約定俗成地」是「人為地」，並且可以和起跑發令槍的聲音聯繫起來，起跑線上待跑的運動員聽到槍聲便可以起跑。某些視覺資訊，如交通標誌和平面視覺廣告，也同樣包含著一種信號的層面，它們都試圖在一定範圍內引起一種系統化的遵守或購買行為。

但滕守堯並不贊同將信號看成符號的觀點，他說「符號的產生和運用與人類的信號反應能力有一定的親緣關係，但符號又不等於信號，二者既有聯繫又有區別」。「信號所代表的東西必定比信號本身要重要、更

迫切或更有趣，但信號本身又比它代表的東西更接近或更容易把握。」
[14]從向度上很容易區分信號與符號，「信號代表的東西，與信號在空間
與時間上處於相同的向度，而且非常接近。符號則不然，它代表的是一
種觀念中的東西。有時是一種抽象的概念，有時是一種意象，它們處於
想像世界中，與符號本身不屬於同一個向度或系統。」[15]當然，這是從
本質處著眼。

2.症狀

　　西比奧克認為，這是一種自動的強迫的符號，它的特殊性在於對受
話者（表達「主觀」症狀的被動者）和說話者（觀察「客觀」症狀的醫
生）來說具有不同的意義。因為症狀是最先被識別的符號的一部分，因
此，西比奧克認為它們構成了符號理論研究中最為重要的類別。人們所
感興趣的是非絕對的醫學內涵範圍內，它的內涵可以延伸到其他的領
域，如殖民主義「症狀」或危機「症狀」，這一方面包括觀察者的觀點，
另一方面又納入資訊的非意向性。

3.名稱

　　這是指專有名詞，它是一種特殊的符號，其參照物是一種可擴展的
類別。如所有同名的人可以說並沒有任何共同的特點，除了叫到這個名
字時所有人都共同回答。一個名稱只是一張白紙，要想找出所要的人，
還需要加以界定，如拿白紙的張三或拿白手絹的張三，再或是空著手的
張三等。這種類別看起來與我們的擔心相去甚遠，但它對我們來講依然
是有用的，因為我們將看到某些視覺資訊，尤其是廣告，也具有如專有
名詞或一種可擴展的類別一樣的功能。

　　西比奧克所提出的是一種符號特性的分配，而非一種純粹意義上的
分類，它一再強調指出不存在「純粹的」符號，但卻存在如「圖像主導
性的」符號、「跡象主導性的」符號及「象徵主導性的」符號。

四、皮爾士的符號分類

皮爾士（Pierce）等人對符號的分類堅持「在代表物（representamen）和事物之間的一種關係」原則。簡捷地講，就是在能指和參照物之間的關係準則。如圖 **3-4** 所示。

從這種準則出發，皮爾士提出了符號的三大類型：即圖像符號（icone）、指標符號（index）和象徵符號（symbole）。

1.圖像符號

圖像作為一種特殊的符號（或稱作為一種特殊符號的圖像），在理解圖像傳播與其他類型傳播的不同之處、對於更好地掌握其分析和概念來說，是很有益處的。希臘語 eiko 的涵義是「與某物相像」、「相似」。因此，皮爾士認為，圖像符號（L'icone）是一種其能指與所代表的事物、即參照物之間存在一種相似關係的符號。

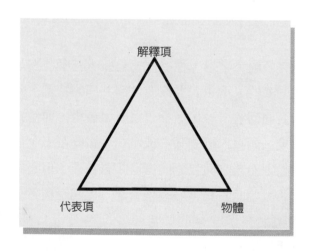

圖 3-4
皮爾士的符號概念。 *L'image et Les Signes* (p.29), Martine Joly, 1994, Paris: Nathan

　　圖像符號固有的性質與事物的固有性質相聯繫（這種事物切實存在與否，無論是什麼，品質、存在的個體或是法則，都是某種事物的圖像符號），以便使其與這種事物相似（或是作爲這種事物的符號來被使用）。這裡，我們應該清楚地區分所指的參照物：所指，文化實體，由參照物或事物構成（這些參照物或事物本身也是文化實體），但是它同樣也由交際背景、主角的特點等構成。

　　如圖 **3-5** 所示爲一張代表一片長滿了椰子樹的細沙灘（參照物）的明信片（能指），可能被認爲是一種圖像符號，因爲它「複述」了其代表物的某些性質：形狀、顏色、比例、主題等等。相反地，這一圖像符號對於一個大都市的白領和南海邊的漁民來講，卻有著不同的所指。對於那些有錢的都市白領來講，它代表的是假期、消遣或異域風情（國內的大多數旅行社的宣傳冊頁裡都有這樣的圖像）等；而對於南部海邊的漁民來講，則代表著打漁、工作、出海等。

　　參照物與所指的這種差別在廣告上被廣泛地加以開發利用，如在水中奔馳的馬（參照物）的照片（圖像符號），根據其交流的語境，可以代表「自由」或是一種「男子氣概」（所指）。參照物與所指之間的區分與另一著名的區分相聯繫，即外延與所指的區分。不管是哪種區分，兩個

圖 3-5
海邊風情。 http:forum.xitek.comshowthread.phpthreadid

概念都包含了可感知的、概念的或背景的「文化實體」。

2.指標符號

指標符號，也有人稱之為跡象或標引符號。作為一種與其所代表的事物之間有著物理性質接近的關係、因果關係的符號，它似乎首先是與「自然」的符號相關，如有煙必有火、雲是雨的象徵、發燒是生病的症狀等等。而痕跡（跡象的一種範例）可以影響到其他類型的符號，我們同時將這些其他類型的符號區分到另外一種類別中，並且在該類型中賦予它們一種特殊的力量。

在古代，跡象符號大多是指「痕跡」的圖像，這類圖像（eikonè）不僅是指人們製造出的圖像（繪畫、鑲嵌畫、雕塑等）還包括「自然的」（naturelle）圖像，構成自然界自身的一部分，或者被看作是自然的一部分。柏拉圖（Platon）在其著作《共和國》中給 eikones 界定的概念是：我首先把圖像（eikones）叫做影子，而後稱之為映象（或是幻象：phan-tasmata），這種映象或是幻象是在水中或是在平滑的不透明物體表面表現出來的。[16]在柏拉圖看來，「圖像」就是影子以及人們可以在鏡子中發現的可見圖像。

對這種指標性符號比較有研究的代表人物為義大利藝術史家莫雷利（Moreli。筆名為伊萬・勒莫列夫[Ivan Lermolieff]），他提出了「區分某一作者的作品時，不應以該作者最為明顯的特點為基礎」的「莫雷利方法」。另一個與莫雷利的「跡象方法」相同的是柯南・道爾（Conon Doyle）筆下的人物福爾摩斯（Sherlock Homlmes），他借助於對於眾人來說難以察覺的跡象去尋找「圖畫」的作者。另一位就是奧地利神經病學家、精神分析學家佛洛依德（S. Freud），他從「跡象方法」中發現了圍繞細節以及次要之處的解釋性方法，而這些細節和次要之處往往被認為是一種洩漏點。

雖然都是研究跡象符號即指標符號，但我們卻看到：莫雷利著重點在於「圖像」；而福爾摩斯著重點在於「徵象」；那麼佛洛依德的著重點就是症狀了。金斯柏格（Ginsburg）發現他們都是透過無限小的跡象而通向一種更深層次的事實，這是透過其他任何方法也無法達到的。今天的追擊譯碼語言正是建立在這種修辭性圖像的基礎之上的——部分相對於整體，結果相對於原因。

3.象徵符號

符徵符號與它所代表的事物之間維持著一種任意的、約定俗成的關係，一些常用的象徵進入這種類別中。例如各個國家不同圖案、顏色的國旗、奧林匹克的五環、一些寓意畫等。再譬如黃手絹象徵著思念，玫瑰象徵著愛情，眼睛蒙上紗布的裸體女人代表真相等等。這樣一來，語言符號又會被重新納入此類。

象徵的定義，引出了各種各樣細微的問題。艾科對其複雜性進行了長期的研究，他在《符號學與語言哲學》一書中指出：「為什麼我們把符號學的東西稱為象徵性呢，因為語言（langage）從本質上來說是象徵性的，並且是附屬意義和間接意義的製造者？」在對不同類型的象徵分析之後，艾科總結道，象徵的特性，是它的闡釋是不確定的，最為「遲鈍」的讀者也能夠讀懂字面意義，而文本保留了其符號學的一致性。

唐納・諾曼（Donald A. Norman）認為，作為象徵的系統要具備兩項基本的要素：(1)被象徵的世界：也就是即將被象徵的世界；(2)象徵的世界：一組符號，每一符號代表被象徵世界中的某事物。[17]事實上還要具備第三條要素：解釋者。解釋者負責解釋象徵世界的符號與被象徵世界的概念，以及其和事物之間的關係。**圖 3-6** 為諾曼在《心科技》（*Things that Make Us Smart*）一書中為我們展示的被象徵的世界和象徵的世界。

圖 3-6 上方是代表被象徵的世界，由人群、一棵樹、山峰和一顆球

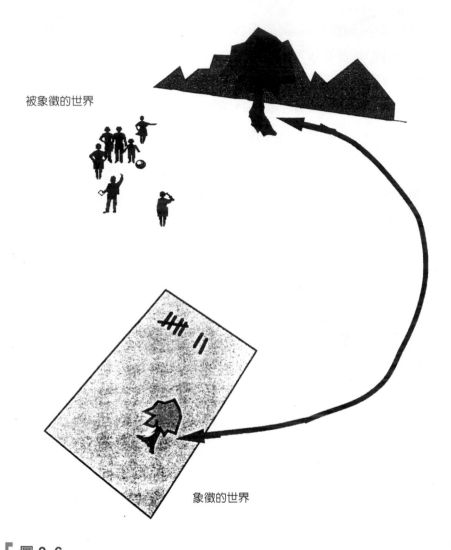

被象徵的世界

象徵的世界

圖 3-6
被象徵的世界和象徵的世界。《心科技》（頁 55），諾曼（Donald A. Norman），黃賢楨編譯，1995，台北：時報文化

組成；象徵的世界則是用符號在一張紙上顯示出來，也是被象徵的世界經過抽象與簡化的結果。

　　皮爾士的這種符號的分類方法是非常著名的，當然，同其他的符號分類方法一樣，這種分類中充滿了一些經不起嚴格分析的未完成部分。但如果我們不是盲目地應用的話，它在分析和更好地理解圖像影響及圖像傳播確實是非常有益的。

　　符號學家艾科對皮爾士的視覺資訊理論給予了進一步的詮釋。[18]

符號本身	品質符號	抽象化當中的色點、外衣的顏色
	感官符號	某人的肖像、一個事件在電視中的直接接收、交通符號
	立法符號	圖像文字的習俗、十字架的模式、廟宇的特殊形態
符號與對象的關係	圖像（icon）	某人的肖像、圖表、結構程式
	指標符號（index）	廣告箭頭、地上的一個濕點
	象徵符號（symbol）	禁止行駛方向的標誌、十字架、圖像文字的習俗
符號與解釋的關係	Rhema	任何一個視覺的符號，當它是一個可能表達的術語時
	Dicent	兩個視覺符號，它們互相地連結以至於產生一個關係
	論證	一個視覺上固定搭配的總體，它將不同類型的符號放置在一定的關係中

第三節　圖像與圖像符號

　　如果說圖像傳播的符號學方法逐漸圍繞著符號學詳述，那是因爲圖像符號學沒有先於一種關於圖像符號的普遍理論上的定義，更沒有建立一門圖像傳播學的學科。該種論述方式有其危險性，也許不當，但當下

也只能這樣，我們看到開始的符號理論方法、圖像符號理論方法、視覺圖像理論方法及視覺圖像傳播理論方法也大都是沿著這條思路走下來的。隨著討論的深入和廣泛，強化其學科地位才顯得可行。

在研究過符號的理論之後，我們總設想圖像與圖像符號的性質相同，圖像符號與其他符號性質相同，進而認爲圖像與符號的性質相同，然而它還沒有自己的理論地位。在皮爾士看來，如果圖像符號是一種特殊類別的符號，尤其是它的能指與它所代表的事物之間存在著一種類比關係，那麼就應該區分不同類型的類比，這也就是不同類型的圖像符號，這就是皮爾士提出的類別：圖像（image）、圖表（diagramme）和隱喻（métaphore）。

一、圖像

圖像（image），現在已被人們普遍接受爲是一種圖像性質的符號（signe iconique），它在所指和參照物之間應用了一種質的相似性。它模仿甚至是重複了事物的某些特性，如形狀、顏色、比例、背景等等，這些例證主要與視覺圖像有關。雖然是關於「看」的，但卻強調質的相似性。

如果我們稍不留神，就會將可以觀察到一些圖像中的不明顯的跡象特徵看作是一種相似性，引起相似的行爲。如對 X 光圖片、超音波圖片、核磁共振的圖片的判讀，這是編碼轉換的圖像，只有專家才可以解釋，因其跡象特徵的模糊而變得神聖化，它們的跡象特徵很容易被「感知」而不是被有意識地認識到，所以孕婦的超音波掃描圖像可以創建一個家庭影集，或在螢幕上描繪出孩子的「第一張照片」。

圖像的相似性一直存在於受眾的期待中，貢布里希（Gombrich）就指出，所謂的「相似性」（ressemblance）並不是藝術品與某一現實之間的一致性，而是作者與觀眾的期待之間的一致性，這些觀眾在各個時代

都會發生改變，而他們彼此之間又有著不同。正如左拉（Zola）所說：
一部藝術作品是一個有個性的人眼中的一片自然。這樣說是不是就否定
了圖像的真實性呢，顯然不是。在邏輯學家看來，「真」與「假」的術
語只能在宣言或是建議中應用，而一幅圖像在字面意義上來理解不可能
是一種宣言。因此它便不可能是「真的」或是「假的」，就像一個宣言，
我們不能說是藍的還是綠的。**圖 3-7** 為瑪格麗特（Magritte）的一幅畫，
她在這幅明顯是煙斗的畫上寫下「這不是一根煙斗」。看到這幅圖像時，
我們困惑了，因為這一宣言從任何邏輯角度講，都應該相信其「真實
性」。

　　圖像的相似性自古以來就一直受到人們的質疑，主要表現為它會引
起的兩種危險形式。一是「皮格梅隆（Pygmalion）情結」[10]，這是一種

圖 3-7

《這不是一根煙斗》（Ceci n'est pas une pipe）。 Magritte

難以自拔的戀情，作者是現實的創造者，將圖像作爲偶像；相似性的另一危險，便是致命的誘惑，自毀的危險，在納爾西斯[20]（Narcisse）的傳說中可以看到，這是一種鏡像圖像。

這裡討論的圖像特徵，實際上更多地集中在視覺圖像方面，皮爾士提出這種圖像分類方法有一個明顯的特點，那就是它更爲廣泛，即指出了圖像並不一定就是視覺性的。我們知道，人們感知這個世界，除了視覺上的，還有觸覺、嗅覺、味覺和聽覺，因此圖像相似性便不僅僅是模仿一種物體的視覺性質。同樣可以模仿其觸覺特性、嗅覺特性、味覺特性和聲音特性。

(1)觸覺圖像：在觸覺方面，人們可以模仿不同材質的物體，如模仿鐵質、瓷質、木質、皮質、絲質的材料，這是一種觸覺的「圖像」。

(2)嗅覺圖像：在嗅覺方面，人們常常模仿自然界的各種氣體，生產出香水等各種嗅覺獨特的製劑，如在食物中和飾物中發現合成的香味或其他味道。這是一種嗅覺的「圖像」。

(3)味覺圖像：味覺和嗅覺常常密不可分，如在食物中發現的氣味常常在品嚐時也很容易被感知到，這也是一種模仿某種自然界或周遭生活用品的材質味道，用以刺激我們的味覺，這便是味覺「圖像」。

(4)聽覺圖像：「聽覺錄音」或是音響效果，從理論上來講都是聲音的「圖像」。在現代社會生活中，聽覺圖像很多，也與我們的日常生活密切相關。「音樂」及工業製品的有意聲響，從某種角度來講，都是一種聲音的「圖像」。

如果說「圖像」這個詞在日常生活中的用法被人們賦予了視覺圖像（如照片、電影、電視、繪畫、素描、合成圖形等）一種優先權，那麼它

也是指「自我形象」、「企業形象」、「精神形象」。理論使我們可以理解到，這些術語不僅僅是使人想到一種共同的物質性，而且還可以使我們想到一種共同的運作模式，以重複或是製作一種事物的特性，或是我們使之與某種事物結合，就好像這些特點屬於這種事物一樣令受眾相信。

這裡我們討論的主要是視覺圖像，但我們要看到這些圖像不僅僅只在圖像的視覺方面來開發圖像機制。所以說，研究視覺圖像是一種選擇而非一種必須，除此之外，我們完全可以去研究聲音圖像、語言圖像或是精神圖像。

二、圖表

皮爾士曾為我們區分出另一種圖像符號，即圖表。在能指與參照物之間的類比，不再是一種本質的，而是一種關係的。也就是說，圖表所產生的是物體的內部關係，而不再是外部關係。

談到這種類比，就要談到一種類比性（analogie）。圖像性實際上也可以理解為一種轉變效應的相似性。皮爾士曾說過：一個符號能夠主要透過其類似而代表其對象的時候便具有了圖像性。類比關係並不像人們想像的那麼簡單，它涵有相仿性、同形性和比例性。相似性涵有相仿性、同類性和類比性。這些詞語似乎都被當作近義詞來使用，但當它們不完全是一個術語的不同學說時，它們之間的細微差別是需要特別注意的。

艾科對於「類比性」的表達方法是：圖像符號是類比性的。只有人們在可能被接受的圖像符號中重新建立一種「類比性」關係：相仿性、同形性或是比例性的關係時，圖像符號才有可能被接受。[21]但應該區分資訊學術語的用法，資訊學家將圖像分為「模擬圖像」和「數字圖像」。所謂模擬圖像是指透過一種連續性的語言方法建立起來的一種圖形（如用膠片拍攝的電影、攝影及用磁帶記錄的電視圖像等）。而數字圖像是指

透過數字化語言方法或是離散語言（Language discret）方法建立起來的合成圖像（或動漫圖像）。對一般受眾而言，兩種類型的圖像都屬於同形圖像，並且它們與所代表的對象有著同樣的比例，因此，這兩種圖像都是「模擬的」，而對於資訊學家來講，即使是「模擬圖像」也是很容易被數值化的，並且很容易經受各種可想像出的可能的變形。艾科的用意是用相仿性來限定類比性。

如果我們從艾科的相仿性出發，進而從幾何相仿性開始，以揭示出如果相仿性可以假定某些圖像元素與表現對象之間的相符關係便不是「自然的」，而是一種可視原型與其幾何圖像之間共軛的結果。

相似性是假定圖像擁有同其所代表的對象等同的性質或是「某些一致的元素」，這種相同或一致不是人們認為的那樣：即跟圖像／對象之間的關係有關。而是與對圖像的感知／對對象的感知之間的關係有關。

我們這裡討論的圖表恰恰不是它的相似性，而是非質的關係性，這種關係性圖像在現實生活中比比皆是，如平面圖、醫學解剖圖、程序方框圖、電路圖或是地圖等等，這些都是在能指與參照物之間的類比，一種內部的關係，其比例性和同形性是非常重要，否則將失去它作為圖像的意義。**圖 3-8** 為南京市區交通旅行的地圖，它會為不熟悉南京市區道路交通的旅行者提供一份雖不詳盡，但可以到達目的地的參考資料。

三、隱喻

如果我們把象徵（symbole）作為一種分類圖像，相信絕大多數人都會接受，但如果我們把隱喻（métaphore）作為子分類出現在圖像符號中，對絕大多數人來講是有些接受不了的，甚至感到奇怪，因為隱喻一直活躍在語言修辭學領域，是其中一種最著名的、最常用的、被研究最多的一種形象。隱喻好像天生與語言相關，修辭學本身就是一門教人不但要會講「話」，還要講「好」話的一種技巧（既是技術的、也是藝術

圖 3-8
南京市區地圖（局部）。《南京交通旅遊圖》，2005，長沙：湖南地圖出版社

的），是一種說服的「藝術」，從古至今便與使用語言的技巧相關。修辭學被承認除了與口頭語言、文字語言相關也與其他「語言」相聯繫的假設是在二十世紀末少數學者之間的事，也是因為這一時期普通修辭學的概念才形成，圖像的符號學方法才得以提出。

　　隱喻也是一種類比，同圖表的非質類比不一樣，它是一種質的類似

性，或者說是它的平行性。

艾科認為隱喻與象徵的本質區別，就是隱喻從來不能夠在第一層次被接受的。他認為一個隱喻不能夠從字面上去解釋。從外延的術語上來說（甚至是與一個可能的世界相比較而言），隱喻從不講述事實，也就是說，它從來不說出任何能夠使得受話者從字面意義上就平靜地認為是事實的東西。因此隱喻的「謊言」也是顯而易見的，如一個康巴漢子不是雪山雄鷹，一個美麗女人不是天鵝，一名戰士不是雄獅，一包水汽繚繞的香煙不是清涼飲料等等。如果從字面上去理解隱喻，話語往往受阻，因為這裡存在著一個無法理解的「同位跳躍」的問題，正確的做法是應該把隱喻作為一種形象來闡釋。

但是作為一種特殊圖像的新聞圖片卻是不能夠應用隱喻的，我們可以看到，某些類型的視覺話語，冒著失去特性的危險而被迫放棄某些修辭學形象而去發展另一些。事實上，在新聞圖片被作為現實的提取物時，它便不能夠提供一種作為隱喻的「視覺謊言」，與我們經常可以在廣告中看到的正相反。新聞圖片首先應該保持可讀性和可信性，無論這些是否允許象徵性的闡釋，但是隱喻是絕對不允許的，但新聞圖片可以使用象徵或是譬喻的形象。

皮爾士最早觀察到隱喻不僅僅是作為一種語言形象，同時也是一種機制，是一種替代方法，與一種暗含的提議（或是未提出的提議）相關聯，並且與之保持一種質的相似關係或是一種暗含的比較關係；一種重新研究本質類比（如圖像）的方法，它是應用一種暗含的、比較的方法。

阿爾維托·曼古埃爾在談到閱讀的隱喻時認為應讓「閱讀的功能和我們其他的基本身體功能連結在一起」。閱讀成為一種隱喻性工具，並且為了更容易使人明白，它自己也「必須透過隱喻來讓人家認識」[22]。正如作家談到「烹調」（編造）一則故事、「重新剁碎」一篇文本（將舊作

改頭換面，重新推出）、對情節有了「半烤」（不成熟）的想法、為一個場景「調味」（增添趣味），或給一道論點的「赤骨」添上「裝飾菜」（給一道論點的架構添上潤飾語）、把「煮壺」的「配料」變成「受潮的」文章（把為賺錢而粗製濫造的書的內容變成乏味的文章）、一塊「灑上」「胡椒」的生活「切片」（一則添加典故的生活小品）、讓讀者可以「咀嚼」（沉浸）其中；我們讀者談到「品位」一本書、在裡面找到「營養」、一頓坐的時間「吞嚥」一本書、「嘔出」或「吐出」（未經真正理解就加以應用）一篇文章、「反芻」（反覆思考）一個段落、讓詩人的文字「在舌頭上翻滾」（欣賞詩人的文字音韻）、詩歌「盛宴」、靠「攝取」偵探小說來講話[23]……至此，我們也許該明白了隱喻的涵義，隱喻可以作為一種圖像符號的可能了。

圖 **3-9** 為一幅充滿「義大利風格」的 Panzani 醬廣告。說它具有義大利風格，首先是由 Panzani 這個牌子的「義大利」名的同韻所構成；其次是「意味著義人利」的宣傳色——紅、白、綠；最後是所表現的物體本身：南方的水果和蔬菜。圖片中的每一種元素都以其各自的方式，強化了概念的效果。

我們可以在圖像中，尤其是在廣告圖像中發現大多數的經典修辭學的重要形象，如果持續深入地探究下去，甚或可以發現所有經典修辭學的重要形象。也可以說，「如果我們處於符號中，那麼我們也必須處於修辭中。」[24]所以我們同意皮爾士在上世紀所做的既是非常大膽的，又是十分清醒的決定：將隱喻劃分到圖像符號的分類中。

四、圖像符號

圖像符號從它在文字上出現始，就一直飽受批評和處在種種的責難之下，批評歸批評，責難歸責難，我們還是要給圖像符號一個定義，綜合幾種看法、觀點和批評之重點，我們認為圖像符號為一種代表性的符

圖 **3-9**

Panzani 廣告。*L'image et Les Signes*（插圖 10），Martine Joly, 1994, Paris: Nathan

號類型，其中既有一定數目的可視性轉換的規則，又可以使人重新認識某些「世上的事物」。對圖像符號（這個概念）的稱謂要有條件的限制，即：(1)在指稱能夠辨認物體的視覺單位的方面表現得具有操作性（這是因為圖像符號具有與這個物體的「外形相似性」的特點）；(2)為了充分表明圖像的符號學特性，圖像符號具有表現其「非物體」的特點。只有滿足了這兩類限制，圖像符號的概念才得以成立。

為了區別符號三角形，可以建立一種圖像符號的三角形模型，以便更清楚對其分析。**圖 3-10** 為圖像符號的模型。

這樣的分析模型，可以解決由圖像符號概念所提出的一定數目的難題。如規定參照物不是「世上的事物」，而是某種類型的具體表現形式，當然這種類型本身就成了內在化了的、穩定的本質上的代表，與感知的產物相比，處於認識過程的基礎上。這是圖像性的老概念和辨識性的新概念之間的相對化關係的問題。

怎麼來理解以上所提出的概念問題呢，當觀看一匹馬的相片，但它不是相片上特定的那匹馬的參照對象，而這是以這匹馬為構成元素之一的整個類似的參照物。所有面對這幅照片的讀者會毫不猶豫地選中那些

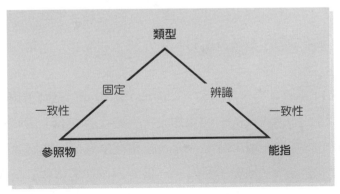

圖 3-10

圖像符號。*L'image et Les Signes* (p.97), Martine Joly, 1994, Paris: Nathan

辨識的熟悉特徵。比如馬的大小、馬的皮毛的顏色、馬的形狀等等。因為圖像解讀的條件是：只有當人們認識事物的時候，圖像才可以解讀。必須承認，只有把馬歸為一類，馬這個概念才會在不清楚地出現在影像中的情況下，重新被觀眾的視線引入影像當中。

在此之前，我們曾著力討論過圖像相似性的問題，透過上述事例分析，我們又討論了圖像的類似性概念，看到了圖像表現物自相矛盾的問題。雖然一匹馬的影像是獨特的或是單一的，雖然這張相片是一匹樣本的馬而非類型，雖然個別影像中並不牽涉到普遍概念，然而正是參照著類型和概念，辨別和認識才得以實現，類似性和概念才得以建立。

從以上的詳盡說明中，我們知道，影像在部分上是由圖像符號構成的，這也就等於說視覺資訊——圖像是可以進行分離研究的。圖像也有自己的言語，即產生意義的媒介。這種言語表面上是連續的（與口頭言語相比較，是有很大的差別的，口頭言語相對於圖像的言語是間斷的、「離散的」或者是數字化的），如果要研究圖像就要弄清楚這種圖像的構成機制，試著把它的構成元素分離開來。這樣做的目的不僅僅是為了分析和更為有意味地破譯它，也是為了更準確地去掌握它的制定方法。這也就是在研究圖像傳播機制時，我們在符號學方法處做一短暫停留的真正原因。

只有準確掌握了圖像符號的制定方法，才能真正了解圖像傳播的內在機制。

圖 3-11 為查理斯‧勒布倫（Charles Le Brun）在其著作《論著》中的插圖。這是描述古代的一種觀相術——即從人的面上徵候來診斷疾病和推斷性格的方法。瑞士詩人、理論家和神學家拉瓦德爾（Lavater）在其著作《了解人類及被愛的藝術》一書認為個性與依賴表情而豐富了形態之間有重要的關聯，個性可以由不變因素（骨骼、脂肪、纖維組織等等）及可變因素（肌肉、皮膚等）辨識，而且據此推斷出「外表說話的

表情」。也就是說，一個人的「正在動的個性」，可以從他臉上表情和形態上解讀出來。[25]組成這些辨識元素的視覺象形單位就是圖像符號。當然我們之所以能「辨識」，也讓我們看到圖像符號性的另一面，即圖像是由一些具有社會文化性代碼並對我們的闡釋起支配性作用的參數所搭建而成的。圖像傳播在很大程度上是依據這種社會文化代碼和參數的調

圖 3-11

形態與個性。《鏡子──美的歷史》（頁 62），帕凱（Dominique Paquel），楊啓嵐譯，1999，台北：時報文化

整。

　　討論至此，我們可以確認的是。圖像是傳播的一種有效手段，是眾多符號中的一種，它透過闡釋和歸納的動力程序來表達「意義」。圖像的符號學方法可以更好地幫助我們確定視覺圖像傳播的特性，進而確定與之相關的文化分量。

註釋

[1]醫學上稱 Sémiologie 為症候學，這門學科至今仍然存在，它致力於闡釋症狀或症候群（症狀的總稱）。但同樣也是「證據」（preuve）或「跡象」（indice）。症候學（Sémoiloge médicale）對症狀意義「是什麼」的關注，要遠遠多於對症狀「怎樣產生」的關注，而症狀意義怎樣產生這一步卻與人文科學的符號學（Sémiologie）關係密切。

[2]參見布洛克曼（J. M. Broekman），李幼蒸譯，《結構主義：莫斯科—布拉格—巴黎》（*Structuralism: Moscow, Prague, Paris*），北京：商務印書館，1987。

[3]費斯克（John Fiske），張錦華等譯，《傳播符號學理論》（*Introduction to Communication Studies*），台北：遠流，1995，頁60。

[4]阿爾吉達斯—于連，格雷馬斯（A. J. Gremas, 1917-1993），立陶宛裔法國著名語言學家，結構主義思想家，符號學「巴黎學派」（L'ecole de Paris）創始人。主要著作有《結構語義學》、《意義法》、《符號學與社會科學》、《符號學詞典》等。其《結構語義學》為符號學「巴黎學派」的奠基之作。該書深入到「意義的基本結構」，勘察其中的義素、義素組、行動元、語言效應……在從語符到語義，從句子到話語的結構分析中，語義學第一次得到了科學的表述，文學研究有了接近客觀的標準，符號學走出了索緒爾的設想，呈現出一種新的科學研究方法。

[5]Martine Joly, *L'image es Les Signe: Approche Sémiologique de l'imgae fixe*, Paris: Nathan, 1994, p.15.

[6]意指作用（signification）指能指與所指之間的關係。符號學中通常把具體性的（作為物理具體的）指示者和所指者與記號關係中的能指和所指區分開來。指示者與所指者之間的關係稱作「指示作用」。所指者與所指不一定同一。例如我們用「狼」「指示」具體的野獸，又可用它「意指」某種兇狠性向（的人）。一般往往把後者稱作能指的「意義」。意義與所指者的區分被認為是基本性。因而意指

作用強調能指與其一切可能的所指的關係的研究。

[7]《符號學原理》(*Elements de semiologie*, 1964) 為羅蘭‧巴特的代表作。中譯本為李幼蒸譯，生活‧讀書‧新知三聯書店出版發行， 1988 年 11 月第一版。在中譯本裡同時收錄了羅蘭‧巴特的〈法蘭西學院文學符號學講座就職講演〉(1977)、〈文學隨筆〉(〈論紀德和他的日記〉[1942]、〈脫衣舞的幻滅〉[1955]、〈艾菲爾鐵塔〉[1964]、〈歷史的話語〉[1968]) 和〈寫作的零度〉(1953)。

[8]巴特 (Roland Barthes)，李幼蒸譯，《符號學原理》(*Elements de semiologie*)，北京：生活‧讀書‧新知三聯書店， 1988 ，頁 169 。

[9]Martine Joly, *L'image et Les Signes: Approche Sémoigique de l'image fixe*, Paris: Nathan, 1994, p.101.

[10]滕守堯，《審美心理描述》，成都：四川人民出版社， 1998 ，頁 195-196 。

[11]滕守堯，《審美心理描述》，成都：四川人民出版社， 1998 ，頁 200 。

[12]參見滕守堯，《審美心理描述》(四川人民出版社， 1998) 第七章：符號與符號性體驗。在談到「符號的形象特徵」這一問題時，滕守堯先生將其歸納為 10 種。

[13]滕守堯，《審美心理描述》，成都：四川人民出版社， 1998 ，頁 211 。

[14]滕守堯，《審美心理描述》，成都：四川人民出版社， 1998 ，頁 196 。

[15]滕守堯，《審美心理描述》，成都：四川人民出版社， 1998 ，頁 198 。

[16]Martine Joly, *L'image et Les Signes: Approche Sémoigique de l'image fixe*, Paris: Nathan, 1994, p.43.

[17]諾曼 (Donald A. Norman)，黃賢楨編譯，《心科技》(*Things that Make Us Smart: Defending Human Attributes in the Age of the Machine*)，台北：時報文化， 1995 ，頁 54 。

[18]參見林信華，《符號與社會》，台北：唐山， 1999 ，頁 89 。

[19]皮格梅隆 (Pygmalion) 為賽普勒斯的國王，他十分熱戀自己所雕出的美貌絕倫

少女蓋拉提（Galate）的形象，皮格梅隆的自戀性賦予了這座雕像以生命。

[20]納爾西斯（Naricisse），希臘神話中的美男子，愛戀自己水中的倒影，死後變成水仙花。

[21]轉引自 Martin Joly, *L'image es Les Signe: Approche Sémiologique de l'image fixe*, Paris: Nathan, 1994, p.72.

[22]曼古埃爾（Alberto Manguel），吳昌傑譯，《閱讀地圖》（*A History of Reading*），台北：台灣商務，1999，頁268。

[23]曼古埃爾（Alberto Manguel），吳昌傑譯，《閱讀地圖》（*A History of Reading*），台北：台灣商務，1999，頁268。

[24]Martine Joly, *L'Image es Les Signe: Approche Sémiologique de l'image fixe*, Paris. Nathan, 1994, p.34.

[25]帕凱（Dominique Paquet），楊啓嵐譯，《鏡子——美的歷史》（*Miroir, mon beau, miroir: une histoire de la beauté*），台北：時報文化，1999，頁62。

1 2 3 4 5 6 7 8 9 10

現代圖像原理與討論

現代圖像指的是人們運用物理、化學、電子等原理用機具製作出來的技術性圖像。與傳統的手工繪製的圖像原理不同，它雖然也是經過人工之手，但它是人們使用機具、電子等設備「生產」出來的，其最大特點是圖像的可複製（copy）性。與傳統相比，它較爲現代，與手工相比它是機具製造，所以也稱之爲機具圖像。機具本來是科學文章的直接產物，機具圖像就成爲科學文章的間接產物。現代圖像（如攝影、電影、電視等）是一種機具圖像，它是科學技術進步的產物，是人類傳播活動發展到今天的必然結果。

第一節　現代圖像與傳統圖像

從前面的討論中我們得知，傳統的圖像（比如圖騰、岩畫等）已存在於人類社會幾萬年了，文字的出現也不過幾千年的歷史，與傳統圖像相比，文章在傳統形態上還是很年輕。機具圖像是出現在文章之後，從時間上來講，應該從 1839 年攝影術的發明肇始。從攝影之後出現的電影、電視、電腦等機具製造出的圖像都應稱之爲機具圖像。在本書中，爲了與傳統圖像對應，我們將由機具製造的圖像稱之爲現代圖像。

一、概念的討論

技術機具圖像的出現要得到科學技術進步的支持，而科學、技術的進步來源於科學研究，有了科學研究，有了科學研究的文章（思想呈現方式），才能有機具圖像的產生。這也是維蘭・傳拉瑟稱機具圖像爲技術性圖像（technical image）的原因。[1]但筆者不敢同意這種觀點。因爲技術一直伴隨著人類的進化。勞動創造了人，人在勞動的時候熟練地掌握勞動技能就是一種技術。出自石器時代人工之手的傳統圖像應該也可以

被視爲是技術運用下的副產品。

實際上，圖像始終存在於兩種因素（媒體和再現物）的緊張作用之中，離開兩者中的任何一個，圖像便不復存在。甚至在一幅藝術價值極高的畫作中，「技術」也往往超出「藝術」所享有的一種神奇價值，高品質表現並不是歸功於他們的藝術基礎，而是由於畫家對技術的掌握能力。「一切藝術都有物理的部分」。[2]只不過與傳統圖像──繪畫相比，機具圖像──攝影最具有決定性的是：攝影家與其技術之間的關係。對攝影師而言，每一位觀衆都是新興崛起的社會階層的一員；對觀衆而言，攝影師代表了新興學派的技術師。瑞赫特（Camille Recht）曾有過一個絕妙的比喻：

> 小提琴家必須自己創造音調，要像閃電一般快速地找出音調，而鋼琴家只要敲按琴鍵，音就響了。畫家和攝影家都有一項工具可使用：畫家的素描調色，對應的是小提琴家的塑音；攝影家則像鋼琴家，同是採用一種受制於限定法則的機器，而小提琴並不受此限。沒有一位如帕德魯斯基（Paderewski）的鋼琴家能享有小提琴家帕格尼尼（Paganini）同等的聲譽，亦不能如後者展現出幾近傳奇的魔術技藝。[3]

在可複製的機具圖像發明之前，不可複製的手工圖像更具有深刻的技術性決定因素。因此將攝影、電影、電腦等機器製作的可供複製的圖像稱之爲技術性圖像與傳統手工圖像對立是十分不妥的。當然，將其稱之爲機具圖像也不太確切。爲了討論問題方便，我們將這種具有可供複製性獨有特徵的圖像稱其爲機具圖像要比技術性圖像稱謂更接近於討論的問題的核心。爲了與傳統圖像對比，我們又將機具圖像稱之爲現代圖像。以下對現代圖像的討論，充分吸收了維蘭‧傅拉瑟的分析觀點。

二、抽象的結果

從傳播形態來看，傳統圖像大約發生在 10 萬年前左右，接著在距今5000 年左右的時候文字傳播出現，在文字之後，才出現今天常見的機具圖像。傳統圖像是第一階段的抽象化，因爲傳統圖像是從眞實的外部世界抽繹出來的，現代（機具）圖像是第三階段的抽象化，是從文章抽繹出來的；再回過頭來看文章，文章應是圖像從眞實外部世界被抽繹後，再一次被抽象化的結果。如**表 4-1** 所示。

人們今天在閱讀現代圖像（比如看電影、看電視、看新聞照片）時，實際上並沒有把它們看成抽象化（甚或概念化）的東西，而仍將它們看成是第一階段的東西。所以，往往圖像的功能就不太容易凸顯出來，造成的結果是：攝影作品表現得很清楚；電影作品表現得較含蓄；而電視作品表現得更直白，呈現出一種後現代的樣式（破碎的、分離的、概念化的線性能力）。

電視圖像顯現出的文本傳播意義和電視本位上的、技術上的意義是不一樣的，這是電視所傳遞給人們的它本身的資訊——電視「說謊」。電視在對我們的社會進行解構的同時它也在建構。爲兩者之間尋求平衡，尋求批判性。

我們說傳統圖像是從眞實的外部世界抽繹出來的，並不是說它就是

表 4-1
抽象的三階段

第一階段	傳統圖像	現象（抽象）	從真實的外部世界抽繹出來
第二階段	文章（解釋性圖像）	概念化	從真實的外部世界抽繹後再次被抽象化
第三階段	現代圖像（機具圖像）	抽象化	從文章抽繹出來的

完全對生活的「寫實」。因為，任何現實主義都是相對的，會隨著文化環境的不同而不同。每個社會、每個時期、每個人都會用自己的概念來解釋世界。傳統圖像是一項手工操作技術，無法達到數學上的精確度，每位作者都有其對現實生活的「寫實」尺度。所以對這樣的圖像作品（更多地稱之為藝術品）要首先確定我們的觀看態度：

(1)重要的不是題材，而是某一特定繪畫中處理題材的方式（風格、傳統）；

(2)藝術品不等於從一扇透明窗子看到的外部世界的景象；而是一種獨特的人類觀看世界的方式（是無數方式中的一種）；

(3)藝術品不僅僅是把物體呈現出來，而是對它的一種「評論」；

(4)我們對藝術品的反應不等於我們對藝術品所描繪的事物的反應，它有自己的特徵，這些特徵最集中表現於這件事物被描繪的方式；

(5)對藝術品的組織和構造不同於題材本身的組織結構；

(6)藝術家總是把自己個人的觀點和立場帶給藝術品；

(7)對現實的描繪不是按照它本身的樣子進行。[4]

所以，傳統圖像對現實生活是一種抽繹，圖畫上是現實生活的現象（作者所看到的和想看到的），不是圖像的物理學意義上的記錄。正如布洛克所說：在繪畫與現實之間，有一種視覺上的相互一致或關係，這種一致是語言與現實之間所沒有的。語言再現幾乎完全是慣例性的；藝術再現則只有一部分依照慣例。但是，正由於繪畫再現有一部分是慣例性的，所以我們永遠也找不到一幅對現實世界的完全客觀再現的畫。但現代圖像與現實之間的一致性要比傳統圖像強得多，但不同焦距鏡頭的使用，其一致性會遭受到顛覆性的破壞，對現實客觀再現的可能性會變得更糟糕。

三、現代圖像的位置

從閱讀的角度來講，現代圖像的位置包含兩層意思：一是指它的空間位置；一是指它的時間位置。維蘭·傅拉瑟將歷史上的傳統圖像稱為「史前的」（pre-historical），技術性圖像（機具圖像）稱為「史後的」（post-historical）。[5]解讀現代圖像就意味著閱讀它們的位置。

所謂現代圖像的位置主要是指它的時間位置。從現實世界到圖像，這當中有一個抽象化的過程（對現實世界進行抽象化）。**圖 4-1** 也許能簡潔地呈現這個過程。

看過**圖 4-1** 之後，人們不禁要問：為什麼人們今天看照片、看電影、看電視會覺得它們是現實世界呢？為什麼不覺得它是被剝離後而概念化的產物呢？實際上，在我們並未透過電視、電影、攝影的畫面圖解什麼時，其實圖像的製作者已賦予圖像的意義了。當然，理想的情況應該是：製作者只給出元素及元素的構成條件，讓觀眾（閱讀者）在視界的另一邊（心理）解析出真正的意義，圖像製作者給閱讀者提供一個極

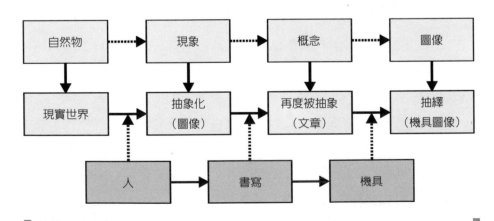

圖 4-1

機具圖像的位置。韓叢耀繪製

大的想像空間就可以了。

在圖像傳播和閱讀時，我們要清楚地知道，其實概念已經被偷換。因為傳統圖像是現象，現代圖像是概念。這一點可能不太容易被理解，那麼就讓我們來看看佛教造像的例子。

佛教作為世界三大宗教之一，信仰的人很多，佛教在起源、傳承、發展的階段都是由圖像而確定的。今天，很多善男信女步入佛寺，對著頂禮膜拜之佛教諸尊，大多不知道他們的名稱和特徵，更難知道其出典，就連佛祖釋迦牟尼[6]的尊容有時也難分清，而是依持寺廟的供奉位置來確定。實際上，佛之造像是有其嚴格規定的。「佛教諸尊之形態，並非依據製作者之自由意志，而係以一定規則為基準而造成。此一規則之基本，即是經典與儀軌，顯教亦然，所謂儀軌，即是密教經典所說之唸誦佛菩薩與天部等之供養儀式與軌則；將此類儀式與軌則以圖式解說之，通稱儀軌。」[7]佛教圖像的製作源於印度工匠的智慧和技能，逐漸盛起於中國、尼泊爾、日本等國。日本早已將佛學圖像作為一專門的學科。據說，佛之造像的最初依據是釋加牟尼的弟子富樓那所繪的釋加牟尼 41 歲時的畫像。見**圖 4-2** 所示。

由此可見傳統圖像與人們精神生活之間的關係。所以說傳統圖像更多是一種現象的、精神的反映。

第二節 現代圖像的特徵

現代圖像的特徵有些和傳統圖像極為相似，有些顯露出它們獨有的症候。明顯的差異還好理解，相似的特徵，往往容易被忽略；相近的特徵，往往容易被混淆。這裡所列舉的特徵是相對於傳統圖像而言。

圖 4-2

《釋迦牟尼像》。《佛教圖像學》（頁 3），弘學，1999，成都：巴蜀書社。現藏於英國帝室博物館

一、現象與意義共生

　　有人曾對機具圖像的攝影感嘆道：攝影難，難就難在它太容易了。這個感嘆對整個機具圖像來講都是真實的。因為機具圖像是顯性的，對一般受眾來說是不需要費勁解讀的，一看就知，無論是自然的或非自然的，它的表面的現象都不需費勁解讀。當然，這是從它的表象來說。而就意義的層面來講，機具圖像與傳統圖像相比它非常難以理解，或者說它不如傳統圖像那麼好理解。

機具圖像為什麼難以理解呢？答案應該從它的特徵上去找：機具圖像的最大特徵就是現象與意義共存。當人們看到現象後，就會把它當成生活情景去看待、去解讀。實質上，機具圖像不是現實世界的「再生」，而是現實世界的「轉形」，[8]「轉形」使得圖像獲得了意義。

按維蘭‧傅拉瑟的觀點解釋，機具圖像的意義似乎能自動浮現到圖像的表面（「似乎」一詞很有意思，也很難解釋清楚），就像人的指紋一樣，意義（手指）是因，圖像（指紋）是果。機具圖像凸現出意義的世界，似乎就是圖像的因，圖像本身是一條因果鏈，是連結圖像與圖像意義鏈條的最後一環：現象和意義在機具圖像面前終結了。因現實物像的光影和鏡頭前的物體都會以光波的形式被機具（照相機、攝影機、掃描器等）捕獲在一個感光不面上（膠片、感光紙、磁帶、CCD 等感光材料），然後透過物理、化學或電子的手段將感光材料上記錄的影像呈現出來，我們就得到了一個機具圖像。因此圖像似乎和圖像的意義存在於同一真實層面上。「似乎人在看技術性圖像時所看見的東西，不是需要解讀的符號（symbols），而是圖像所指陳的世界的徵兆（symptoms），而且我們透過圖像看出這種意義，不管這過程是多麼間接。」[9]

二、非符號化與物質性共存

由於圖像的意義和現象同存在於一個真實的平面上，所以當人們在閱讀機具圖像時，看到的東西是不需要調用多少文化知識和經驗背景進行解析的直觀畫面形象，它不是符號。由於它有這種明顯的非符號性，所以它是具有「物質性質」（objective）的特性的。這樣一來，圖像的受眾在觀看它時，不是把它當作真正的圖像，而是把它當作一扇開向世界的窗戶。人們如此地信任圖像，就像相信自己的眼睛一樣，這一切都是由圖像的物質特性所造成的。如果有關於圖像的任何評論，我們會發現，評論的根本不是圖像本身，而是評論其視野（vision），也就是說評

論與圖像成品無關，而是「透過圖像所看到」的世界。現在的一些電影評論常以影像當作文本，進行其他研究範疇的討論，而非對影像本體提出理解，這種對機具圖像缺少本體的批判態度是極其危險的。

　　之所以說不加以批判的態度是危險的，是說我們認為現代圖像的物質特性就是它的本質上的「客觀性」（objectivity），其實是一種錯覺。「它們事實上是圖像，在作為圖像本位上，它們具有象徵意義。事實上，它們甚至比傳統圖像有更大程度的抽象化象徵性的複合體（complex）。它們是在文章之後設立的符碼，……它們所針對的是文章，至於對『外在世界』的指陳則是間接的。」它的起源「得利於一種新類型的想像力：轉譯文章的概念為圖像的能力。」[10]人們在觀看這些圖像時所看到的，是與外部世界有關，但卻是經過全新轉譯的概念。如圖 4-3 所示。

　　維蘭‧傅拉瑟深入地討論過傳統圖像與現代圖像的符號及符碼特徵。他指出，對於傳統圖像，人們是容易明白他們所面對的是畫家苦心經營的各種符號。畫家其實就置身於符號與象徵意義之間，畫家要想表達給閱讀者什麼樣的意義，他就要選擇相應的符號去使用。實際生活中

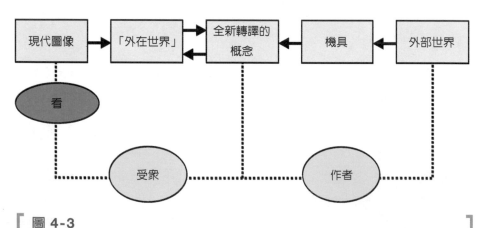

圖 4-3

從受眾角度看圖像製作。韓叢耀繪製

的情形是：畫家已經「在他的腦中」詳細經營圖像符號，並透過他的顏料和畫筆，在平面（畫布、牆壁、岩石等）上轉換那些符號，人們如果想解讀這樣的符號，就必須將發生在畫家腦海中的編碼程序加以解碼。如圖 **4-4**、圖 **4-5** 所示。

現代圖像的解碼系統很複雜，不會像傳統圖像那麼簡單。對於傳統圖像來講：作者（畫家）置於符號與意義之間；對於現代圖像來講，圖像的作者介於圖像和意義之間。這個作者可能是攝影師，可能是電腦操作員，總之，是成像機器的使用者，傅拉瑟稱之為「機具操作者」（appa-ratus-operator），他似乎沒有中斷圖像和意義之間的連鎖。關鍵是「似乎」（seen）這個字眼。相反的，意義似乎從（輸入端）一側流入這項因素，而且從（輸出端）一側流出（見圖 **4-6**）。

在該項因素（機器操作者）的過程中，仍維持隱晦狀態；這項因素仍是個黑匣子。機具圖像的編碼過程在這種黑匣子中發生，所以圖像的評論文章（電影、電視理論）必須專注使黑匣子的內部「白化」（whitening）。只要理論文章無法做到「白化」，我們將一直是這種圖像的文盲。

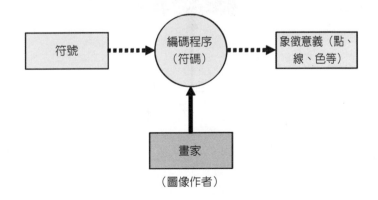

圖 4-4
傳統圖像。韓叢耀繪製

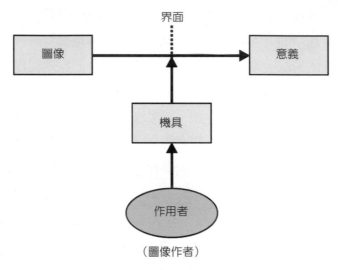

圖 4-5

圖 4-5
機具圖像。韓叢耀繪製

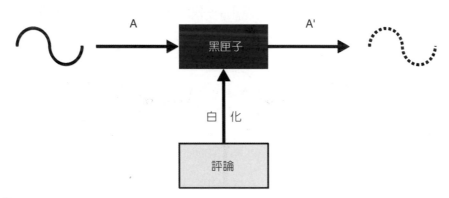

圖 4-6
黑匣子的「白化」。韓叢耀繪製

三、圖像的可複製性

　　現代圖像與傳統圖像比起來，最根本的區別就是它的可複製性。當然，「原則上，藝術作品向來都能複製。」[11]為了對機械時代藝術作品的複製問題進行深入的研究，華特·本雅明（Walter Benjamin）專門寫了一篇〈機械複製時代的藝術作品〉（"L'OEUVRE D'ART À L'ÉPOQUE DE SA REPRODUCTIBILITÉ TECHNIQUE"）的著名文章。機具圖像具有的這種複製其他作品以及複製自身的能力是它的本質特徵；是它與傳統圖像的本質區別。

　　機具的複製能力表現在：一是它對機器鏡頭前面的「物理空間」景物照單全收，記錄在感光材料上，（攝影底片、電影膠片、電視錄影帶等）得到一「物理空間」的複製影像；二是對感光材料上的「影像」進行相似性的處理。[12]這樣一來，同一地點拍攝同一景物及重複洗印等進行相似性處理即可得到同一影像，這是自攝影術發明以後人們掌握的最具本質性的複製能力。它推翻了原作與複製品之間區別的可能性，直接影響到藝術領域，甚至社會文化。

　　機具在複製圖像時，不僅瓦解了原作的單一性，而且建構起新的「形象」。機具的複製能力和建構新形象的能力也是它區別其他任何藝術形式的本質特徵。現代圖像的這種複製能力帶給這個時代、這個社會的最大衝擊是：(1)藝術品的非真實化；(2)事物的非真實化；(3)複製圖像對社會和世界的非真實化。

　　華特·本雅明說過：

　　一件事物的真實性是指其一切所包含而原本可遞轉的成分，從物質方面的時間歷程到它的歷史見證力都屬之。而就是因這見證性本身奠基於其時間歷程，就複製品的情況看，第一點──時間──已非人

所掌握，而第二點——事物的歷史見證——也必然受到動搖。不容置疑的，如此動搖的，就是事物的威信或權威性。[13]

第三節　現代圖像的意義

雖然現代圖像呈現出明顯的非符號化的特徵，但它仍是圖像而不是現實世界，這一點應當是確鑿無疑的。問題是人們並不把它看成是眞正的圖像，而是把它看成是一扇指陳現實世界的窗戶，人們透過圖像這個視窗看到的是世界的意義，不管這個過程有多麼的間接，這也符合圖像的特點。

一、意義的範疇

布洛克曾討論過意義的問題。意義（meaning）在普通英語中除了指語句和句子的涵義外，還包含著其他各種不同的意思。具有直接關係的就是指某種目的和意圖，如：「我的意思是，能夠幫助他就儘量幫助他。」「你這是什麼意思？」「我意在把它當作一個腳凳」等等。有時又指事物之間的相互關係，如「這一議案的通過意味著二等公民的消失」、「烏雲意味著就要下雨」、「嗡嗡聲意味著有蜜蜂，有蜜蜂就意味著蜂蜜」、「小的東西意味著多」等等。當然，除了以上討論的這些語言的意義之外，至少還存在三類意義：(1)目的性意義；(2)相互關係意義；(3)類別意義。[14]

圖像所呈現給我們的，是將影像和意義一同推置在一個平面上，兩者並存。人們會覺得圖像首先呈現的是解讀的意義。而實際上圖像是沒有意義的，圖像就是圖像，意義是閱讀者（觀眾）所賦予的和圖像本身指陳的。人們對現代圖像或稱爲影像，有一種崇拜心理，並又確信自己

的眼睛，看到圖像，就像看到現實世界。觀眾賦予圖像的意義我們比較好理解，但圖像本體指陳的意義不太好理解，實際上，這就是圖像的結構性寓言。對於受眾來講，技術性語言的畫面形式，就是一種文本的複合體，如圖 **4-7** 所示。

二、技術性語言

現代圖像能否有效傳播，能否產生巨大的意義，取決於它的技術性語言的應用。這裡所說的技術性語言有三個涵義：(1)圖像文本；(2)畫面上的張力；(3)畫面上的審美顆粒度。

圖像的文本即圖像所攝入的內容（人和事），對於圖像要表現的內容，作者要根據他所要表現的意義而定，譬如要表現「希望工程」對於貧困地區失學兒童的意義，選用紀實性的圖像也許更符合要求，因此新聞記者解海龍拍攝的《大眼睛女孩》黑白紀實圖片就將這重大的意義詮釋得很明白（見圖 **4-8**），圖像的文本對於圖像的意義起到了很好的承載作用。

畫面的張力，也被人們稱爲視覺的衝擊力，圖像是用眼睛觀看的，畫面的構成要符合人的視覺思維習慣，並在色彩、影調、線條等視覺元素上形成有視覺力量的畫面，總體形成一種張力。不能太直白，也不能太含蓄，要恰到好地處理這些視覺物理元素，以使得在視覺介面的另一側，喚起心理感覺，並形成一種衝擊受眾心靈的力量。

所謂顆粒性問題，就是對類美物能否分析以及如何分析的問題。這裡所說的類美物是指由成顆粒性的幾種審美形態所構成的審美對象物。任何審美對象都不是由一種而是由幾種審美形態合成的。單獨一種純美形態是不能存在的。「落日融途」說的是落日裡面有金子的光輝，但只有金子的光輝便不成其爲落日了。「殘陽如血」也是這樣，如果只有血紅的顏色，殘陽也不存在了。[15]審美顆粒度的問題，就是對畫面的一種

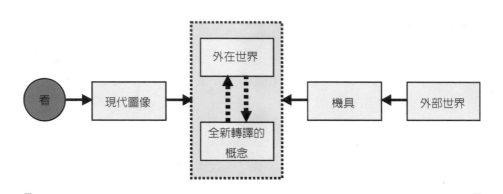

圖 4-7

圖像與概念的複合。韓叢耀繪製

圖 4-8

《大眼睛女孩》。解海龍攝，選自《大眾攝影四十年珍藏版》，昆明：雲南人民出版社

總體的品位把握的問題。因為圖像作品的審美效果比較直觀，所以更應該注意這個問題。

三、圖像的魔力

以上我們多次強調過現代（機具）圖像不是現實世界，也不是可以看到現實世界的窗戶，圖像只是圖像。也就是說，它們將一切事物翻譯成情境，和所有圖像一樣，散發魔術以引誘其觀察者將這個未經解讀的魔術投射到「外在」世界。但是現代圖像還是有許多人至今不能明白的一種力量，這種力量被維蘭‧傅拉瑟稱為「魔力」。

維蘭‧傅拉瑟對圖像的魔力有過深入的探討，他認為圖像的這種魔力隨處可見，它們如何賦予生命魔力，我們如何變成它們的作用之一而體驗、知道、評估一切事情。因此，追問這其中牽涉到什麼樣的魔術，是極其重要的功課。

維蘭‧傅拉瑟認為現代圖像散發的魔術和傳統圖像所散發的魔術不是同一類的魔術：從電視螢幕或電影銀幕發出來的魔幻情境，不同於我們觀看洞穴畫或伊特魯斯坎墳墓壁畫（Etruscan graves）時體驗到的魔力。電視和電影，相對於洞穴或伊特魯斯坎墳墓，是存在於不同層面的真實界。比較古老的魔術是歷史之前的，也在歷史意識之先；比較新的魔術是歷史之後的，也繼承了歷史意識。古老巫術的目的在於改變世界；新巫術的目的在於改變我們對「外在」世界的概念。所以，我們所面對的議題是第二層次的魔術和一種抽象的巫術。他認為古老巫術和新巫術形式之間的差異，可以這樣表示：史前魔術是稱之為「神話」（myths）的模型（models）的一種儀式化，而現在魔術則是稱之為「程式」（programs）模型之儀式化。神話是一位身分為「神」（god）的作家口頭傳送出的模型，神是置身在傳播過程之外的某某人。程式是由身分為「作用者」（functionnaires）的作家以書面傳送的模型，「作用者」是

置身於傳播過程中的人。[16]

四、圖像的關係

　　爲了更好地理解現代圖像，看看它與觀看者和現實世界的關係，我們不妨將這種關係用圖形呈現出來（見**圖 4-9**）。

　　現代圖像都能在我們的視野內看到，但我們看到的遠不是這些影像，我們還會看到現實的世界，機具圖像只是指陳世界的一個窗戶，而不是現實世界，它能反映的也只是現實世界的一部分。在現實世界和機具圖像之間造成緊張關係的是機具。作者「動手」在其中（如攝影師、攝像師等使用機器進行圖像結構的人）。在看與圖像之間形成了一種微妙的圖像關係。圖像橫亙在人與世界之間。當然，在具體結構圖像之前，

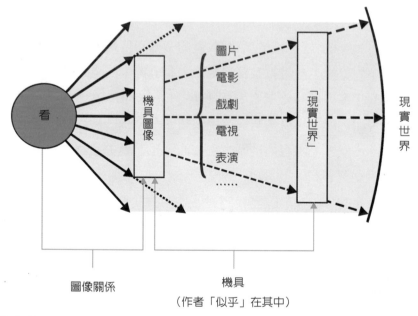

圖 4-9
圖像與現實的關係。韓叢耀繪製

要確定圖像在二者之間的尺度。要麼技術畫面明顯，要麼自然呈現強烈。這取決今後的機具圖像是爲了指陳還是爲了象徵。

第四節　現代圖像的複製

人類進入工業社會之後，才會產生機具圖像，機具圖像原本是要尋找藝術、政治、科學的公分母，以期穩定社會，但令人們想像不到的是，機具圖像的可複製特點，使得這種公分母越來越大。

一、原因

爲什麼機具圖像的可複製性特點會造成藝術、政治、科學的文明公分母越來越大呢？分析起來，有以下幾方面的原因。

(1)它們並沒有把傳統圖像重新引介到日常生活，換句話說，它們無力引介傳統圖像，它們僅能以複製品來取代傳統圖像，這就等於說，它是把自身放置在傳統圖像的位子上。

(2)它們沒有將精英型文章譯介成可以想像的，也就是說，機具圖像解讀的文章更爲直觀和直接，它們甚至曲解精英型文章而將科學性質的命題與方程式翻譯成情境，也就是說將科學性質的命題與方程式完全翻譯成圖像。

(3)它們也沒有將大眾化文章中與生俱來的微弱魔術譯介成視而可見的東西，與精英般的文章相比，大眾化文章中的東西還是有利於機具圖像去譯介的，可惜它們沒有呈現好，他們反而以一種新的魔術形式來取代大眾化文章中少有的魔術，也就是產生一種非常程式化的魔術。

現代圖像至此已沒有能力去建構一個足以再團結文明的公分母。相反的，它將社會的文明碾碎成了無組織的大眾，導致一個大眾文明。

二、複製

本雅明曾說過：「原則上，藝術作品向來都能複製。凡是人做出來的，別人都可以再重做。」實際上，人類社會就是在一次次的複製技術、技術複製中進步和發展起來的。機具圖像的複製與它之前的複製是有著本質上的差別的。古希臘掌握兩種複製技術，即熔鑄與壓印模，因此，他們創造了銅器、陶器和錢幣。人們掌握了木刻技術之後，素描作品得以複製。當人們一旦掌握了印刷術——一種文章複製技術，文學就出現了。當人們掌握了石版複製技術，圖像藝術品就大量地流入市場。木刻、石版的出現使得只登載文章的報紙也可以登載圖像新聞了。

最重要的複製社會生活內容、藝術形式的技術是攝影的發明，「攝影術發明之後，有史以來第一次人類的手不再參與圖像複製的主要藝術性任務，從此這項任務是保留給盯在鏡頭前的眼睛來完成。」[17]不但如此，有一天它會像保羅・梵樂希所描繪的複製美景：我們會像便利地使用自來水和電一樣，得到「聲音影像的供應」。現在，複製圖像的藝術水準和圖像複製的技術能力都達到了相當高的水平。影像真的成為一種生活必需品的便利供應。

但在圖像複製品大量氾濫的時代，人們不要忘記華特・本雅明的提醒：「荷馬的時代，人們向奧林匹亞山的諸神獻上表演；而今天人們為了自己而表演，自己變得很疏離陌生，陌生到可以經歷自身的毀滅，竟以自身的毀滅為一等的美感享樂。」[18]

現代圖像技術使得傳統圖像被大量的複製，這種複製作品又不依賴於原作而存在，如人像攝影、風景攝影已成為一門獨立的藝術形式，更重要的是複製品可以傳播到原作永遠都不可能到達的地方。例如，真正

進入羅浮宮看過《蒙娜麗莎》[19]（見**圖 4-10**）油畫原作的人很少，但認識《蒙娜麗莎》這幅圖像，或者說看過它的人卻很多。

對於科學性質的文章，一旦注入到現代圖像之中，就在那裡被轉譯符碼而獲得魔術特性。機具圖像對近兩個世紀科學的影響是非常巨大的，從不可測量的宇宙到無限小的物體，世界上所有部分似乎都在它的視野之內。現代科學似乎把它的一切都歸功於圖像，雖然現代圖像也把它的許多歸功於科學。

當大眾化的閱讀工具（如報紙、小冊子、小說等大眾文章）洪水般地流入機具圖像，人們就發覺它們先天就具備的意識形態和魔術已被轉譯成一種程式化的魔術，而這種魔術就是機具圖像本身的獨特個性（如新聞照片、電影紀錄片、故事片、電視新聞、MTV、廣告圖片等等）。現代圖像架構一個永遠在旋轉的社會記憶，在這個往復的記憶中，人們已成為當今圖像組構的一部分。

三、圖像作為大眾文化

當我們從圖像的藝術形式來考查圖像的時候，我們常常發現自己處於一系列將自己局限於展覽空間和圖書的範圍內。然而，圖像作為一種大眾文化實際上已滲透到人類生活的所有方面，在現代社會環境中，還沒有誰能夠擺脫現代圖像的觀照。攝影照片、報刊圖片新聞、科學書籍的圖像解說、電影故事的一遍遍引誘、電視圖像的家庭化、廣告圖片的鋪天蓋地、電腦的圖像介面等等，日常或大眾的圖像採取了豐富多采的形式浸入到我們的生活空間。當我們的文化剛剛看到現代圖像的第一面，認為它是光學現實的無可挑剔的視覺複製的時候，就有了擴大這種媒體的物理可能性的衝動誕生。現代圖像作為大眾文化具有其自身的魅力，它們才常常是這種媒體發展的動力。

圖 4-10

《蒙娜麗莎》。達文西，約 1503-1506 年，木板油畫，尺寸為 77 × 53cm 。現藏於法
國羅浮宮德儂館二層第 6 展廳內

現代圖像成為大眾文化的還原因素是因為社會的發展需要。在戰略、科學、司法、考古，以及生產、動力和人類關係領域，機具圖像被認為是復原的決定性途徑。它揭示了對下述絕對限度的真正追求：

在表現的精確性和直接性方面的絕對限度（被攝物與圖像間視覺錯覺的同一性）；
在掌握時間方面的絕對限度（永久性地記錄下短暫事物）；
在繪製全球圖方面的絕對限度（以圖像再現「全世界」）；
作為通過圖像宣傳普及的結果在實現人人平等方面民主的絕對限度。[20]

現代圖像漩渦般地吸引著人們，沒有人能抗拒得了，也沒有人能逃脫掉，由於圖像技術發展的迅猛，圖像對人類社會的影響也越來越廣泛，它已滲透到人類生活的每一領域，每一部分，從天文到地理、從藝術到科學、從考古到工業、從宏觀到微觀，無所不在，無所不為。圖像文化已成為一種不可或缺的社會生產力，成為人們一種創造性活動的形式。圖像文化的力量是推動社會變革的工具。就全世界而言，圖像以不同的方式滲入到不同的文化之中，它帶來了有形和無形的變革。

某種程度而言，圖像造就了一個大眾文化的普遍面向。

註釋

[1]Vilém Flusser 在 *Towards a Philosophy of Photography*（《攝影的哲學思考》）一書中認為技術性圖像是由機具（apparatus）製造出來的，按照他的說法在攝影術發明之前由人們手工繪製的圖像就不能稱之為技術性圖像。其實不然，技術是伴隨著人類物質文明而一起存在的，現代意義下的技術是指由現代科學思想指導下而產生的生產技術。

[2]保羅·梵樂希《無所不在的征服》藝術文件（巴黎，1934，103-104 頁，七星神社，I，1284 頁）（轉引自本雅明[Walter Benjamin]，許綺玲譯，《迎向靈光消逝的年代》[*Walter Benjamin Essais*]，台北：台灣攝影工作室，1998，頁58）。

[3]轉引自本雅明（Walter Benjamin），許綺玲譯，《迎向靈光消逝的年代》（*Walter Benjamin Essais*），台北：台灣攝影工作室，1998，頁 32-33。

[4]布洛克（H. Gene Blocker），滕守堯譯，《現代藝術哲學》（*Philosophy of Art*），成都：四川人民出版社，1998，頁 46。

[5] 傅拉瑟（Vilém Flusser），李文吉譯，《攝影的哲學思考》（*Towards a Philosophy of Photography*），台北：遠流，1994，頁 35。

[6]釋加牟尼，梵名 Śākya-muni，巴利名 Sakya-muni。意即釋迦族出生之聖人，是佛教之教主。為北印度迦毗羅衛城（梵文 Kapila-vatau）淨飯王（梵文 Śuddho-dana）之太子。該城在今尼泊爾南部提羅里克（Tilori-kot）附近，拉布提河（Rapti）東北。國土面積 320 平方英里，為憍薩羅國（梵文 Kosalā）之屬國（參見弘學，《佛教圖像說》，成都：巴蜀書社，1999，頁 47）。

[7]弘學，《佛教圖像說》，成都：巴蜀書社，1999，頁 1。

[8]韓叢耀，《攝影論》，北京：解放軍出版社，1997，頁 276-277。

[9]傅拉瑟（Vilém Flusser），李文吉譯，《攝影的哲學思考》（*Towards a Philosophy of Photography*），台北：遠流，1994，頁 36。

[10]傅拉瑟（Vilém Flusser），李文吉譯，《攝影的哲學思考》（*Towards a Philosophy of Photography*），台北：遠流，1994，頁36。

[11]本雅明（Walter Benjamin），許綺玲譯，《迎向靈光消逝的年代》（*Walter Benjamin Essais*），台北：台灣攝影工作室，1998，頁60。

[12]韓叢耀，《攝影論》，北京：解放軍出版社，1997，頁276。

[13]本雅明（Walter Benjamin），許綺玲譯，《迎向靈光消逝的年代》（*Walter Benjamin Essais*），台北：台灣攝影工作室，1998，頁63。

[14]布洛克（H. Gene Blocker），滕守堯譯，《現代藝術哲學》（*Philosophy of Art*），成都：四川人民出版社，1998，頁270。

[15]參見王志敏，《元美學》講義，北京電影學院教務處編印。

[16]傅拉瑟（Vilém Flusser），李文吉譯，《攝影的哲學思考》（*Towards a Philosophy of Photography*），台北：遠流，1994，頁37-38。

[17]本雅明（Walter Benjamin），許綺玲譯，《迎向靈光消逝的年代》（*Walter Benjamin Essais*），台北：台灣攝影工作室，1998，頁61。

[18]本雅明（Walter Benjamin），許綺玲譯，《迎向靈光消逝的年代》（*Walter Benjamin Essais*），台北：台灣攝影工作室，1998，頁102。

[19]達文西所作，《蒙娜麗莎》又稱《焦貢妲》，約1503-1506年，木板油畫，尺寸為77 × 53cm。所有畫家、作家或理論家都為佛羅倫斯輪廓模糊派大師達文西的高超的藝術造詣所吸引：他描繪流通、潤澤的空氣，使大氣效應神乎飄渺，讓人體或物體的輪廓線條在光與影的相互作用下逐漸融化，與周圍的風景融為一體。這一切都凝聚在《蒙娜麗莎》（一位披紗帶孝的婦女肖像）的傑作中，也體現在朦朧背景陪襯下不朽人物描寫中（見《LOUVER》，凡爾賽：法國黎絲藝術出版社，1997）。

[20]韓叢耀，《攝影論》，北京：解放軍出版社，1997，頁11。

12345678910
圖像語言與視覺界面

人類文明推演到今天，在口頭語言（言語）、文字語言和數字語言的日常使用、藝術表現、後天訓練、資訊傳播和理論研究上均有很大收穫。這些成果已結晶爲今天的人類文明的具體呈現方式，成爲人類社會文化的呈現方式和物質生產活動的動力，成爲文明社會不可或缺的基礎條件，成爲人類精神生活的主要圖騰方式。相對於以上三種語言方式而言，人類對自身生而有之的視覺圖像語言的研究卻嚴重滯後。甚至滿足和保守於現狀，聲稱視覺同視覺所做的事情是一回事。

對於這種人類與生俱來的視覺圖像語言的研究，雖然國內外也有專家學者投入了一定的精力和時間，但與其他三種語言相比，視覺圖像語言尚處於無序和下意識的狀態，它的潛能還未能得到充分的開發和有效的應用。與其他語言相比較，視覺圖像語言是人類真正的「元語言」系統，雖然它一直伴隨著人類成長，但它的奧秘還未被完全揭示，更沒有被人類自己充分地認識到，有些研究也只是一種現象的描述。

視覺圖像語言具有與生俱來的生物特性，且兼備了物理與心理的雙重語言性格。視覺圖像語言既是一種最古老的語言，又是一種永遠最新的語言，它具有語言的指涉性、象徵性和類比性等特徵。圖像的傳播依賴於這種語言的使用，這裡僅做一些初步的探討。

第一節　語言與文化

對於視覺圖像語言的認識和研究，之所以呈現今天的狀況，很大一部分是文化（尤其是文字語言）的偏見造成的結果。從事視覺圖像語言「書寫」（希臘文：graphein）的人（如畫家、雕刻家、攝影師）致力於自己的感性培養（視覺養成），而對理性直覺（視覺思維）採取不信任的態度，認爲理性是藝術（圖像）的敵人；而那些從事理性思維的人（如哲

學家、作家等文字語言的使用者）又喜歡將理性思維說成是一種完全超越了感知範圍的學術活動。這種感知與理性、藝術與科學、視覺與描述的相互排斥，造成了文明的分裂，給人類社會造成了不可估量的損失，甚至是對人類文明的一種危害。[1]視覺圖像語言是我們發現真理的元點，也是我們感知社會的起點。

一、語言的演進

人類的口頭語言到底形成於何時，今天的人們還有這個能力能夠確確地考證出來。

據資料顯示，大約在距今 3 萬年前，口頭語言（言語）已經形成，且構成了當時人際間傳播的延伸，促進了人類交流的大發展。這種較為古老的語言其生理特性特別明顯，人際親和力較高，資訊溝通能力很強，今天仍是我們人類間最主要的交往工具。人類對語言的使用，極大地促進了人類社會的繁榮和發展，密切了人與人之間的關係，但不可否認的是，由於語言的物理上的背景區隔性，它也造成了今天不同族群、不同文化背景下人們的最大隔閡。

大約到了西元前 5000 年左右，人類感到有必要從經驗的直接獲取中抽象出來，使用一種符號只代表聲音，在閱讀時再根據符號代表的聲音去喚起過去的經驗與現實生活的對應，於是，早期文字就逐漸地形成了。文字語言的形成導致了文獻傳播領域的飛速發展，形成了有體系的文化和知識積累，且這種文化和知識既方便傳播，又便於保存。但是，這種文字語言的形成不但沒有消弭口頭語言所產生的不同族群、不同地域間的隔閡，同時它在同一族群中又產生了新的隔閡：只有受過文字語言訓練的人才能獲得文字所傳遞的資訊，這部分人壟斷了資訊的解讀權、記載權和傳播權。一般人要想擁有這些權力，獲得資訊（文化、知識）就必須要受到足夠的專門訓練。當時的貴族（極少數人）教育制度

就是這類隔閡的體現。圖 **5-1** 所示為方角書一首。[2]

　　在距今 200 年前，人類發明了電，這使得人類自身獲得了極大的解放，傳播文明的速度開始加快。影像媒體參與到人類的生活空間，攝影、電影、電視等以機械、電子和光學為基礎的傳播媒介既保留了口頭語言、文字語言的優勢，又最大限度地克服它們各自的不足。可以說，這是人類文明史上的最大一次整合，人類的文明程度得到了極大的提升，人類自身的潛力也得到了前所未有的釋放。影像的這種視覺語言的構建和使用，的確給人類文明演進平添了飛速向前的翅膀，人類可足以令自己自豪。但是，如果我們冷靜客觀地分析一下，這些發現和發明目前並沒有對人類的語言系統做出革命性的改變、本質的改變，只是最大量的發揮了口頭語言、文字語言的表現能力。越來越多的跡象表明，在

方角書一首

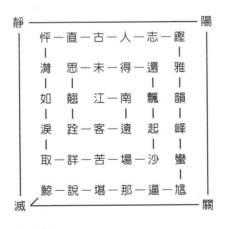

懷慶書

[
圖 5-1
方角書。這首詩解讀為：江南遠客跬，翹思未得還。飄起沙場苦，詳取淚如潸。怦直古人志，鏗雅韻峰蠻。尷逼那堪說，鯨滅靜陽關。選自《沙漠明珠敦煌》（頁 122），張振陽、陳秋香，1996，台北：大地地理
]

以文字語言為霸權的時代，一切都要服從於和服務於文字語言。口語的特質性有所退化、書面腔越來越多；視覺圖像語言尚嫌幼稚，被文字語言肢解得七零八落，甚至淪為「插圖」的境遇。

隨著電腦的發明和使用，人類社會誕生了一種全新的語言體系——數字語言。數字語言以一日千里之速將人類社會的文明提高到一個嶄新的高度，較之於口頭語言和文字語言，數字語言的資訊量大、傳播速度快、保存性好、操作更為簡捷。但它是在結構之內、人體外部機械地運行，也就是說，它只能以更友好的外部界面來為人自身服務。這種語言的出現豐富了讀者的閱讀，本應對圖像語言的發展有所貢獻，但從現在運行的實際情況看，它對視覺圖像語言的開發反而不利，並有所削弱。這只是就目前的狀況而言，今後的情況可能會有所改善，這是其一。其二，它需要生命力外的能源提供支持，需要遵循人機對話的原則，也就是說，它仍有全體人類需要克服的「語言」障礙壁壘，某種意義上，它的壁壘更加專業，消弭這種障礙速非人類一日之功，需要人們做出持之不懈的努力。

二、語言傳播與文化

語言的使用，是人類最重要的發明，語言傳播是人類社會進步的首要因素。語言是思想的載體，也是一切文化的基礎，人類掌握了文化就會使用前人的經驗和智慧，這樣就可以幾代人甚至幾十代人乃致更多代人專注於對一個問題進行思考，尋求解決的辦法，這樣就會有許多的發明和發現。而一種發明和發現在它還沒有成為物質工具和社會關係之前，它對人類社會是沒有任何意義的，因為這時它只是個人心靈中的一種定形的心理模型。也就是說，這種心理模型必須依賴於語言傳播達到與別人溝通，才能變成社會文化的一部分；再者，一切文化都是從學習中得來的，學習的進程，便是文化獲得的過程，學習本身就是一種文化

的行為。一個有文化的人、有文化的社會，是一個有創作力的人和創造性的社會。

依據語言傳播而獲得文化的人，會創造物質世界和精神世界的一切奇蹟。正如吳文藻（1901-1985，中國著名社會學家、人類學家、民族學家）所言「概念界的思想，乃物質界和社會界的事實之母；雖然一切思想的產生，都有賴於物質的材料，和社會的傾向。」[3]文化會累積前人的經驗，提升人的心智，只有當一個人具有了健全而智慧的頭腦而又站在巨人的肩上，那麼他的發現和發明也就是一瞬間的事了，而這一切的取得都要依賴於語言的傳播和對文化的學習。

語言是人類創造的，文化是人類經驗的積累和思想的結果，這是人類獨有的特徵。在動物界，雖然各種動物都有它們的音調、音律、音韻的傳播，但始終未能形成一種語言，未能養習成一種文化。雖然它們也能漸漸地適應環境生活，像人類這樣繁衍生育，群居社區，但它們的交往沒有心智的提升，經驗不能累積，語言無法學習，所以彼此個性強烈，無法進行文化接力，無法進行語言傳播，無法獲及先輩的經驗（包括避免先輩的錯誤），這樣一來，它們也就無法形成共同的意識，無法取得一致的行動，只有成為自然的動物。「惟有人類可藉語言的媒介，創造概念，傳遞思想，累積經驗，互相傳授，互相感動，終而同心協力，產生一種媒體行為。」[4]人既是自然界的動物，又是社會的人，更是這個世界的精靈。

語言的發展歷史證明，在語言傳播結成社會文化的過程中，視覺意象是一種更加高級的媒介，它能為物體、事件和關係的全部特徵提供結構等同物。視覺媒介最大優點是它的再現形狀是二維的和三維的，這種向度的開發是語言學習的結果，也是一種語言經驗的累積。「多維的空間不僅會提供關於某些物理對象或物理事件的完美思維模型，而且能夠以同構的方式再現出理論推理時所需的各個向度。」[5]語言會指向感

覺，甚至指向印象，語言的文化特徵更加凸顯。

現在看來，語言不僅是人類文化所獨有的特徵，它還是人類思維的媒介。語言作為思維的媒介，它與形狀和聲音比起來要順暢得多。因此，自然而然的，語言就成為思維必不可少的東西，但思維也需要形狀、聲音等，形狀和聲音等又必須從媒介中獲取。正如愛德華・沙皮爾（Edward Sapir）所言：「思想是一個區別於人為語言領域的自然領域，但就我們所知，語言又是通向這一自然領域的唯一途徑。」[6]語言是人類認識自然和自身的工具，語言本身又是人類創造的文化成就之一。

文化（culture）是依據語言而存在的，沒有語言的傳播就沒有文化的積沉和形成，所以，語言就成為我們了解文化的精神現象的關鍵。成為文明（civilization）的推動力。

在當今社會，物質文化傳播是最容易的，而社會結構傳播最難；宗教傳播較為容易，而語言傳播較難。語言傳播的底蘊實際是一場耗時費力的文化運動。

三、語言形式與社會表徵

不同的物質生產時期、不同的年代，社會會以不同的語言為主要交流手段，從傳播學的角度來看，社會以什麼樣的語言為主要溝通交流手段，又會呈現出不同的人文特徵。當然，這種語言手段的使用並不是以人們的主觀意志為好惡，主要是由物質進步的條件所決定的。下面我們來粗淺地歸納一下它們的特徵。

在以口頭語言作為傳播主體的年代，呈現出明顯的「思想者」的特徵。人們使用真實姓名，做任何事情都講究身體力行。這也是一個英雄的年代，他們說出的話就要兌現，因為許多話語是當眾說下的，既是他演講中贏得受眾說過的話，也是他今後行動的綱領。不管他當眾說下的話對不對，值不值得他去用終身行動兌現，他都要按他所說的去做，

「君子一言，駟馬難追」是他的信條。這個年代：既成全了英雄，也湧現出許多演說家、哲學家。

在以文字語言為傳播主體的年代，呈現出較為明顯的「邏輯者」的特徵。人們可以使用真實姓名，也可使用化名，但都必須「署名」。他不需要面對眾人，更不需要面對大眾許下諾言，他在燈下、在紙上反覆闡明人生與自然的道理，使用邏輯推演等思維工具，思考所面對的自然的、思想的等問題，因此會有所發現，有所發明，他的身體可能並不高大和堅強，但他頭腦中的智慧足以使他成為「巨人」，他會寫一系列的文章，闡述道理。這是一個發現和發明的年代，科學家、作家、藝術家等創造者脫穎而出，人類在獲得物質文明進步的時候，也會收穫巨大的精神財富。這個年代造就了創造者，詩、書、科學文獻成為這個年代的表徵。

在數字語言被人類掌握之後，這個社會呈現出了「表白者」的特徵。傳統的大丈夫英雄氣概和創作者的求實作風被假名（虛名）代之，他與大眾既不見面，又不聽聲，不用擔負社會道德、倫理與責任，既可將最光彩的一面昭示於人，又肆無忌憚地放出心底的醜惡、私欲，面具下「對方」的誘惑使得他更加顯露，虛假、欺世手段都可以用上。表白的年代其實也是一個欲望的年代，欲望沒有了大眾的制約，其結果是非常糟糕的，它會給某些人以「一夜成名」的機會，甚至在一瞬間就可以成名。這種名份可能是不擇手段、不負責任甚至不道德獲取的，滿足他在數字虛擬的社區獲得了領袖地位的欲望。

在圖像語言作為傳播手段的年代，呈現出明顯的「表演者」的特徵，這是一個定名的社會。大眾與他既見面，又聞聲，還要觀其行。鏡頭前的他特別注重自己的「形」象問題，但又由於受知識水準所限，他不可能成為各方面的專家和在各行各業的模範遵守者，所以會像演員那樣按社會角色要求「表演」自己，會像政治家那樣「秀」起來。這是一

個現象的年代，由於鏡頭的技術性「僞眞」特徵，更便於他裝腔作勢，說謊道僞。不說又不行，說了又做不到，所以最好的辦法就是先在鏡頭前「秀」一下，讓受眾將影像作爲眞實的世界對待。

影像原本是作爲這個世界的地圖，現在影像卻倒成爲了現實的世界。

當然，這些語言的特徵並不是單一呈現的，尤其在這個多媒體的傳播時代，語言的互爲性更造成了受眾接受的困惑。

第二節　視覺圖像語言

視覺圖像語言是人類生而有之的最古老的語言體系，但對它的認識，至今人們還是停留在一個很膚淺的水平上。如果將圖像語言同口頭語言、文字語言和數字語言相比較的話，我們會發現它既具備了這三種語言的優勢，又沒有他們的障礙壁壘。它是人類使用最廣泛的語言系統，理應最優秀，可爲什麼會是今天這樣尷尬的局面。這就是因爲它的生物學—心理學特徵，使得人人以爲熟悉自身的功能，而又「視而不見」、「感而不思」，這就是說人類對自身的這種「與生俱來」和「知」之間有一道障礙，即在「物理源」[7]與「心理場」[8]之間存在一堵看不見的牆——視覺界面。[9]這個問題將在下一節重點討論，現在先讓我們了解視覺的認識和感覺的問題。

一、視覺的感受

所謂的視覺（visual）就是通過創造一種與刺激材料的性質相對應的一般形式結構，來感知眼前的原始材料的活動。與這項活動緊密相關的就是眼睛的感覺（sensation），它是視知覺的基礎，具有很強的生物學特

性，人們通過眼睛對周圍的世界感受構成了他理解、想像和情感活動的基礎。所謂的感覺是指直接作用於感官的事物的個別屬性的反映。對視覺來講，就是指通過眼睛感覺外界事物的各種顏色和分辨出物體的明暗關係。

視覺在人類的感知過程中擔負著極為重要的任務，人類接受的環境資訊絕大部分是經視覺通道傳入大腦中，再做出的反應的。心理學家和實驗證實，在人類生命的早期，視覺系統就開始執行探索世界的重要任務。比如，嬰兒在清醒的時候，僅注視眼前物像的時間就占 20％，8 個月到 3 歲嬰幼兒除了睡眠外，視覺的探索就是他（她）最經常的感覺活動。隨著年齡的一天天長大，視覺探索世界的活動伴隨其一生。活到老，看到老；活到老，探索到老。

眼睛的感受是視覺的基礎，視覺又是知覺的前提，沒有眼睛的感覺，我們感知這個世界的資訊將大大降低。當然，眼睛的這種感覺也要與其他感覺聯動才能獲得這個世界豐富翔實的資訊。如聽覺會加強對空間距離和聲響的敏銳反應；味覺和嗅覺會對化學物質做出敏感反應；觸覺會對運動和溫度做出敏感反應等等。只有使得各種感應靈敏地對周圍環境和自身內部活動的種種資訊做出統一協調的反應，才能獲得更好的生存條件，心理結構才能向更高級的層次上發展。人的眼睛才能「在把握到事物的形式、結構和整體的同時見出其中蘊涵的人生和社會涵義。」[10]可見視覺如果喪失了其他感覺的支持，其感知世界的能力將大為降低。但這裡我們仍然要提醒：「在人類的感覺系統中，視覺明顯地占主導地位。倘若兩個彼此矛盾的資訊，一個用視覺接受，另一個用不同的感覺器官接受，這時被試者所反應的一定是視覺資訊。」[11]許多心理學家和實驗報告表明：被試者不能有效地反應同時經兩種不同感受通道傳入的相矛盾的資訊，當這種矛盾的資訊同時作用於視覺和其他任一感覺時，視覺的反應總是占優勢的。視覺的這種優勢提醒我們：「眼見」並

不一定「為實」，我們要小心謹慎地對待來自視覺的資訊。

　　眼睛的這種生理感受在視覺的能力上還是處於低級階段，它主要是對自然界物體的明暗程度（光強、影調等）和物體的顏色（亮度、色調和飽和度）作出反應。在過去心理科學還不發達的年代，人們往往將視覺的感受和視覺的認知混為一談，現在也不是分得很清，這可能是因為任何心理活動都有其生理基礎，任何生理反應都會引起心理效應。正如阿恩海姆所言：「人的靈活的意向活動中所表現出的那種機警，正是原始組織對周圍環境的變化作出反應的生存鬥爭在進化的晚期階段上的顯示。」[12]正是因為眼睛的這種敏銳反應的生物學特性，才會給我們帶來豐富的知覺資訊。**圖 5-2** 原本為一幅普通的線條圖，如果我們眼睛注視它就會引起誘動現象。

　　所謂的誘動現象（induced motion）又稱運動幻覺或遊動錯覺，它是指眼睛與物體的相對空間關係的改變（或兩個以上的彼此空間關係的變化）所引起的誘動現象。[13]常見的誘動現象是由人體的移動或眼動引起的。當我們注視**圖 5-2** 時，由於經常的不經意的眼動，會導致圖畫上的曲線有運動的幻覺。兩個對象彼此互換空間關係，也會引起誘動現象。如我們坐在行駛的火車窗口向外張望時，遠處的對象看起來與我們同方向運動，而窗外近處的對象卻朝相反的方向運動。由此會給我們的心理知覺帶來很大的影響。

二、視覺的認知

　　視覺在感受之後的反應，就是知覺了。所謂的知覺（perception）是指當前的客觀事物的各個部分和屬性在人腦中的綜合反映。如果說感覺是對事物個別特徵的反映，那麼知覺就是對於事物的各個不同特徵如形狀、色彩、光線、空間、張力等視覺要素組成的完整形象的整體把握，甚至還包含對一完整形象所具有的種種涵義的情感表現性的把握。知覺

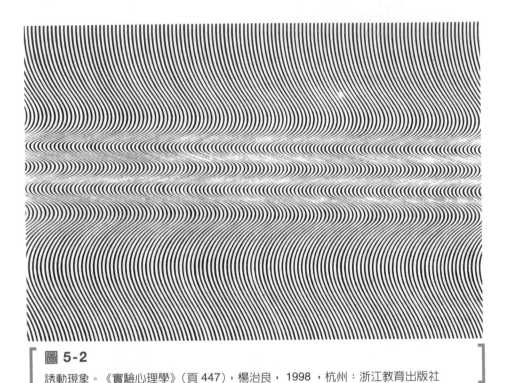

[圖 5-2
　誘動現象。《實驗心理學》（頁 447），楊治良， 1998 ，杭州：浙江教育出版社]

　　的事物是複合刺激物，知覺一般是同其他感官聯動所產生的。知覺的進
程實際上就是形成「知覺概念」的過程。

　　我們的日常知覺不是對各種質量的拼合的知覺，而是對不同物體的
總的知覺。按照格式塔（Gestalt）心理學的描述，知覺有兩個重要的方
面。一是「圖—底」關係（figure sur un fond）的結構，二是對深度知覺
的結構。

　　知覺這個詞有狹義和廣義的理解，狹義上的理解僅指感官在受到外
部環境刺激的那一刻所接收到的東西；而廣義上的理解為人們所能獲取
的關於外部世界中某些事物的任何一種認知。當然，對於認知的技能到
底「是在知覺活動本身之內完成的」，還「是在知覺向理智交付了一種相

當粗糙和相當不完整的資訊之後進行的」，[14]目前，心理科學還沒有給出一個確切的答案。

　　知覺既是一種高級的思維活動，也是一種低級的認識活動。在我們眼睛面對一幅圖像的時候，視線總會對準知覺對象的某一點，這一點成為眼睛的注視點，並且不斷地轉動著視線以轉換注意的目標。眼睛不斷以注視、跳動，注視著圖像上的知覺對象，直到獲取足夠的需用資訊為止。**圖 5-3** 為眼睛注視的圖像及眼動的軌跡。

　　當然，眼睛的觀看遠不止這樣的簡單，在它的背景後面，還有觀看者的全部生活經驗和文化教養，如信仰、偏見、愛好、記憶等等，還應有想像、快感和理解的參與。知覺是一項非常複雜的認識活動。當我們發現一位視覺藝術家的風格貫之的時候，總是從他的題材和表現手法方

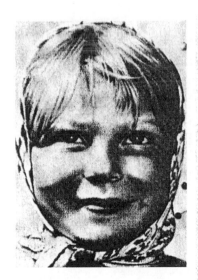
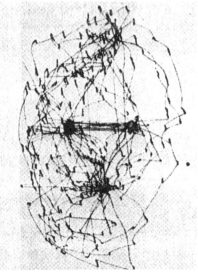

圖 5-3
被試圖片及眼動軌跡。《實驗心理學》（頁 591），楊治良，1998，杭州：浙江教育出版社

面去找原因，而沒有將原因歸罪於他感覺的貧乏。對於圖像作者來講，感覺如果貧乏，那可是件令人十分頭疼的事情。

在眼睛的知覺過程中，普通知覺和審美知覺是有區別的。普通知覺有令人驚羨的簡約性和極強的功利性，我們往往只看到眼前與己有關的部分，能夠認出和辨出某些物或某個人就可以了。對事物的視覺表象作出必要的忽略，將所見到的東西歸類，並「貼上標籤」等。但審美知覺不是這樣，它像兒童觀看事物那樣懷有強烈的好奇心，始終保持一種非生物性的和非功利性的目的，多次審慎地觀看，甚至會「欣賞」起知覺對象，使觀看在其生物性作用停止後繼續進行，從而變成為「一種感性的、直覺的、個別的和不可重複的活動」，[15]這就是所謂的審美活動。

視覺一旦進入審美活動之後，情形即刻變得複雜起來，因為這時背景知識（文化、經驗、情感、信仰、喜好等）參與其中，這樣一來原本是具有生理認識的物理性事物就會變成具有心理解讀意義的事物了。如圖 5-4 所示，這是在一張紙上畫有一條一定長度的線段，它可以代表置於和視線成直角的地方、具有一定長度的棒子。但在不同密度線與視線角度的變化下，人們卻會看到不同長度的棒子。

所以，視知覺的活動是複雜的，並不是被動地將各種感覺要素相加的活動，而是以一種主動的態度去解釋它和理解它。重要的是，知覺既是一種主動的探索性的活動，更是一種高度選擇性的活動；既涉及外在的物理形式，也契合內在的心理結構。

對於圖像作者來講，用不同的方式來感覺世界，會有不同的自然主義的精確方法。古埃及人的繪畫是一種自然主義表現，可今天的人們卻認為它是藝術的、創造性的、非寫實的。那麼今天人們的自然主義的再現方法呢？明天會不會被我們的後人認為是表現主義的圖像呢？

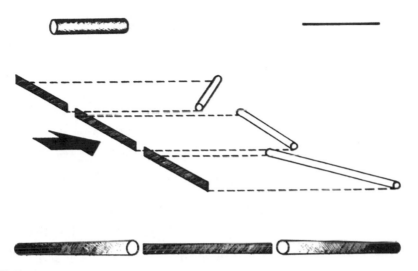

圖 5-4

「看」到的棍棒。 *The Anthropology of Art* (p.168), Robert Layton, 1991, London:
Cambridge University Press

三、物理形象與視覺形象

　　長期以來，人們使用科學研究的手段和不斷地總結實踐經驗的方法，試圖將人們的生理反應和精神意識區分開來，以更好地說明感知覺的過程，建立心理學與認識論的原理，這種工作正如法國哲學家莫里斯‧梅洛─龐蒂（Maurice Merleau-Ponty）所說：「區分出一個事物的世界與一個內在的意識。」人們試圖讓「意識的組織或結構化由生理的中樞神經現象來解釋」[16]，雖然這樣做頗受爭議，但要想深入地探討視知覺好像沒有比這種試驗更好的辦法。

　　我們大致地了解到生理感官上的刺激一般都會引起我們心理上的反應，一個外在事物的世界，一旦被我們感知之後就會有一種意識。如果我們的意識是正常的，我們一定會具備「心理意象」，[17]人們很容易將它

與「精神空間」混淆，其實這是兩個專門的術語，需要一些特殊的解釋。更不能混淆於一般所說的人們頭腦中的物理形象，不能被認為是意義與視覺形象之間的必然聯繫。

所謂物理形象應理解為人的眼睛感受物質世界之後，在視網膜生成的與現實世界共軛的影像，它的每一像點的產生必然來自於眼睛晶體前的現實世界物體，這種對應關係是一種數學的關係，視覺光路具有一種可逆性，因此，人們才會把這種形象稱之為物理形象。

視覺形象並不能認為是眼睛全部感知到的，對它的讀解還需要我們自身的一些背景知識（如經驗、文化、習俗等）參與。它雖然與意義有一種聯繫，但這種聯繫不一定全部依賴物理形象，物理形象是視覺形象的基礎。

心理意象是一種內在圖式，視知覺是人的一種敏銳的知覺能力，能引起視知覺的敏銳反應是內在圖式的差異性。

對於圖像作者而言，他不但要透徹地理解他所再現的對象的結構和機能，他又要深知如何做才能極其有條理地組織複雜的知覺式樣。但無論如何做，他都不能將物理形象直接轉變為視覺形象，而只能是一種「翻譯」，形成一種形象概念。阿恩海姆（Rudolf Arnheim）曾深入討論過這個問題，他說：「科學知識與視覺再現之間的關係，往往被一般人作出錯誤的解釋。某些理論家認為，一個抽象的概念似乎可以在一幅畫中直接表現出來；另一些理論家的看法則與此相反，認為在藝術領域中，科學知識只能干擾形象概念的形成。」[18]大量的實踐經驗無數次地證明，這兩種觀點都是絕對的，阿恩海姆認為有些抽象的命題是能夠被「翻譯」成視覺形象的，因此，也完全可以轉變為一個形象的概念。他說：「視覺概念當然不能等同於眼睛直接看到的形象，但它至少可以幫助人的眼睛給所看到的物體賦予形狀。」[19]物體的結構和機能隱含著大量的視覺圖像資訊，因為自然界中的物體都有一個確定的結構骨架。這

個結構背景在平時是被物體特有的表現形狀掩蓋著，確認這些結構，對建構圖像的知覺樣式是有著決定性的影響的。

第三節　視覺界面

以上我們討論了語言、視知覺、視覺圖像語言、視覺形象及視覺樣式。接下來，我們要深入討論視覺圖像樣式的物理元素是如何構成心理認知的視覺畫面的。為了使得討論的問題更有效、更深入，不妨將觸點伸到視知覺的臨界點——視覺界面的討論上。

一、典型界面討論

視覺界面處於媒介與圖像的緊張作用之中，視覺的畫面構成都有其共軛的物理元素，視覺既參與了「物理源」的尋定，也參與了「心理場」的合成。

視覺界面是否存在？如果存在該怎樣去證明它？這是擺在筆者面前的不可逾越的難題，但不管如何，筆者還是願意在充滿極度危險性的道路上去描述它。

魯道夫‧阿恩海姆在討論到視覺的思維時，認為思維是需要形狀的，而形狀必須從媒質中獲取。他說：「假如我們設想意識中出現的任何一種東西都可以在神經系統中找到它的對應物，就一定會期望在大腦中找到一切思維概念以及支配這些概念的一切活動的物理等同物。」[20]那麼，我們在視覺認知這個現實世界的時候，首先要面對的恐怕就是現實中承載圖像的媒介物。而且圖像又是意義的結構式，怎樣的結構就有怎樣的意義。結構總會有一個臨界區域，從這一區域開始，結構的意義會發生改變，在視覺上可將此稱為界面。在界面的兩邊，一邊是視覺結

構的物理構成元素，一邊是視覺心理上的情感認知。

愛德文‧魯什（Edwin Raush）在討論到這個現象時，使用了一個角從 0 度逐漸增加到 180 度的例子。[21]這是極具說明意味的從「量」變到「質」變的例子，它能更好說明原本只是普通物理參數的改變（增大或減少），但在我們視覺看來，卻是有著不同的視覺形象，而且，這種情況就發生在一個很小的區域內（如圖 5-5 所示）。

我們先給出直線 AO，也就是說當以 O 為頂點的角為 0°時，AO給我們的視覺印象為一條直線；當角度逐漸增加，形成 AOB 時，這個圖形會給我們一種形如鋒利箭頭的視覺印象；當角度增大到 AOC 時，形狀

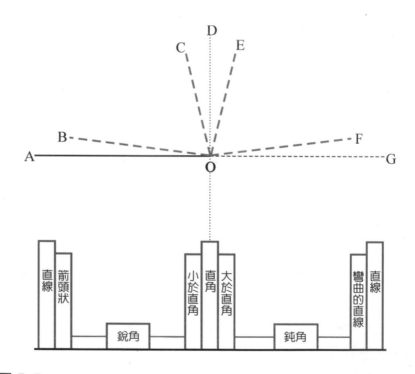

圖 5-5

「量變」引起「質變」。韓叢耀繪製

是一種愚鈍的楔形；當∠AOD=90°時，會給我們一種直角的概念；如果角度再增大，會看到一種扇形的效果，當增大為AOF時，視覺感知的並不再是一個角的印象了，而變成了一條彎曲的「直線」。這裡，在每一形象的改變上都有一個狹窄的區域（∠AOD，∠AOC，∠AOE，∠AOF），正是在這樣的區域，視覺印象才開始改變。以當前心理科學的手段來講，還沒有能力將它具體量化，肯定一個角度。但上述情況在現實生活中確實發生著，而且實實在在地影響著我們的視覺認知。這種試圖對思維過程做出生理描述，過去曾有人做過，但這種描述被稱為：如同鐵路終點的「轉轍器」一樣粗糙，就像圖5-5中的那個「低位」區域的確實存在，但又一時難以將它精確定位出來一樣。

既然這種現象確實存在，那麼我們就可將視覺界面描述出來，筆者將其簡練為下列的圖式。圖5-6為視覺界面的典型情況。

如圖5-6所示，「心理場」與「物理源」相交，相交的區域恰是在視域之內，視覺界面處於中心地位。從理論上講，被物理定義的實存，

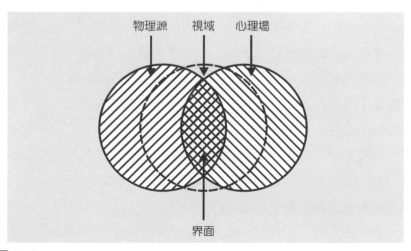

圖 5-6
視覺界面的典型情況。韓叢耀繪製

都可以獲得心理效應，但實際上，有的可以獲得心理效應，有的卻獲得不了心理效應。視域既可以看到物理實存的，也「看到」了心理感覺到的（受文化背景、生活經驗的影響）。換言之，有些心理場效的獲得並沒有嚴格對應的物理實存，視覺界面處於「物理源」和「心理場」之間的視域中心，兩邊可以形成共軛關係，但超出視域與之相交的範圍，這種共軛關係就不存在了。這種情況在現實生活中發生，具有涵蓋圖 5-7 至圖 5-10 所示情況的意義。

二、一般界面的情況

以上討論的是視覺界面的典型呈現情況，如果我們繼續加大討論的力度，視覺界面還會呈現以下幾種變異的情況。

當我們假設「物理源」、視域和「心理場」是完全重合的，那又會是什麼樣子呢？按理論作圖，它應如圖 5-7 所示。這時界面理應處在幾何圖面的重心，也就是說，視覺的全部和感知的物理全部會被完全換算成心理場效。然而，實際上這種情況不會發生，換句話說，不是所有的心理場效都有其物理實存與之對應的。因此，再次證明了，在這個世界上沒有什麼能比人的思維再複雜的了，至今人們也沒有從科學上去精確地把握自己的思維狀態，也許這種描述手段的本身就是錯誤的。

圖 5-7 所示的假設，在理論上是說得通的，但在現實生活中卻永遠不會發生。

根據圖 5-7 的提示，我們還可以推論，當「物理源」與「心理場」的張力不斷加大，直到兩者相切，這一時刻如圖 5-8 所示。

從圖 5-8 中我們發現，這時的視域中心成為視覺界面，這個面其實就是「物理源」與「心理場」唯一相交的點，在界面兩側與視域相交的區域是可以互相引起反應（映）的有效區域。這種極端的情況，在現實生活中很少發生，但在繪畫作品、影視作品、攝影作品及舞台表演上是

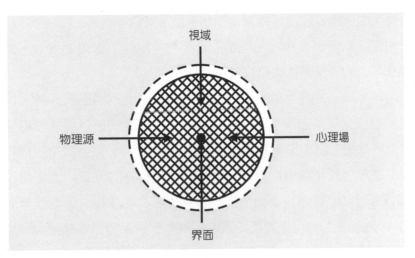

圖 5-7
「物理源」、「心理場」、視域及界面完全重合。韓叢耀繪製

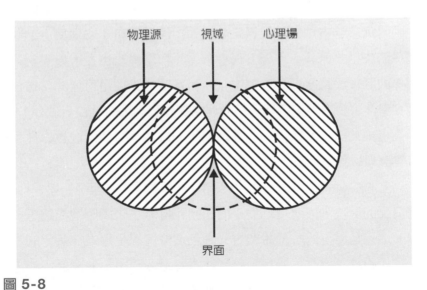

圖 5-8
「物理源」與「心理場」相切。韓叢耀繪製

經常發生的，也可以說是視覺造型藝術最常用的手法。

如果「物理源」和「心理場」之間的「距離」繼續地增大，直至如圖5-9所示的情況，那麼情況又會怎樣呢？

這時，界面的存在就如同多組鏡片組成的光學攝影鏡頭的成像節點一樣，物理實存和光學意義上的成像點是不一致的。這種心理場效的獲得完全依靠觀者腦海記憶的原有「物理實存」，但仍沒有完全脫離物理意義而存在，應該說兩者之間的共軛關係還是存在的，只不過不是遵守觀看那一刻的共軛關係。這種情況在現實生活也是存在的。如「看」詩和「聽」音樂所產生的視覺畫面場效；在觀看藝術品時這種移情和聯覺現象的發生還是很頻繁的。

當情況繼續發生變化，「物理源」、「心理場」和視覺區域完全分離，如圖5-10所示，情況又會是怎樣的呢？

這種情況就如同我們什麼也沒有看到，或如我們閉上了眼睛，換句話說眼睛處於全視域或無視域之中，「物理源」與「心理場」之間的共軛關係消失了。但「心理場」仍會有，「物理源」也在，如果說還有一定關係的話，那就全憑心理想像了，而且這個路徑是可逆的。這種情況在現實生活也會出現，如盲人的心理場效、正常人的「白日做夢」，以及人在高燒或某種失常狀態下的心理場效。當然，這種情況也會發生在創造氣質濃烈的藝術家身上。

以上的圖示只是為了幫助說明問題，而不是「心理場」與「物理源」真實情況的反映，何況用二度平面的圖式是無法去精確地描述這一思維過程，這只是情況的一種說明方式，且這種情況是建立在假定的基礎上的。目前國內外已有一些專家學者注意到這個問題，並開展了深入的學術研究，但由於各自的學科背景和理論視角的不同、實驗條件和實驗手段的迥異；研究方向和研究成果有不同的側重，雖然有些研究也觸及到了「界面」的問題，但還不能明白地表述它。當然還有很多人並未清醒

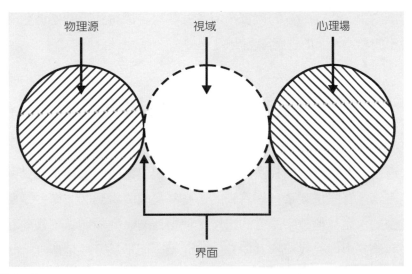

圖 5-9

「物理源」、「心理場」與視域相切。韓叢耀繪製

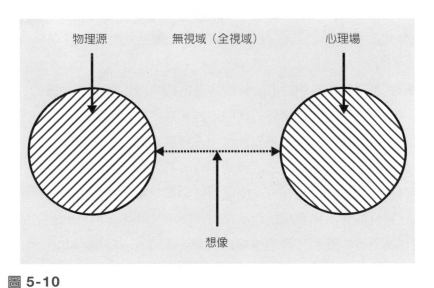

圖 5-10

「物理源」與「心理場」完全分離。韓叢耀繪製

地認識到這一「存在」的現實，還有一些討論帶有強烈的感情色彩，討
論發出的熱遠遠大於它應該發出的光。

第四節　形式與概念

透過以上的討論使我們認識到，任一視覺圖像的構成都有其共軛的
物理元素，有些是眼睛曾經看到的；有些是眼睛看到的；有些是眼睛將
要看到的。尤其是數字語言的出現，使得這一研究領域更加複雜化。但
如果我們集中地尋找一種共同有效的元素，而不是分散地研究，也許能
使問題得到簡化和明瞭，使討論更加集中和深入。

一、形式與內容

為了便於使研究順利進行下去，我們要將研究的視野縮小，拾起構
成視覺畫面的「形式與內容」這個最古老而至今也沒有完全解決的問
題。

形式是視覺作品的核心，它的本質的觀念同哲學本身一樣的古老，
但它又如同初生嬰兒看世界一樣的新鮮。形式在物理意義上是可感、可
見、可觸、可嗅的，它是視覺作品中多種要素構成的總體關係的排列。
不同內容的作品有不同的形式排列組合，甚至不同觀念的作品也有不同
的排列組合方式。但是在形式中是無法截然分離出不同表達的要素的。
比如，再現性作品和表現性作品都有一個形式問題，但它們的形式並不
能同作品再現性要素和表現性要素分離。布洛克（Gene Blocker）也認
為：「表現與再現只不過是構成藝術作品的不可分離的兩種要素」。[22]因
此，一切視覺圖像或者說一切藝術作品都有其形式。不同的藝術樣式，
其形式的整體目的性是不一樣的，但並沒有截然分離的形式特性。

　　當然，我們這裡所討論的是作品的形式，而不是形式主義。形式主義是一種很極端的絕對的態度，認爲一切倫理的、宗教的和歷史的內容在美學中都不能處於主要地位，甚至會認爲它們與審美無關，所以應該從作品中排除出去。那麼作品中排除了這些豐厚的內容，只剩下乾癟癟的形式骨架了。實際上，有時連乾癟癟的骨架也剩不了，因爲形式並不能與內容剝離。

　　還有一種形式，被我們曖昧地稱之爲「有意味的形式」，貝爾認爲，在每一件能引起審美感情的物體中，線條、色彩以某種特殊方式組成某種形式或形式之間的關係，激起我們的審美感情。這種線、色的關係和組合，這些審美的感人的形式，就稱之爲「有意味的形式」。不說這種以形式解釋形式的循環論的錯誤，實際上「意味」已不是形式上的了，它是形式與形式之間的一種特殊關係，這種關係一旦被我們看到，就會形成「意味」。

　　了解形式之後，再讓我們來看看「內容」是什麼。一幅作品不管它是再現的還是表現的，它都有一個題材範疇，題材是處於作品的事物，而「內容」則是這一事物經由作品描繪或加工之後的事物。比如幾幅同樣媒材可以描繪同一種題材，但每幅作品都有其不同的內容。因此，可以肯定地說，「內容」是作品的內在的東西。

　　形式與內容是對立的，但內容並不能獨立於作品要素之間的形式關係。內容取決於形式，內容不能與形式分割，作品不能也不可能沒有內容而存在，內容同形式一樣，對構成作品來講是同等重要的。如果作品排除題材之後，那麼剩下的不僅僅是作品的形式，而剩下的應該是由形式和內容構成的統一體。正如布洛克所言「形式與內容絕不是相關獨立的，它們不可分割，相互依賴。形式決定著內容，反過來又受到內容的限定。」[23]內容使各個部分之間組合爲一種易於讀者理解的，緊湊連貫的整體性的目的性形式。形式與內容雖然對立，但並不互相分離，形式

與內容相互制約，相互依存。

也有人不同意將「形式」與「內容」視爲相對概念，認爲這樣會將一首曲子、一部電影變成一個容器，而這個容器能容納可以被輕易裝起來的東西，其造成的結果是：容納內容的形式，比內容不重要。大衛‧鮑得威爾（David Bordwell）和克莉絲汀‧湯普遜（Kristin Thompson）夫婦就以電影爲例明確表態：「我們不苟同這種說法，倘若觀眾認爲整個電影系統是一種形式，那麼它就沒有內外之分。因爲每個構組的部分在電影整體格式裡，都有它的任務。因此我們認爲這些形式元素正是一般人所謂的內容。這個觀點意即，主題事件和抽象概念都屬於整個藝術作品的系統，它們能引發我們去期待或臆測劇情走勢。看電影的觀眾不但連結所有個別的元素，並且會讓它們有機地互動，所以絕非在系統之外。」[24]他們認爲事件的內容是依據形式元素的上下文被我們認知所塑造出來的。

形式與內容對於我們要討論的問題還是顯得太大，我們不妨將內容剝離成我們最想表達的「概念」。

二、概念的表達

概念（eidos）是胡塞爾現象學中的專門術語，源自希臘 εïδos（eïdos）一詞，在今天英文的辭彙裡，它是指文化的內涵。鄔昆如在他的《現象學文集》中指出：概念的存而不論（Eidetische Reduktion）中指「知慧人」（Homo Sapiens）一開始思考時，面對著感官世界所具有的立場。感官世界所給予的一切都是個別的、具體的。而人類智慧去統攝這些眾多的、雜亂無章的具體事物時，依自己本身的天賦認識能力，用「抽象」（Adstraktion）的方法，把具體事物的差別相存而不論，只抽出它們的共相。這事物的共相保留在我們心靈之中，這就是 eidos（概念）的由來。魯道夫‧阿恩海姆認爲：「概念是一種知覺意象，思維活動就是

把握和處理這些意象。」[25]

　　中國文化對概念的解釋爲：反映對象的本質屬性的思維形式。人們通過實踐，從對象的許多屬性中，撇開非本質屬性，抽出本質屬性概括而成。不論東方、西方文化對概念有什麼樣的認識和解釋，概念有如下的一些特徵：(1)概念是可以通過語言形式或片語來表達的；(2)概念既有內涵也有外延；(3)概念不是永恆不變的，它會隨著社會歷史和人類認識的發展而變化；(4)概念是人們對現實世界的認識和把握。科學知識的成果，都是透過形成各種概念來加以總結和概括的。

　　我們之所以選擇「概念」，是因爲「當我們意識到世界時，就已經把它們裝填到概念的容器中去了。所以說，分析概念，就是用某種特殊的方式分析世界。」[26]可見，「概念」開始於非理性的內心情感狀態（克羅齊稱之爲「感覺」），隨著它在各種表現語言中連續不斷得到組織、清理和對象化，從知覺形象轉變爲語言形式和理性解釋。也就是說，只有能夠用視覺形式表現這些「概念」時，才眞正形成了某種審美概念——繪畫的、攝影的、電影的或電視的「概念」。圖像作者使用點、線、面、色彩、影調來構建主體，再運用構建的主體去表現主題。而具有具體媒材建構形象的主題，就可能表達圖像作者的「概念」了（如圖 **5-11** 所示）。

　　在現實生活中，圖像的作者們雖然誰也沒有道出他們在創作構建視覺畫面時遵循的必然公式，但由於視覺圖像語言是人類生而有之的東西，絕大多數人都被自己的生理本能或稱之爲無意識的東西俘虜了，但他們所受的長期專門訓練使他們熟悉一門表達媒材的工具性，也就自然而然地使用視覺上的「物理源」來表達他們的「概念」。

　　圖 **5-11** 的概念表達模式是可逆的。也就是說，圖像作者的「概念」既可以透過物理實存來表達，也可以依賴物理實存創造新的「概念」。這樣看來，非具形的（抽象的）概念就成爲可見的（具體的），形式就具有

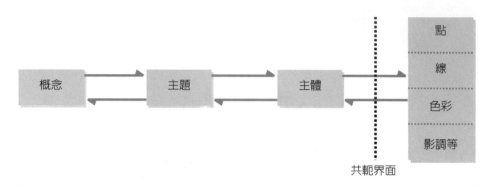

[
圖 5-11

「概念」的表達。韓叢耀繪製
]

構成視覺語言（內容）的能力。需要著重指出的是：圖像作品的概念只
有在表現活動中才能被真正創造出來。也就是說，這是從作者感受到反
思的過程，反思就是來自感受的概念。如圖 5-12 所示。

　　視覺圖像語言的創造者、提煉者、使用者在構成他們視覺畫面的時
候，是使用色彩、影調、空間、形狀、時刻等來思考的，他們絕不同於
文字語言的手段使用，他們必須最大限度地在「物理源」裡使用每一個
「物理元素」來建構他的大廈（視覺形式）。久而久之，熟能生巧，他們
可以不像建構第一座大廈那樣需要圖紙再建構與第一座一樣的大廈，但
如果需要建構新的別樣的大廈，他仍需要審視「物理源」裡的每一個
「物理元素」。雖然圖像作者可以依據經驗而獲得更強的創造能力，但也
要謹慎地審視。他們憑藉這種能力，在建構文本之前看到視覺對象的形
象，只有通過特定的媒材（繪畫的、攝影的）才可能有這種經驗。

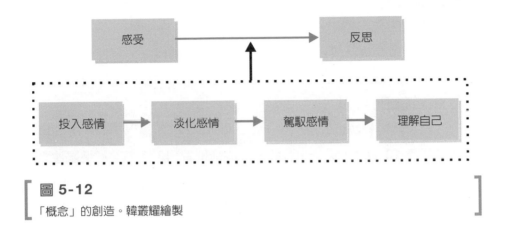

圖 5-12
「概念」的創造。韓叢耀繪製

第五節　畫面本文

　　以上我們集中討論了圖像語言、視覺界面的問題，且深入地分析了圖像形式與概念表達的情況。實際上，對於圖像來講，一切都要靠畫面本文的結構。沒有畫面本文的結構，一切都無從談起。圖像表現的對象既不是內心的意象，也不是自然事物。按照格式塔的理論認為：任何「形」（form）都知覺進行了積極組織或建構的結果或功能，而不是現實世界物體本身具有的。格式塔就是一種組織和結構，不同的格式塔有不同的組織水準，而不同組織水準或不同結構的格式塔往往有著不同的感受。

一、Marr 結構模式

　　我們對視覺圖像語言討論時發現，這種「概念」形式，似乎並不表現在整個的形體上，而只是在某一構成元素上有強烈的暗示性，但組織這種語言的過程基本是視覺的。當然，我們也得承認它具有一切語言符

號的無所不在的「模糊性」和自然語言[27]的「易變性」。爲容易使用建立的一種視覺圖像語言模式或建立的一種視覺傳播模量，對運作的程序要加以諸多的限制或僅限於視覺界面的共軛關係的討論。這種限制越緊，越容易找到這種函數式。

在對人類視覺語言的解構中，David Marr 曾建構過一個三維的模式[28]，如圖 5-13 所示。從圖中我們可以清晰地看到，圍繞著意識域建立的軸心轉動的，是對視覺的和語言的理解，同時又形成概念。概念既存在於頭腦中，也凸現於視覺中；既是一種理性的要求，也是一種感性的認識。就像「食品」一詞一樣，既有理論的字典永久置放性，又有出爐麵包的時鮮品嚐性。

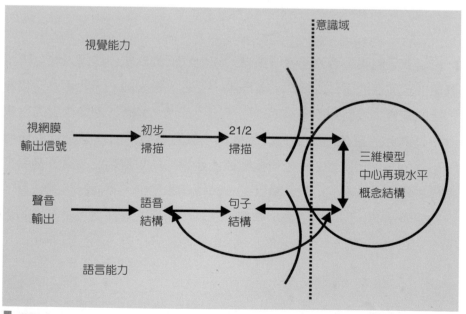

圖 5-13

Marr 的三維模式。《非物質社會》（頁 192），第亞尼（Marco Diani）編著，滕守堯譯，1998，成都：四川人民出版社

　　圖中的「意識域」類似於我們討論的視覺共軛界面，但共軛界面能更清晰地剖析視覺圖像語言的結構，是建構視覺圖像語言的邏輯起點。而「意識域」只能夠部分說明視覺圖像語言，但無法在此基礎上建構視覺圖像語言，因為這個「意識」仍是視覺圖像語言之外的——文字語言的範疇。如果使用其他語言元素作為建構另一種新語言的基礎或稱邏輯起點，本身就是一個邏輯錯誤。

　　David Marr 的這種模式建構從視覺圖像語言的角度看有一定的不足，但在「界面」的另一側卻又使我們獲得了豐富的理解，因為概念對於受眾（讀者）來講是作為一個整體來理解的。這也正應驗了 Jackendoff 的話：「一切概念性整體，都具有其視覺組成成分。」[29]

　　至此，我們至少明白了，選擇「概念」作為對「形式與內容」的研究視角是可以成立的，因為「概念」在某種意義上就是一種視覺構成。研究視覺圖像語言就要研究視覺界面，就要集中探討視覺畫面的構成，透過這條途徑才有可能使得問題簡化，從而約簡出最小的公分母，使得討論可以順利地進行下去。也許，這只是一種手段。

二、畫面本文

　　接下來，就讓我們越過視覺界面，看看構成圖像的視覺諸元。

　　我們已經知道，每一個物理元素都能產生一種或幾種心理效能，諸種元素構成了視覺主體，畫面中有了視覺主體（形式）就可能去表達主題（內容）了。有了這種主題，概念的表達就變得容易了。**圖 5-14** 所示為物理元素、視覺諸元構成視覺圖像畫面本文的簡圖。

　　這樣一種構成關係似乎變得較為清楚，也容易被人們理解和接受。從這裡可以進一步看出，在「物理源」與「心理場」之間確實存在著一個共軛界面，它是物理元素與視覺元素轉換的關節點。

　　人類思維狀態演繹了從詩學到哲學又到科學的過程，這一漫長的過

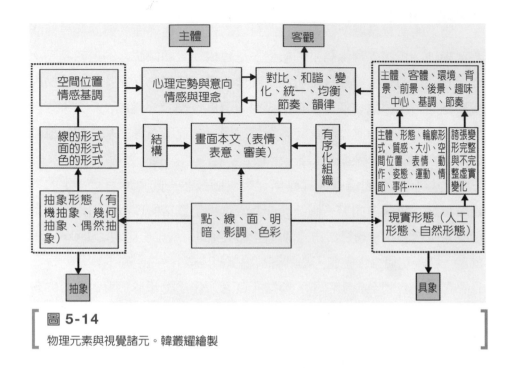

圖 5-14

物理元素與視覺諸元。韓叢耀繪製

程就如同成長中的一個人。詩學好比人類的童年，哲學就是人類的青年，而科學是人類的成年。如果將這種比喻參與到視覺的感知中就是：詩學是「要看」；哲學是「要想」，而科學則是「看到的」。毫無疑問，科學具有了數學的樸實，這種樸實的前演就是自然知識、人類自身的勇氣、探險精神等。再往前的詩學就是寓言式的了，雖然有些欺騙和傳說的不確定性，但恰恰是這些不確定性構成了寓言的力量。這其實就是內容與形式的大問題了。圖 5-15 所示從詩學到科學。

如果我們能反溯一下圖 5-15，也許能更好地理解視覺元素的作用。對於視覺圖像語言來講，畫面形式是極其重要的，構成視覺圖像語言的物理元素都在畫面形式上——點、線、面、色彩、影調等之中。沒有這些物理元素，視覺圖像語言就無從談起，沒有這樣的「物理源」，其視覺

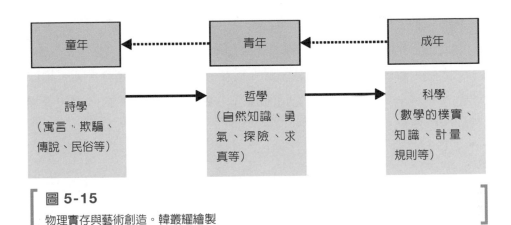

圖 5-15
物理實存與藝術創造。韓叢耀繪製

之後的「心理場」就無法獲得，甚至連「視覺」也產生不了，我們試圖尋找的視覺共軛界面就是不存在的。而實際上，我們透過以上討論，已經發現了它的存在，也許像著名的美籍印度天體物理學家、諾貝爾物理學獎獲得者錢德拉塞卡（S. Chandrasekhar，1910-1995，美國物理學家）所言「我所發現的新事實或新見解，在我看來並非我的『發現』，而是早就在那兒，我只不過偶然把它們拾起來罷了」。[30]我們雖然清晰地感知到視覺界面的存在，但還無力將其用更科學的方法從感覺中托舉出來。我們好像走入了十九世紀藝術批評家約翰·羅斯金（John Ruskin）的「感情誤置」的理論中：任何一種被我們歸結為外部事物的性質，但又無法得到科學證明的東西，實際上都只不過是我們內在情感的反映。

如果約翰·羅斯金這句話是對的，外部性質可以歸結為我們「內在情感的反映」，那麼，我們推論（或發現）的視覺語言共軛界面就一定實實在在地存在著。既然情感可以被概念化──概念也可以被物理元素構成──構成元素可以引起我們的心理效能，那麼，引起視覺圖像語言的「物理源」就一定是存在著的。如果「心理場」和「物理源」都存在著，就一定會有共軛的反應機制，也許這種機制既龐大又複雜。如果我們有

足夠的耐心，再加上掌握科學的方法，也許能夠從中一點點地剝離，最終逼近視覺界面，將其對應的關係建立起來。

人類已經運用自身的智慧，對人類龐大的基因進行圖譜排列，相信人類最終也一定能夠找出視覺圖像語言的最簡元素構成，揭示出視覺圖像語言的奧秘。

註釋

[1]美國學者魯道夫‧阿恩海姆（Rudolf Arnheim）曾在他的著作《視覺思維》（*Visual Thinking*）中對此做了深刻的論述，他呼籲要加強人們的視覺感知能力。他甚至認為：沒有這種敏銳的感受能力，任何一個研究領域的創造性思維都將是不可能的。

[2]在敦煌所藏的文獻資料中，有許多唐代詩歌專集、選集、文人詩篇，還有大量來自民間的文學作品。在唐人佚詩殘卷中有許多特殊的作品及抄寫方式，類似遊戲之作，卻又隱含真情至性，值得玩味。這首原題作〈方角書一首〉，字與字之間標有直線，即是一首戍人懷歸，感人肺腑的五言律詩。

[3]馬凌諾斯基（Bronislaw Malinowski），費通等譯，《文化論》（*What is Culture*），台北：台灣商務，1940，頁84。

[4]馬凌諾斯基（Bronislaw Malinowski），費通等譯，《文化論》（*What is Culture*），台北：台灣商務，1940，頁84。

[5]阿恩海姆（Rudolf Arnheim），滕守堯譯，《視覺思維》（*Visual Thinking*），北京：光明日報出版社，1987，頁341。

[6]阿恩海姆（Rudolf Arnheim），滕守堯譯，《視覺思維》（*Visual Thinking*），北京：光明日報出版社，1987，頁336。

[7]可以引起視覺感知反應的最原始狀態的物理實存，具有可被科學量化的一切數學特徵。

[8]視覺感知物理實存後引起人們心理反應的綜合效能，具有感情的描述性、情緒的表意性和理念的象徵性。

[9]韓叢耀，〈視覺界面初探〉，中國攝影家協會理論部編，《世紀攝影論壇精粹》，北京：中國攝影出版社，2001，頁11-24。

[10]滕守堯，《審美心理描述》，成都：四川人民出版社，1998，頁50。

[11]楊治良，《實驗心理學》，杭州：浙江教育出版社，1998，頁272。

[12]阿恩海姆（Rudolf Arnheim），滕守堯譯，《視覺思維》（*Visual Thinking*），北京：光明日報出版社，1987，頁60。

[13]楊治良，《實驗心理學》，杭州：浙江教育出版社，1998，頁447。

[14]阿恩海姆（Rudolf Arnheim），滕守堯譯，《視覺思維》（*Visual Thinking*），北京：光明日報出版社，1987，頁59。

[15]布洛克（H. Gene Blocker），滕守堯譯，《現代藝術哲學》（*Philosophy of Art*），成都：四川人民出版社，1998，頁192。

[16]梅洛—龐蒂（Maurice Merleau-Ponty），王東亮譯，《知覺的首要地位及其哲學結論》（*Le Primat de la perception et ses consequences philosophiques*），北京：生活·讀書·新知三聯書店，2002，頁101。

[17]Daniel Simeoni，〈語言程序和元語言迷惑〉，第亞尼（Marco Diani）編著，滕守堯譯，《非物質社會——後工業世界的設計、文化與技術》（*The Immaterial Society*），成都：四川人民出版社，1998，頁182。

[18]阿恩海姆（Rudolf Arnheim），滕守堯、朱疆源譯，《藝術與視知覺》（*Art and Visual Perception*），北京：中國社會科學出版社，1984，頁208-209。

[19]阿恩海姆（Rudolf Arnheim），滕守堯、朱疆源譯，《藝術與視知覺》（*Art and Visual Perception*），北京：中國社會科學出版社，1984，頁210。

[20]阿恩海姆（Rudolf Arnheim），滕守堯譯，《視覺思維》（*Visual Thinking*），北京：光明日報出版社，1987，頁334。

[21]阿恩海姆（Rudolf Arnheim），滕守堯譯，《視覺思維》（*Visual Thinking*），北京：光明日報出版社，1987，頁278。

[22]布洛克（H. Gene Blocker），滕守堯譯，《現代藝術哲學》（*Philosophy of Art*），成都：四川人民出版社，1998，頁167。

[23]布洛克（H. Gene Blocker），滕守堯譯，《現代藝術哲學》（*Philosophy of Art*），成都：四川人民出版社，1998，頁211。

[24]鮑得威爾（David Bordwell）、湯普遜（Kristin Thompson），曾偉禎譯，《電影

藝術——形式與風格》（*Film Art: An Introduction*），台北：麥格羅希爾，1996，頁 47。

[25]阿恩海姆（Rudolf Arnheim），滕守堯譯，《視覺思維》（*Visual Thinking*），北京：光明日報出版社，1987，頁 335。

[26]布洛克（H. Gene Blocker），滕守堯譯，《現代藝術哲學》（*Philosophy of Art*），成都：四川人民出版社，1998，頁 3。

[27]所謂自然語言，指任何一種可以言說和可以書寫（不包括信號語言和畫像語言）的人類語言。

[28]Daniel Simeoni，〈語言程序和元語言迷惑〉，第亞尼（Marco Diani）編著，滕守堯譯，《非物質社會——後工業世界的設計、文化與技術》（*The Immaterial Sooicty*），成都：四川人民出版社，1998，頁 192。

[29]Daniel Simeoni，〈語言程序和元語言迷惑〉，第亞尼（Marco Diani）編著，滕守堯譯，《非物質社會——後工業世界的設計、文化與技術》（*The Immaterial Society*），成都：四川人民出版社，1998，頁 192。

[30]錢德拉塞卡（S. Chandrasekhar），楊建鄴、王曉明譯，《莎士比亞、牛頓和貝多芬——不同的創造模式》（*Truth and Beauty: Aesthetics and Motivations in Science*），長沙：湖南科學技術出版社，1996，頁 3。

123456 78910

圖像主體與傳播主題

　　圖像的傳播形態不同於其他的傳播形態，它使用一系列特定的結構性符碼（codes）和產製慣例（conventions），將作者從現實世界中得到的概念（eidos）放到自然的主題（subject matter）中去呈現，這也是意義化的過程。意義並不能獨立呈現，它必然依附於一種關係，即視覺上的形式（form）。任何形式的出現必然是有其諸多構成「形式」的元素，這些元素就是圖像作者的手段，也是造型符號的最小單元，小到可以定量出一種理化指標。

　　由此可以看出，圖像作者要想對受眾傳播一種訊息，就要使得大部分資訊服從於一個傳播的主題，這個主題又必然由視覺的主體來承擔，而視覺的主體，又是有其帶有理化指標的造型元素構成。所以圖像作者即是意義的產製者也是意義的形式構成的製造者。

第一節　傳播的主題

　　如果沒有相對的關係，意義是空泛的，因此，為了在圖像中凸現意義，就要在自然的或傳統的範疇中去選擇或構建一個主題，這個主題不但可以承擔意義的任務，它還可以生發出意象（image），使得主題豐滿，意義更加深刻和有效。下面就讓我們首先瞭望一下主題及與主題有關的一些情況。

一、主題與題材

　　自然的主題又稱最初的主題。它是由基本的或自然的題材所構成的世界，或者說圖像母題（motifs）顯示的是基本的或自然的題材所構成的世界。按照潘諾夫斯基的說法。自然的涵義由兩部分組成，一是事實性涵義；一是表情性涵義。[1]題材的選擇在這裡顯得很重要，因為它是決定

傳播意圖能否實現的關鍵性事物。

約翰‧伯格（John Berger）曾提醒人們注意這樣的事實：「畫家對於題材的選擇比初看起來的還要複雜。題材並不始於畫架前的擺設或畫家記憶所及的某些事物，題材開始於畫家的決定，他希望畫這個那個，因爲基於某些理由，或他發現那樣才有意義。」畫家選擇題材，是因爲他要表達的意義。「題材開始於畫家爲了特殊的說法（著重號爲筆者所加）所選擇的事物（可能對藝術家而言，眞正特殊的、有意義的是純粹視覺上的──色彩及形式）。當題材選定之後，繪畫本身的作用是傳達及證明選擇的意義。」[2]實際上選擇題材就是選擇了什麼樣的傳播意義。

圖像意義（iconographical significance）是圖像傳播的根本之所在，我們研究圖像傳播，實際上就是研究圖像這個文本的意義是如何被結構的？圖像意義是如何產生的？及意義是如何脫離題材而進入傳播通道的？

題材原本沒有意義，形式材料更談不上意義，但是，人們一旦把現實世界的某一局部、某些事物，比如人、動物、自然界、主觀世界等，以圖像的形式描繪出來，「而正是關於它們在世界上的地位的文化概念才賦予它們意義。」[3]意義是一個相對的概念，意義也是在現實物質生活中和精神生活中一個非常有用的概念。特納（Turner）甚至認爲「意義間的差異是在所有宗教中起主宰作用的偉大象徵的瑰寶。」這就要牽扯一個意義的比較問題，但這已不是傳播學所要研究的問題。

用主題表達意義，是研究意義的一般方法，也是視覺圖像作品結構意義的最爲有效的方法。這種方法能夠使特殊文化有可能經常地而不是不定地詳盡闡述其象徵價值，並把注意力引向意義的常規。注意到這一點非常重要，因爲圖像作者往往不是結構一幅圖像，他要在製造中呈現風格，在風格歷史上將注意力引向意義的常規，使得特殊意義變成一般意義，而一般意義則變爲永恆的意義。這種架構的能力，在卓有成就的

藝術家身上體現得十分明顯。在畢卡索自己收藏的自己過去 500 多幅畫作中，有 50 多幅是關於瑪莉—泰瑞莎‧華特（Marie-Thérèse Walter）的。畢卡索在 1931 年初遇瑪莉—泰瑞莎，旋即她就成爲畢卡索生命中最重大的情愛事件。畢卡索以極大的熱情、極頻繁的速度，持續 8 年，以同樣的方式爲她作畫。她可能成爲了畢卡索的某種象徵，而且她的意念畢竟對畢卡索比對她自己更有意義。當畢卡索畫她的時候，她的題材常常經得起他繪畫方式的壓力。一方面畢卡索在她之前愛過許多的女人，但對她卻是一心一意，而且視她爲自己種種感覺的直接表現。約翰‧伯格認爲「他把她畫得像個維納斯，而且是沒有任何畫家畫過的維納斯。」另一方面，她作爲畢卡索的繪畫題材，是承擔起要表達意義的這副重擔的。她做到了使畢卡索傾心的愛她，使畢卡索體味到極致的性快感，並在 1935 年爲畢卡索生育了一個女兒，使畢卡索享受天倫之樂。**圖 6-1** 爲畢卡索的《紅色扶手椅上的女人》。

當然，這些作品間也會呈現出一種差異：那是它們直接的性的表現程度而已。這些畫作赤裸裸地描繪著與這個女人做愛的經驗：它們用畢卡索少有呈現的、溫柔的筆觸描繪一種感覺，以及對他們來說是最重要的——性的快感：柔軟似雲，閒適安然，充滿著眞正的快樂卻又永不倦怠。這種靈活而且敏銳的感覺成就了畢卡索，也滋潤著畢卡索的身心。這類題材、文字作品也常常顧及描述男人如何難以抗拒某一女人胴體的誘惑，而讓心靈徜徉其間。但文字無論多麼的精確和細緻，其給人們的形象總是抽象的，它可能隱藏的和所能表達的不差多少，與圖像相比還是顯得有些力不從心。視覺圖像則能更自然地表現性的甜美和心理過程。「我們只要想想一幅乳房的素描，然後比之於文字若即若離的聯想，就可以了解所以然。究其根本，性不需要任何文字——文字只是噪音，而性需要形狀！」[4]約翰‧伯格分析到：「以前的大師們深知視覺藝術的這種優點，所以大多數畫作具有比一般所能允許的更多的性的內

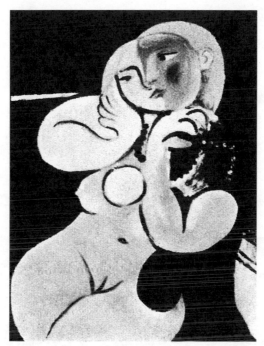

[
圖 6-1
《紅色扶手椅上的女人》。畢卡索，1932 年
]

涵。但當題材直截了當地與性有關，在過去通常賦有一種社會或道德色
彩。」因此，「所有偉大的裸體作品暗示一種生活的方式，它們推介某
種特殊的哲學觀點，它們是對婚姻、華麗、黃金時代或挑逗之喜悅的批
評。」

　　畢卡索不為其所圍，他認為他有權力自由地錯置身體的各個部分，
這也是立體派藝術家爭取來的一種權利，對創造一種視覺意象以表現性
愛的經驗而言，卻是十分重要的。很難說，畫作到底是畢卡索從女人的
身體上所得到快樂的一種表現？還是女人的愉悅的一種描述？因為這是
描繪感覺的畫作，是非常主觀的。而「性的真正力量的一部分存在於這
個事實：它的主觀性是相互的。」[5]

在畢卡索的作品中，畢卡索不再只是畢卡索自己的，是他和瑪莉—泰瑞莎的；是男人和女人的；是這個世界的！他們同享的主觀性在作品中實際包含了所有愛侶的經驗。這種同享的主觀性成爲畢卡索作品中最重要的主題。圖 **6-2** 爲畢卡索作於 1933 年的作品。

當畢卡索發現了適合於他表現的題材，畢卡索便創作了許多不朽的傑作。就是這樣一位大師也常常抱怨找不到題材，在這種情況下，他仍然創作，其作品仍被後人尊爲傑作。實際上在這種情況下的所謂「創作」，作爲作者意義的傳播卻是極其荒謬的，甚至是荒誕的。畢卡索使用

[圖 **6-2**
《裸像》。畢卡索，1933 年]

畢卡索及畢卡索的成就和影響，完成了一種毫無意義的作品構建。比如
他作於 1922 年的《奔跑》（The Race），如**圖 6-3** 所示。

　　《奔跑》完成於畢卡索的「古典時期」。在這一時期，他模仿了各種
不同風格的畫作。在這幅畫作中明顯可以看出某種刻意的荒謬因素：龐
大的女巨人、形式化的肌體、兔子的姿勢；沉悶的光影、簡化的描摹、
透視的反轉、邏輯的衝突、情緒的逆轉等。其實這都不是畢卡索想要
的，他的目的或者他的強制的感覺破壞了他的題材。

　　今天，人們仍將畢卡索的此類畫作奉為傑作，其實意義已不在畫作
本身，而在於畢卡索本身。因為他是世界級的藝術家呀：他有超乎尋常
的同化能力、有文化傳承的複雜淵源、有藝術的強烈的生理基礎；他受

圖 6-3

《奔跑》。畢卡索，1922 年

非洲的繪畫及雕塑的影響，有著最爲獨特的風格，他個人所堅持的政治信念，他的天才的眞正氣質。因此，他所擁有的只能是榮耀和讚許，甚至後人的演繹，他（更重要的是後人）不能面對荒謬。

討論到圖像作者對題材的選擇，不得不討論作者的概念，因爲意義的傳播從另一個方面上來講就是概念的呈現。

有人認爲概念（如文化）是一種相似性，一種試驗是否可行的假設。概念在視覺中的廣義應爲社會秩序的「意識」概念到身體功能的「感覺」概念。圖像是一種連續性的喚起物，它會散發永恆的意義。正如特納在討論「情境關聯」概念時所言：「透過統一這種喚起物體的力量，『標準和價值……與情感中和，而充溢的和基本的情感透過與社會價值接觸成爲崇高的』。由於它們所具有的永恆意義，在圍繞著這棵樹舉行儀式的特殊形式中，被現實化的主要象徵就成爲文化生活中固定的衡量標準。」[6]

一切概念性整體，都具有其視覺組成成分。概念需要主題去完成，需要主體去表徵。概念是具體的，具體到需要點、線、面、色彩、影調去構成視覺形式。受眾藉著確認單純的形式來做理解。也就是說透過認知自然的主題，如人、物及它們之間的相互關係、事件等來感知一種意義。因此，潘諾夫斯基認爲：「由被當作基本或自然涵義的載體的純形成構成的世界也就成了由藝術性母題構成的世界。」[7]

二、主題與元素

圖像的依存，一刻也不能脫離物質而存在，遠古年代的石斧、石錛、粘土、岩石等；後來的紙、筆、顏料等；現代的鏡頭、相機、膠捲、攝影機、攝像機、磁帶、CCD 等。不同的圖像媒材，有著不同的工具性，不同的工具在不同的媒介上又會作用出不同的圖像。但不管這種工具如何，圖像既要再現景物，又要將工具的物質特性表達出來，所以

說，圖像的物質之美應優於它所能表達的任何美的層次。

　　主題需要視覺元素呈現，就如小說依賴文字的構建；元素構成主題，就如同文字對於詩歌的依賴。這種同一而又有差別的異質同構關係，在圖像的結構上有時無法分野。比如顏色已被我們認知爲一種內在意義一樣。其實顏色不是內在意義，更確切地說，「世界內在」的「豐富多彩」性給予意義一個未開發的領域，這個領域能夠是一種無限數量的類型建構的對象。「顏色之所以特別能夠『表達根本不同的領域間的基本連續性』，並不是因爲某些內在的意義，而是因爲許多東西都是彩色的。」[8]但色彩在圖像作品的構成中，又會形成一種獨特的視覺魅力，我們常稱這類作者爲「賦彩者」。如丁多列托（Jacopo Tintoretto）的《裸露乳房的女人》（Woman with Bare Breasts）和提香（Titian）的《塵世的虛榮》（Vanit of the World）。他們使用色彩來表達他們的意願，色彩成爲他們情緒的工具，甚或是他們思想傳播的有力工具。**圖6-4** 所示爲《裸露乳房的女人》。

　　有了這些物理造型元素，圖像作者們就要製造圖像，建立溝通系統，根據主題的要求排列要素（不是將視野內的元素都加以使用），這樣就可以表達複雜的意義。例如蒙古布亞特人製造的「昂貢」[9]，雖然使用了具體規則排列的相當少的要素，可卻表達了非常多的複雜意識。

　　圖像元素對於客觀事物的呈現，在現代機具圖像中被我們稱之爲再現，布洛克（H. G. Blocker）認爲，再現有兩點很重要的特徵：「(1)物體自身；(2)某一藝術品中對這一物體的再現」。[10]對於傳統的手工圖像越是宣稱直接再現，其在受眾心目中的可信度可能越高，至今人們仍樂此不疲地考察某幅名畫的模特兒的眞實身分。如人們對馬內（Édouard Manet）的名作《奧林匹亞》中模特兒的尋找：她是誰？她爲什麼出現在多位同代畫家作品中？又以什麼樣的角色、身分出現？其實，一切都沒有必要，必要的是她爲何能在不同畫家的作品中呈現出不同的傳播意義。但

圖 6-4
《裸露乳房的女人》。丁多列托

我們也理解人們的探尋之欲，那是一種主客交錯的寫作方式，那是不同學科的一種研究方法，那是以原作爲基點（僅僅是作爲基點）的考問作者的手段。但都是爲了再現「物體本身」。

而對於具有複製功能的現代機具圖像而言，這種直接再現往往會引起人們對於圖像的誤會，其原因可能源於人們對口頭語言和文字語言的習慣性使用：語言系統一會兒被歸結爲或列爲藝術使用，一會兒又成爲對立於藝術的另一種形式。這種事實上的混亂，在元語言體系中顯露出它尷尬的一面，但在談及藝術時卻是十分有用的。任何把現代機具圖像當作現實世界來看待的，都極易造成類似於語言那樣邏輯混亂和事實上

的相悖。這是爲什麼呢？因爲這時我們操縱的是某些結構，操縱結構是爲了傳遞意義，這樣的做法就如同詩歌敘述需要的美學的平衡，以加強它交流的力量。如布亞特人的結婚祝辭詩歌同永古人的樹皮畫一樣保持著一種視覺的平衡：

> 從寬廣銀色的天空
> 父系本原引來了世系
> 從暗藍銀色的天空
> 母系紐帶引來了世系[11]

在這裡「寬廣」—「暗藍」、「父系本原」—「母系紐帶」保持了某種一致性，布亞特人的儀式需要靠結構組才能達到意義的傳播。當然，詩歌這種結構肌理是十分明顯的，即使在中文的普通話語裡，有時也存在一種結構，這種看似平常的話語實際卻是一種簡潔而了無痕跡的結構。如大衛在〈不敢簡單〉一文裡談到陝北黃土高原時所說的：「天，藍得像宗教／空氣，純淨如初戀」。[12]

我們這裡所討論的再現，並不是指純物理意義上的再現，而是人眼看到現代機具圖像時，經過觀看，眼睛「知覺恆常」係數調整過的「物體」的再現，應該說是生理學意義的再現。從物理學的角度來講，現代機具圖像並不寫實。對於攝影（攝像）鏡頭來講，它只對垂直於主光軸的景物保眞，而對於非垂直於主光軸的景物來講是失眞的。僅此一點，也就足以證明，現代影像的再現並不是絕對的，而是物理意義上的轉形。轉形才使得影像獨立成自然本身，使得記錄更接近於事實。影像再現的是作者關於某些物體的「意象」，而不完全是被攝物體本身的形象，但承載這種「意象」的結構元素必須能夠充分地顯示出科學家所要求的精確度。

圖 **6-5** 爲新聞照片，它記錄了 1996 年利比亞由於內亂，發生在街頭

圖 6-5

《利比亞街頭》。柯林內‧杜夫卡攝，1996 年。 WPP1997 年鑑，頁 20-21

的一幕：幾個年輕的士兵正在對他們的對手實施酷刑。

即使是這樣歷歷在目的新聞圖片，它仍不是新聞事實的再生，而只能是事實的轉形，轉形才使得新聞圖片具有了巨大的傳播意義。

三、圖像的綜合涵義

我們前面研究了圖像的母題，即由基本的或自然的題材所構成的世界，也研究了形象問題，即構成主題的結構元素，認識到純形式是構成

母題的象徵性的符號，現在我們要了解圖像的綜合性涵義，即圖像的內容。內在的涵義反映社會生活、人們的精神面貌等象徵性的意義。這樣我們就可以清晰地瞭望傳播主題與圖像主體的一條脈絡：

母題→形象→內容。

圖像的綜合涵義與圖像的構圖形式和肖像性特點有關，它們是導引或者限定受眾讀解意義的閥門或疆界。因此，潘諾夫斯基認為，如果我們與作品本身打交道，就要「把它的構圖和肖像學特點當作作品本身的特點和限定條件（qualification）」，如果我們去解釋或發現象徵性的價值，我們就要「把它的構圖和肖像學特色當作這個『另外某種東西』的更詳細的證據了。」[13] 一幅圖像作品的意義往往是綜合解釋的結果，這種解釋是靠圖像受眾的「綜合性直覺」，即靠讀者的「實際經驗」、「知識」和「直覺」，它是主觀的，沒有多少理性的，任其行事，將是極其危險的，因此要加以限制和修正。為此，潘諾夫斯基提出了以下幾點的修正。[14]

(1)我們的「實際經驗」必須受到對在各種歷史條件下透過各種形式
表現了對象和事件的樣式之洞察（風格歷史）的修正；
(2)我們從文字資料獲得的「知識」必須受到對在各種歷史條件下透
過各種對象和事件表現了特定題材和概念的樣式之洞察（典型歷
史）的修正；
(3)我們的「綜合性直覺」必須受到在各種歷史條件下透過特定題材
和概念表現了人類心靈中普遍和基本傾向的樣式之洞察的修正。

例如對法國著名畫家大衛的《薩賓婦女》解讀，既要從畫作的色調和構成談起，又要交待畫作的背景，更重要的是要交待這樣題材的母題。這是具有悲壯色彩的古羅馬傳說：薩賓是一支居住在阿比奈山脈中

央的古義大利民族，而羅馬帝國的締造者羅穆呂斯早就覬覦薩賓的女人。於是，羅馬人藉著邀請薩賓人參加宴會的機會，悄悄打入城內，搶走那裡許多年輕貌美的女子為妻。3 年之後，薩賓人奮起報仇，他們來到慘遭掠奪之地向古羅馬人發動戰爭。薩賓的女人抱著與羅馬人生的孩子來到戰場，站在兩軍之間，為一方是她們的丈夫，一方是她們的父兄調停，阻止廝殺。兩個國家、兩個民族的這場戰爭，被大衛敘述成是一場家庭的糾紛。

畫作的形式分析歧義性不大，畫作所傳遞出的意義聲音也較為一致，那就是「愛」和「和平」，但結合當時畫家身在的法國，這就有了一層極其現實的意義，那就是譴責法國大革命時期的種種屠殺和流血事件的經常發生，表達人們對於一定安定生活的強烈渴望。

再如 1970 年 12 月，波蘭的首都華沙寒氣襲人，來訪的原聯邦德國的總理勃蘭特（Brandt）在向華沙無名烈士墓獻完花圈後，來到了華沙猶太人紀念碑前。突然，他雙膝著地，跪在紀念碑前，當全世界看到這一幕時，都為之震驚（見**圖 6-6** 所示）。圖像的傳播主題就是這樣以圖像的主體呈現的。

第二節　圖像的主體

這裡所討論的圖像主體為畫面中的視覺主體（image body）。實際上這是討論畫面中視覺主體的構成方法（compositional methods）。對於傳統圖像，視覺主體的構建是較為容易的，因為它是從作者手中一點一點透過使用視覺元素的手法構成的，而現代機具圖像的主體構成時，是要受命於機具的工具特性。圖像是建立在形式上或結構上的，圖像的表達形式與它們的傳播媒材有關。

圖 **6-6**

《勃蘭特下跪》。漢斯·胡伯曼攝，1970 年。*20th Century Photography* (p.278), MBT, GG, LH, RM, UP, AS, TvT, NZ. Printed Germany: TASCHEN, 1996

一、物像的世界

物像世界說起來貌似現實世界，實際上它並不完全等同於現實世界，它相當於取景框裡的現實世界，是畫作的「潛構圖」，是圖像作者眼中的「有限」，但又意味表達的「世界」。作者會以形式和意象把它們（內容、主題）現實化和吸引在一起。在構建一幅圖像時作者所使用物像元素的涵義取決於這些元素在作者所處社會文化中的地位。也就是說，「所指觀點與能指之間的關係從所描繪物體的圖像表現物延續到常規聯想」。[15]比如用顏色來表示方向、物體的質地代表社會地位等。

就是在作者腦海的「潛構圖」和眼睛的「有限」視野裡，仍然要再

次精簡物像，使得表現的主體確立，對於視覺傳播而言，有了視覺上的主體，才有視覺傳播意義的可能。因為事物是從實物（構成元素）的選擇中而來的，之所以選擇這一事物代表這一些事物，是因為這一事物具有視覺上的可能，容易形成視覺主題，即承載內容的主體。有了主題，再到一般的意識，那主題或概念的表達就相對容易得多，溝通的管道障礙也會變得很少。

圖像要在傳播中獲得有效的意義，就應該把表達實體的媒介物放在非常重要的位置。這當然要取決於作者對客觀世界的觀察能力和選擇的能力。

圖像的建構者對客觀世界的感受是透過生理器官來實現的，最重要的是眼睛，當然其他器官也能引起聯覺反應。官能感受階段，雖然不是創作階段，但這一階段的官能感受非常重要，它會使作者面對物像有一種感覺，這種感覺不是一般人所能具備的，要將作者的心沉入生活的底層，才能將物像世界本質的東西看透。

對客觀世界的生理器官感受階段是初級的，在此基礎上，進入到心理反應階段，這一階段有一種主觀的觀照，從自然裡折射出人的情感，圖像主體成為人們觀念的承載體。物像世界雖然是現實生活中的一草一木，但經過作者的選擇卻頗能代表作者腦海中的某些觀念、某種情感，甚至是某種意願。

接下來，作者會從客觀事物上找出總體感受，抓住主體進行形塑，但這時也不會放過細節。這樣既有事物主要形態的呈現，又會對畫面全局有一個總體的把握：性格總體、線條總體、色彩總體等等。

影像世界是圖像作者選擇構成元素的基礎，不論以後圖像表達是多麼主觀的符旨（signified），其物理的特徵應具有顯明的物質性，如點、線、面、色彩、影調等，這些是人們視覺認知的根本，是構成整個物質世界和圖像世界的元素。

二、形象的確立

　　圖像作者在確立圖像的主體時，往往是根據傳播意圖，使用心像去觀照物像，這時會在腦海中形成許多不同的視像，但此時絕不是形象，作者還要顧及到主體的可表性的物質媒材的特性，決定從視像中確立的形象，這個形象就會變成主體去承載主題的涵義（meaning），完成對故事（stories）的敘述。如**圖 6-7** 所示。

　　在現實社會的圖像建構中，形象選取得當與否，直接關係到圖像建構的成敗，形象確立得成功，畫面的主體也就站起來了，傳播的主題也就確定了；如果形象確立得不成功，其圖像主體必然會受到損害，傳播

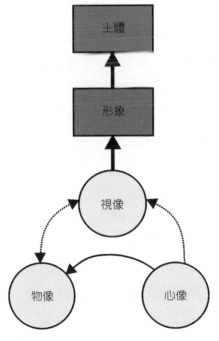

圖 6-7

形象的確立。韓叢耀繪製

主題也同樣會受到損傷，其傳播的意義也要受到削減。

理想的情況應該是：視像對物像的吻合，物像承載視像。

形象要求主體去完成，主體是主題思想的主要對象，也是畫面中最主要的部分。一般而言，一幅圖像作品只有一個主題，或者說只能表達一個主題，所以構成畫面的元素都要圍繞著這個主題去使用材料、搭配元素、平衡構成，這種構成實際上就是對主體的選擇性建構，主體確定了，形象也就確立了。當然，一幅圖像不光有主體還有客體，即使是康定斯基（Kandinsky）的線條抽象畫也還是有客體的。如果說線條是主體，那麼畫線條的背景就是客體。主體與客體是相比較而言。哪種形象能更好地承載主題思想，更有利於圖像傳播，哪種形象就更容易成為主體。當然，主體的選擇有一定的主觀性，因為形象不但來自於物像世界，也來自於作者的心像世界對物像世界的觀照、認知和選擇。

我們知道，每一個形體都會有一個特定的外貌樣式，這些樣式都會有一些明晰而確定的細節。人們正是透過這些細節，得以認識主體，從而有一種形象感。但也不是所有的細節都要展現出來，而是去展現那些與主題有關的細節。這種確定能力是非常重要的，否則，整個形體就得放棄其特有的內容。

形象越盡清晰和完整，其承載主題（內容）的能力就越強，這一點勿容置疑，但在圖像的實際構建中，為了取得視覺上的感染力和完成一種特別的印象，往往讓主體的形體外貌有意地不完整，這種不完整性不是缺少深思熟慮的結果，恰恰相反，它應當是作者深思熟慮之後謹慎處理的結果。這是一種主觀有意而為之，不是客觀如實呈現而造成的。沃爾夫林（Heinrich Wölfflin）稱為「有意識的不清晰性」和「無意識的不清晰性」。從一般意義而言，一種主體形象的確立都盡可能地展現出它的全部形式，一切東西彷彿都要自然而然地力求完整地表現基本特徵都很清晰及每一組成部分都有其特有形狀。但在藝術作品中，這種鐵定規律

不一定適用或說永遠通行，總有一種超出常態的個案令人產生驚奇的效果。

　　總之，要使得思想的輝光在形象上得到自由的閃爍，而不是在形象上僵硬。形象要因主題而靈性，超逸飄然。形象的確立既是一種理性的決定，也是一種感性的選擇，一切要視主題內容而定。

三、主體的構成

　　主體的構成說起來很簡單，無非就是一些視覺元素，如點、線、面，如色彩、影調等，但就是這些簡單的元素，構成了承載主題意義的主體形象，即圖像的形式。因此，我們的認識更多地要從構成形式上去考慮。

　　奧地利藝術家阿洛伊斯·里格爾（Alois Riegl）曾針對形式（藝術風格）提出過一個理論，即「把美術史看作是具有自然法則（著重號為筆者所加）約束力的不斷進化和發展的過程」。他認為「藝術的進步是描繪形式從觸覺的形式向視覺的形式進化的過程，更確切地說，是藝術描繪形式的『觸覺』原則和『視覺』原則的交替。」[16]圖像作品的主體，就是圖像描繪形式的主要內容，因此，主體的構成實際上就是形式描繪的視覺化。

　　我們之所以反覆強調圖像的主體，而不去涉及圖像內容的全部，這是遵循人類生長的規律性，「人們總是只看見他們希望看到的東西，是理所當然的。唯一的問題是人類的這種希望在多大程度上受到某種必然性的支配。」[17]視覺有其自身的歷史，但這一歷史的必然性受到自然法則的制約，在每一時期的每一特定主題之下，主體的選擇既有歷史風格的必然界定，也有主題風格的時代要求。歷史和時代構成了主體的明顯的視覺形式特徵。當然，構成一幅圖像的風格是極其複雜的，既有個人風格、民族風格又有時代風格。因此視覺主體的選擇是一種綜合的選

擇，視覺主體的構成是一種意義構成。

視覺主體的構成既然是一種形式風格，那它與現實形體世界的關係就是十分親密的。我們的視覺感知主體有兩種方式，一種是有「界限」的，一種是「無界限」的。有「界限」的是指根據對象在輪廓和外表上的明確特徵來感知對象；「無界限」的是指感知聽命於純粹的視覺外貌，並且能夠放棄「實在圖樣」。這就是瑞士學者沃爾夫林提出的「線描」的和「圖繪」的。「前者的興趣比較集中於對個別的實體，如固體的、實在的對象的感知上；後者的興趣則比較集中在把世界理解為變動不居的外貌上。」[18]沃爾夫林認為「線描的視覺意味著首先在輪廓上尋找事物的感覺和事物的美，」而圖繪的視覺「則注意力撤離了邊緣，輪廓作為眼睛的視覺途徑來說多少有點受到忽視，而且視覺印象的基本成分是被看成為小斑點的東西。」兩種風格之間的差異為：「線描的視覺明顯地把形體區別開來，而圖繪的觀察則旨在看到在事物的總體上進行的那種運動。」[19]

不同的形體，會有不同的主體表現。按照沃爾夫林的說法，線描的風格就給讀者一種形塑（plastic）的清晰性，主體的均勻、堅實、清晰的邊界會給讀者以一種心理上的安全感，不但滿足我們的視覺，也著實會打動人們的觸覺。人們往往將再現和再現事物視為同一。而圖繪風格會使圖像本身擺脫事物真實面目的束縛，沒有連續的主體周邊線條，塑形的表面被軟化，主體不再與塑形的形體重合，它只產生事物的視覺外表。**圖 6-8** 為南非的藝術家威廉‧肯撒紀（William Kentrige）作於 1999 年的作品《動畫素描》（Drawing for Stereoscope），它「將社政焦慮的情緒，轉換成具有共感的閱讀詩篇，並提出科技、文學、心理綜合出的視覺藝術之呈現可能。在討論區域與全球化的議題中，肯撒紀的作品，不僅面對自我、所屬社會環境，並開放給閱讀者一個感同身受的視覺空間。」[20]

圖 6-8

《動畫素描》。威廉·肯撒紀，1999 年

第三節　再現性與表現性

　　圖像的再現性與表現性的問題是一個非常古老的話題，可以預料的是，它還應是一個永恆的話題。隨著現在大量精確的複製技術進入人們的生活，圖像對現實的描繪（再現）能力越來越接近於視覺所感知的，甚至可以超出人眼的視覺感知範疇，比人眼所見更精確、更「寫真」；同時，我們也知道圖像工具永遠是為人所用，是人這個圖像的操控者對客觀現實世界的感受，那麼表現性也將永遠存在於圖像之中。這就如同

我們以上討論的兩種圖像處理風格，這兩種風格就如同兩種語言，它們可以同時表達一種事物，但各自強調的方向和力量會大不一樣。任何現實主義的「再現性」圖像都是相對的；而任何主觀主義的「表現性」圖像又都是絕對的。

一、再現性圖像

說到再現性圖像，我們就會想起瓦薩里（Vasari）在他的著作《畫家的生活》中所講的幾個有趣的例子。他曾寫到一隻孔雀去啄食貝那左尼（Bernazzone）壁畫中的櫻桃；一隻狗兇猛地撲向法蘭西斯科·蒙西格那瑞畫作中的狗。可見這些畫作對現實物體的逼真再現程度。更有甚者，說畫家喬托原來是一個不好的學生，後來居然成為了一個著名的藝術家，那是因為他畫了一隻蒼蠅：喬托的老師西麻布（Cimabne）有一次完成了一幅人物肖像畫之後，喬托抓起畫筆在他老師的這幅肖像畫的人物鼻子處畫上了一隻蒼蠅，他的老師再看畫的時候，以為是一隻真蒼蠅叮在畫作上，於是拚命地驅趕，可「蒼蠅」還是賴在畫中人物的鼻子上不走，後來發現這不是真的蒼蠅，而是喬托畫上去的，其逼真到他以為是真的。人們會把這一類畫作稱為再現性作品。媒體上的新聞照片和電視紀錄片呈現的場景，我們也往往會把它們看作是現實生活的再現。

要回答再現到底是什麼，或說再現具體指什麼，實際上是很困難的一件事，因為語言總是簡潔，傳遞意思時還要依據其他的非語文符碼才能有效，否則言語和語言將顯得很蒼白。人們常常用同一個字眼同時表達被再現的客觀物體和這個物體在圖像中的再現；同時表達作品表現的人的感情和對這種感情的藝術表現。如果不是為了哲學上的探究，我們不會思考到這樣的層面，而是將再現定義在圖像作品對被再現物的外表形態的描繪上。如果我們眼睛（生理感受）感覺再現物「像」（相似性）被再現物（色彩、影調、形狀、位置等），那麼，我們就會認為再現性

強，反之，再現性就不強，甚至會被我們稱之爲「表現性」圖像。

布洛克將被再現的物體視爲：(1)物體本身；(2)某一藝術品對這一物體的再現。實際上它同表現一樣，是同一個整體的兩個不同的部分。

其實，圖像再現現實的能力再強，它也不是現實世界，因爲「藝術家能模仿物理世界中的一切事物，卻不一定掌握有關被模仿物的所有知識。」[21]岡姆布雷認爲再現應當「是一種翻譯，而不是一種抄錄」，是一種「轉式變調，而不是一種複寫。」阿恩海姆也曾表達過這樣的意思：「再現永遠不是爲了得到事物的複製品，而是以一種特定的媒介創造出與這種事物的結構相當的結構。」[22]可見，無論對現實物體再現得多麼逼眞，圖像也不可能替代現實物品，它頂多將物體的外形結構展示出來，而對其內涵仍是一種「翻譯」。我們可以使用很好的圖像表達手段將現實物體一絲不漏地描繪出來，但圖像媒介上的線條並不能把眞實物體的重量、強度、硬度等固態性質原原本本的再現。現代機具圖像的如此精確複製，也解決不了本質的呈現問題。

從傳播學的角度來講，「再現」所描述的是：「將不同的符號組合起來，表達複雜而抽象的概念，以令人明瞭且有意義的一種實踐活動。而此製造意義的實踐（sense-making practice）也是一種基本的認識過程。[23]在人類社會，文化浸染了用意義製造或使用的每一個物體的外表（如色調的象徵、影調的情緒渲染、線條的規定性意義等），用李維史陀（Claude Lévi-Strauss）的話來講「每種人工製品、甚至是最實用的物品都是一種不僅對於製造者，而且對於使用都可理解的具體化的符號（condense）。」漢弗萊堅持認爲「甚至我們穿的衣服也說明了我們的意圖、我們的社會階層、我們希望遇到的條件。」

從更廣的角度來討論再現的話，它可能是無論多麼複雜的社會所有概念的再現。如：(1)心理或情緒狀態的；(2)某些社會族群的；(3)社會形構的等。「再現的動作需要將許多非常分散的元素，聚集成一個可明瞭

的形式。這個過程常被稱爲選擇與建構。」[24]再現不可能替代實物，也不能提供被再現物的眞理。但是，我們會發現，再現能提供我們在某時某刻社會權力關係是如何被組織起來的。人們透過閱讀這種結構從而發現眞理。

再現的手段離不開圖像作者的技術嫻熟程度，這種技術的嫻熟會生發成作者的描述技巧，甚或會成爲作者的一種獨特創作方法，有了這種創作方法，作者會更靈巧、更精確地再現他的生理感受，從而能夠更好地再現事物。**圖 6-9** 爲杜勒的版畫《爲坐者畫像的人》，從這幅畫中，我們可以看到形式和輪廓如何被確定。爲了盡可能地準確再現被再現物，畫家攜帶折疊畫架和使用透視儀規等工具對人像物品進行描繪製作。

二、表現性圖像

對應於以上所討論的再現問題，我們可以把表現區分爲：(1)作爲純粹心理狀態的感情（存在於頭腦中的感情）；(2)某一特定藝術品表現的感情。[25]我們都知道一件藝術品（圖像作品）是一個物理對象，它能喚起我們內心的情感和參與我們的情緒反應。這種從物理到生理的感受，從生理感受再到心理的反應是極其複雜也是極其微妙的。但如果說表現是感情的話，那我們怎樣才能將人的感情放到物理事件中呢？這也是哲學家 B・鮑桑葵曾經追問過的問題。有人曾認爲「藝術表現」是「一種內在感情因受到『擠壓』而噴湧和流淌出來，從人的心中進入到藝術品內。」[26]這話聽起來是那麼回事，但仔細一想更玄乎。如果我們不糾纏於這些語文上的思辨，而是去注意「表現」的實質性涵義，表現一詞或說表現性的作品就比較好理解了。

表現性圖像主要是指：(1)圖像作者內心的某種感情或情緒透過他所熟悉和掌握的圖像媒材（比如油彩、畫筆、畫布、石頭、灰泥、膠片、相紙、CCD 等）進行創作，將感情或情緒釋放或者宣洩出來的作品；(2)

圖 6-9
《為坐者畫像》。杜勒。選自《造型藝術的意義》（扉頁），潘諾夫斯基，李元春譯，
1996，台北：遠流

圖像作者用他的圖像建構程式（比如線條、色彩、影調、塊面、形式等）
來「表達」他想要傳達的某種意義（meaning）。當然，我們還要明白：
一方面感情和情緒並不居於圖像作品本身，它是人們的心理活動，圖像
僅僅是喚起或激發這樣的一種心理狀態；另一方面，圖像是一回事，圖
像的內容或它所表達的內容又是一回事。

　　貢布里希（Gombrich）曾表露過這樣的觀點：關鍵之點不是藝術家所表現的對象，因為真正的對象對他是無益的，但由於透過他所選擇的風格改變了對象，反而可以更好地說明它們的文化意義。

　　如圖 6-10 所示。這是德國藝術家、最富創意與詩意的代表人物庫特‧史維塔斯（Kurt Schwitters）的作品《春景》（Spring Picture）。

　　庫特‧史維塔斯的媒材大多來自廢物。與日俱增的廢物收集與改造，如同生活裡的日記與記憶，堆在其蜂巢般的奇特建築體內。《春景》是一幅完成於 1920 年的作品，是一件應用廢紙條等平面物的裱貼作品：除了舊報紙、包裝紙、厚紙板之外，他還運用了立體分析式的幾何分割形式。作為畫面構成，同時加上了非常具有春天氣息的嫩黃、鮮綠等色彩，使其作品充滿盎然愉悅的春天氣息。[27]1937 年他上了納粹政府「頹廢藝術展」的黑名單，但他的真實、他的「表現性」圖像的藝術地位超越了受圍於歷史時空下的社會寫實者。

　　「表現性」圖像是極其強調個人的內心情感的。但要使這種原始的情感在表現中起作用，就要將它改造成公共情感，這樣的表現性圖像作品才有被討論和被傳播的可能。圖像需要傳播，只有披露、傳遞才能有共同感受的可能，才能得以在更大的範圍內傳播，獲得一種社會的內聚力。傳播使得一個人創作的作品成為大家的公共財富，傳播會獲得巨大的社會效益。原始的情感和心理狀態是創作的源泉，但它不是圖像作品最終需要表現的東西。因此，必然改造。

　　布洛克曾經說過：「情感的意義一旦成為公共的，任何一種能展示出這種公共特徵的東西，不管是有生命的，還是無生命的，都能被自動地和必然地理解為某種情感——從持續不斷的鬧鐘聲，到警笛的不祥長鳴，再到黃昏時掃過樹梢的憂鬱的風。」[28]確實，這個世界的任何事物都具有情感特徵，每個社會成員都能經驗到它，因此，也是圖像作者可以隨時隨地隨物隨機地進行「表現的」。

圖 6-10

《春景》。庫特‧史維塔斯，1920 年

　　圖像作者表現什麼？其實他不是表現事物，他是表現他腦海裡的概念。用克羅齊的話說：「概念」開始於非理性的內心情感狀態，隨著它在各種表現語言中連續不斷地得到組織、清理和對象化，就從知覺形象轉變為語言和理論性解釋了。如果概念是一種情感狀態，那麼它一脫離某個階段便與圖像媒介同期而至了，這時形成一種觀念，觀念的表達是表現的最高層次。

　　要強調的是，圖像作品中的概念只有在表現活動中才能真正被創造出來，這種表現活動就是作者構建和平衡各種「客觀的關係」，也就是構成圖像的線條、色彩、塊面、影調等空間及時間的位置安排。這也就意味著：「情感的或精神的內容可以在聲音、形狀、圖像、線條和色彩等構成的物理結構中得到藝術的體現。」[29]

第四節　形式風格與圖像語言

　　一個社會的文化脈絡為圖像作者提供了表現創造力的背景，並且決定了可能採取的畫面形式。如果離開了文化的脈絡，圖像作者便不能思考，也不能表達自己，這種文化的影響形成了作者的圖像風格。

一、形式風格

　　這裡所說的風格是指視覺傳播中的圖像作品樣式，它與一件圖像作品的形式特徵有關。按照字面上的釋義應指風度品格。《辭海》將其解釋為：作家、藝術家在創作中所表現出來的藝術特色和創作個性。作家、藝術家由於生活經歷、立場觀點、藝術素養、個性特徵的不同，在處理題材、駕馭體裁、描繪形象、表現手法和運用語言等方面都各有特色，這就形成作品的風格。風格體現在文藝作品內容和形式的各種要素

中。個人的風格是在時代、民族、階級的風格為前提下形成的；但時代、民族、階級的風格又透過個人風格表現出來。[30]實際上，不光是作家、藝術家們有風格呈現，每個人在從事物質生產和精神勞動的過程中，都有風格式樣呈現。有人稱風格是一種「透過形式的感情上的暗示來傳遞和確定某種宗教的、社會的和道德價值的工具。」對於專門從事精神產品生產，尤其是從事視覺作品創作的人來說，風格是成功的標誌。人們說「他有風格」，「意思是指他在實在地表達一種勻稱與和諧的美感，表達感情的激發，或表達視覺意象方面具有一種特殊的技巧。」[31]在「表現主義」的作品裡，我們比較容易看到風格的樣式，而在「寫實主義」的作品裡，難以一眼看出作品的風格樣式。

當然，解釋這種現象有好多理由，如果我們從傳播學的角度出發，可能更好地理解一些。那就是「寫實主義」的圖像冗贅性[32]（redundancy）高。它因為同現象世界的物像形體有太多的「相似性」。所以它有高度的可預測性，讀者在這種「重複資訊」很高的狀態下，「習以為常」地閱讀圖像，實際早已與作者「約定成俗」、達成共識，風格掩蔽在認知當中。而「表現性」的圖像冗贅性不高，可預測性低，讀者不習慣於作者的視覺樣式，讀者在閱讀樣式中「發現」風格。

風格一方面代表了圖像作者建構作品時的技巧、心理需求、偏好等；另一方面，它也限定了圖像作者的精神圖式允許他表現的範圍與高度。這就如同文化傳統與作者的創新一樣，文化傳統為藝術家提供了表現創造力的工具，並決定了可能採取的形式，如果離開了文化傳統，藝術家就既不能思考也不能表達自己，更不要說創新了。

圖像的作者與風格有著極為密切的關係，但這種關係不易為一般的受眾所解讀，故我們從圖像獲得的訊息就要大打折扣。要不就是有少數人精讀於圖像，其獲得的資訊又出現了「冗餘」，在原本不屬於作者風格的形式框架內硬塞進一些不屬於作者的東西。為了正確地理解作者風格

的問題，筆者在這裡引出一個比喻。作者與風格的關係就如同河水和河床的關係：根據流向規律和地理規律而自然構建的河床，為河水提供了一種存在方式，它使河水集中起自己的生命而強化呈現，它比流淌的河水更久遠，更有歷史價值。但是，河床又是河水沖刷而成的，河床積累著河水的全部歷史偉力，河水把自己的生命力轉化成河床，河床是河水的歷史紀念碑。[33]由此可見，風格應是圖像作者內質的外化。

對於圖像而言，風格是視覺法則的主題。所謂視覺的，實際上就是想像的觀看方式，而想像的發展又是由規則決定的。談到這一點，沃爾夫林曾打過一個比方：「正滾下山坡的石頭，按照斜坡和坡面的硬度等等會呈現出完全不同的運動，但是所有這些可能的運動都受到完全相同的地心引力的支配。」[34]視覺的形式是受規律支配的，風格的形成也是受條件制約的。

二、圖像語言

圖像語言是指圖像的視覺能指。為了說明這個問題，我們有必要探討語言和圖像的問題。從人類學的角度來考量，我們知道語言是一種敘述，代表某種意志的意識和它們在一個故事中的相互關係，這個故事像被講述一樣，它透過時間發展。可以說，語言是線性的、歷時的。而圖像的呈現是以空間主體的構成來表達這些意識，所以說圖像是面性的、共時的。

萊辛[35]（Gotthold Ephraim Lessing）曾深入討論過語言和圖像的問題，並在其著作《拉奧孔》中加以深入的研究，他認為詩句與繪畫的差異主要有以下幾點：第一，就題材來說，畫描繪在空間中並列的物體，詩則敘述在時間上先後承續的動作；畫的題材局限於「可以眼見的事物」，詩的題材卻沒有這種局限。畫只宜用美的事物，即可以「引起快感的那一類可以眼見的事物，」詩則可以寫醜，寫喜劇性的、悲劇性的、

可嫌厭的和崇高的事物；畫只宜描繪沒有個性的抽象的一般性的典型，詩才能做到典型和個性的結合。第二，就媒介來說，畫用線條顏色之類「自然的符號」，它們是在空間並列的，適宜於描繪在空間中並列的物體；詩用語言的「人為的符號」，它們是在時間上先後承續的，適宜於敘述在時間中先後承續的動作情節。第三，就接受藝術的感官和心理功能來說，畫所描繪的物體是透過視覺來接受的，物體是平鋪並列的，所以一眼就看出整體，借助於想像的較少；詩用語言敘述動作情節，主要訴諸聽覺，但因為語言本身是觀念性的，而動作情節是先後承續，不是憑感官在一霎時就可以掌握住整體的，這個整體是由記憶和想像來構造的。第四，就藝術理想來說，畫的最高法律是美，由於再現物體的靜態，所以不重表情；詩則以動作情節的衝突發展為對象，正反題材兼收，所以不以追求美為主要任務，而重在表情和顯出個性。[36]萊辛的時代還沒有誕生攝影、電影、電視等現代圖像傳媒，故他所說的畫更多的是對於手工圖像而言，但這種畫與詩的差異今天仍然存在。也就是說視覺傳播體系和語言結構本身是有著決定性的差異的。

視覺傳播的特殊形式也存在於視覺意象所傳達的許多層次的意義中。比如說視覺象徵主義並不能類歸為文化的習俗。因此，語言無論多麼的複雜總是有確定的規則的，而圖像無論多麼簡單的元素，總有不規則的例外存在。當然，這本身也說明這樣一個問題：視覺傳播要比語、文傳播複雜的多。語言再複雜，它也是人們的一種超級組合物，而簡單的視覺資訊也蘊涵著極為繁複的內容。正如羅伯特‧雷登（Robert Layton）所說：「如果存在一套從已給的主題或符號構成可選擇的訊息的更複雜的規則，那麼它們幾乎完全可以在圖畫構成中發現。」[37]例如部落社會的慶典交換儀式、戰爭儀式等等。

如果結構是已知的，那麼譯述一幅圖像的主題就很容易，哪怕是特殊的，甚或是幾何的風格。因此，閱讀一幅圖像就是閱讀圖像的結構。

所謂的圖像語言，其實就是圖像的根本性結構。圖像的根本性結構就如同語言的語法。

第五節　轉形與書寫

轉形（trans-form）與書寫的問題，看起來好像是形式手段問題，實際上這是一個很深邃的哲學問題，是人們的認識觀問題。由於這一問題不但牽涉到心理學、生理學上的問題，它還要牽扯到物理學上的問題，所以一直以來，不太有人講得清楚和講得透徹。這裡也只能給予一些簡約的解讀。

一、轉形的圖像

在討論現代機具圖像的時候，我們已經說過，圖像並不等於事物，圖像不是現實的「客觀外在」，它是對現實的一種描繪，不管這種描繪有多麼的逼真、與現實世界有多大的冗贅性，它也不是現實世界。不是現實世界的再生，而是現實世界的轉形，轉形使得圖像獲得獨立的意義。

關於轉形的問題，法國著名作家羅蘭‧巴特（Roland Barthes）在《明室：攝影札記》（*La chambre claire*）一書中曾使用極私密的、極感性化的語氣吐露過，他稱自己的每一次拍照都是在不斷模仿自己。「也正因此，每當我被拍照（我容別人拍我）時，總不免有股不真實感掠過心頭，有時甚且是種詐騙感（猶如某些惡夢予人的感受）。想像中，攝影（指我具有意向的攝影）代表一極微妙的時刻，真確言之，在此時刻我既非主體亦非客體，我經歷了一次死亡（放入括弧）的微縮經驗：我真的變成了幽靈。」羅蘭‧巴特將拍照的那一刻稱之為死亡，當然，這是一種隱喻，筆者理解為從一事物變成了他事物。羅蘭‧巴特接著說道：

「攝影師也曉得，他自己（即令只是為了商業上的理由）也很害怕這死亡過程，他的手勢正是要為我塗抹香油。再也沒有比攝影師扭捏作勢為了追求『栩栩如生』的效果更可笑的了！」羅蘭・巴特描述到：「多差勁的主意：他們教我坐在我的畫筆前；教我到外頭去（『外頭』比『裡頭』更有生氣）；有人發現一張長凳，即刻（突來的禮遇）教我坐在其上。」他分析到：「這一切，簡直像是受驚駭的攝影師須竭盡心力搏鬥，以免攝影成為死亡。」對於被攝者而言便不再掙扎，因為這時被攝者已變成了物體。他說：「我已有預感，要從這場惡夢中醒來必定更加艱難，因社會將如何處理解讀我的相片，我無從得知（無論如何，同一張臉仍可作種種不同的解釋）；但是當我在這道手術後的產物中發現自己時，看到的是找已完全變成了像，亦即變成死亡本身。」[38]羅蘭・巴特對攝影本質的探討，對影像的轉形比喻可謂一語中的。在攝影師按下快門的一刹那，被攝者已被轉形為膠片上的像了。這時的像已是另外一種本質，並獲得獨立生存的意義。有此基礎認知，再討論影像與現實事物的關係才有意義，或者說關於這種關係的討論才能成立。

在當今影像迷思（myth）社會，要想說清楚當今的機具圖像是現實事物的一種轉形，而不是事物的本身，確實不容易。因為機具圖像的物質紀實特點，使得沒有受過專門圖像訓練的受眾，更容易將它看成是事物的再生。討論起來，起碼有幾點：

(1)影像的直接認知功能。羅蘭・巴特為我們舉過一個例子：「一些巴黎公社社員在築起的路障旁得意地接受拍照，竟因此而喪命；一旦戰敗了，他們一一被提耶爾（Thiers）政權的警方認出，幾乎全遭槍斃！」[39]
(2)與文章相比，影像即刻展陳所有「細節」。羅蘭・巴特認為「攝影的確定感是任何文章所不能給我的。而語言的不幸是因不能為自

己證實爲眞（或許也是它的快樂），語言的所思也許就是這樣的無可奈何。然而從正面觀之，語言的本性原是虛構的，若試圖改變或非虛構，則須靠繁雜的手段，比方運用邏輯推理，不然發誓作證；反之，攝影不須任何中介，不必捏造作假，本身已是確證。而它所容許的極少數人爲伎倆並非爲了作證，而是爲了造假，也只有在攝影耍騙局時才會顯得艱澀」[40]。

(3)影像往往會取消自身的媒介，不再是符號，「似乎」化作事物本身。

(4)影像直接刺激視覺神經，產生視像，視像會喚起觸覺、嗅覺等聯覺效應，「使讀者有身臨其境」之感。羅蘭·巴特說：「注視一張我孩提時她（指羅蘭·巴特的母親）摟著我的相片，我卻能在心中喚起那縐紗的輕柔與化妝粉的清香。」[41]

(5)影像是對現實事物的抽象，也就是說影像就是一幅（部）影像，影像並不是正確標注現實事物物理參數、空間位置的影像。

(6)影像的本質特徵不在於它的正確性，而在於它的眞實性。未經方法處理即無從證實。

(7)影像的眞實和影像的眞理並不是一回事。「由影像的眞理歸納出其本源的眞實，」不要「把眞理與眞實混淆於同一感情中。」[42]

(8)影像很暴力，「不是因爲它能顯示暴力場面，而是它一次一次地強迫塞滿世界，照片裡頭，無可抗拒，無可轉化。」[43]

(9)影像和隨便誰都像，偏偏不像它代表的他。影像像「外在的他」，對於他的主體：「原原本本的他」，卻「不像」，或說像得不能令人滿意，甚至生出許多的懷疑。有時候，好像不像「他」，才能從本質上像「他」（原本的「他」）。

當然，這樣的迷思還有很多，但無論如何，影像不是現實事物是成

立的,影像是事物的轉形不是再生也是成立的。

正如布朗修(Blanchot)所說:「影像的本質完全在於外表,沒有隱私,然而又比心底的思想更不可迄及,更神秘;沒有意義,卻又召喚各種可能的深入意義;不顯露卻又表露,同時在且不在,猶如美人魚西恆娜(Sirenes)誘惑魅力。」[44]影像的確鑿性在於詮釋的停頓。「相片越是明確,我越是無話可談。」[45]

二、書寫的形式

所謂書寫,是介於風格和語言系統之間的功能性推動力,是作者之形式特點。當我們認真地研讀圖像的風格及它的語言系統之後,書寫的形式也就明瞭了。

不管是傳統的手繪圖形(像),還是機具生產的影像,無論它對現實事物有多強的複製能力,也無論它對現實事物描繪達到怎樣的細緻程度,它都不可能將現實事物的全部複製出來,它只能轉譯成一種訊息,完成它對內容的傳達。這種既不同於風格樣式的凸現,又不同於語言系統的豐富的書寫形式,構成了影像獨有的一種書寫特點。

圖像的書寫有一種意象複合性,如布亞特人建構「昂貢」時,「使用一種已經存在的對物體的估價和分類(在布亞特人文化中)來表現,正如詩歌和神話使用一種現在語言進一步來創造新說」(漢弗萊 1971 : 289)[46]這種透過文化精煉後的圖案能夠將所猜想的東西加強和具體,更能夠將圖像作者的概念化(conceptualization)的東西表達出來。我們都知道,世界上很少有認識體系像圖騰模式一樣,但「圖騰模式有一系列詞」與「精神範疇相對應」[47],李維史陀在《野性的思維》(*La pensée Sauvage*, 1966)一書中也討論過類似的問題。

最後要討論的是圖像傳播中的冗贅性(redundancy)的問題。冗贅性是指在訊息中可以預測和約定俗成的部分,與其相反的是不冗贅性

（entropy），冗贅性具有高度的預測性，不冗贅性則反之。[48]這個理論在解釋土著藝術時遇到了問題：我們都知道，土著藝術的特點就是重複，那麼，這是否意味著「藝術」是一種特殊的低效率的溝通形式呢？很顯然，這個結論是極其武斷的。

羅伯特・雷登認爲：在傳播理論中，多餘的部分靠在一個訊息中的重複量來衡量。如果內部已經表達，那麼重複它就是多餘。但我們用來溝通的媒介物總是不完善的：配樂噪音，機械失誤，會使訊息部分消失，因此重複，使我們自己確信接收人已經理解。媒介的效率越低，必須採用的多餘部分就越多。如面對面的談話被認爲比在電話中的討論包含較少的內容。英文有大約 50 ％的冗贅性，法文會更高些。

在圖像傳播媒介中，圖畫比圖形的冗贅性要高，影像比畫作的冗贅性要高，新聞圖片比藝術圖像冗贅性要高，電視圖像比電影圖像的冗贅性要高。以致給人一種誤解，認爲新聞圖像就是新聞事實；憑肖像照片指認其人。冗贅性一般具有穩定地位、抗拒變遷的力量。這些特徵構成

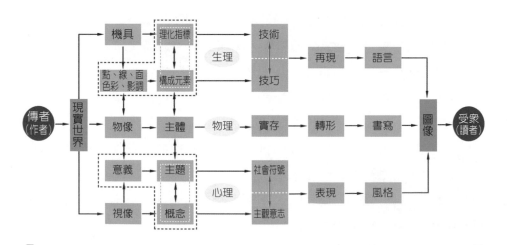

圖 6-11
主題與主體。韓叢耀繪製

了圖像書寫形式的基本特點。

　　綜上所述，筆者將這一章討論的問題歸納整理成**圖 6-11**。目的，就是使讀者清晰明瞭地張望傳播主題與圖像主體的現實關係。當然，**圖 6-11** 只是說明性的略圖，更深層次的探討，還要再費一番功夫；更貼題意的密切論述，還要使用更精微的呈現手段。

註釋

[1]潘諾夫斯基（Erwin Panofsky），李元春譯，《造型藝術的意義》（*Meaning in the Visual Arts*），台北：遠流，1996，頁 33。

[2]柏格（John Berger），連德誠譯，《畢卡索的成敗》（*The Success and Failure of Picasso*），台北：遠流，1998，頁 144。

[3]雷登（Robert Layton），吳信鴻譯，《藝術人類學》（*The Anthropology of Art*），台北：亞太圖書，1995，頁 133。

[4]柏格（John Berger），連德誠譯，《畢卡索的成敗》（*The Success and Failure of Picasso*），台北：遠流，1998，頁 168。

[5]柏格（John Berger），連德誠譯，《畢卡索的成敗》（*The Success and Failure of Picasso*），台北：遠流，1998，頁 169。

[6]雷登（Robert Layton），吳信鴻譯，《藝術人類學》（*The Anthropology of Art*），台北：亞太圖書，1995，頁 149。

[7]潘諾夫斯基（Erwin Panofsky），傅志強譯，《視覺藝術的涵義》，瀋陽：遼寧人民出版社，1987，頁 34。

[8]雷登（Robert Layton），吳信鴻譯，《藝術人類學》（*The Anthropology of Art*），台北：亞太圖書，1995，頁 151。

[9]昂貢（ongon），是居住在西伯利亞東南部的貝加爾湖邊上說蒙古語的布亞特[Buryat]人的一種傳統圖畫，可以用蠶絲、木頭、金屬、動物皮、羽毛和顏料構思這些圖像。

[10]布洛克（H. Gene Blocker），滕守堯譯，《現代藝術哲學》（*Philosophy of Art*），成都：四川人民出版社，1998，頁 105。

[11]引自雷登（Robert Layton），吳信鴻譯，《藝術人類學》（*The Anthropology of Art*），台北：亞太圖書，1995，頁 175。

[12]引自大衛，〈不敢簡單〉，《讀者》，2004，期 22，頁 42，蘭州：甘肅人民出

版社。

[13]潘諾夫斯基（Erwin Panofsky），傅志強譯，《視覺藝術的涵義》，瀋陽：遼寧人民出版社，1987，頁37。

[14]參見潘諾夫斯基（Erwin Panofsky），傅志強譯，《視覺藝術的涵義》一書，第一篇「肖像學與聖像學──文藝復興藝術研究導言」一節。瀋陽：遼寧人民出版社，1987。

[15]雷登（Robert Layton），吳信鴻譯，《藝術人類學》（*The Anthropology of Art*），台北：亞太圖書，1995，頁135。

[16]沃爾夫林（Heinrich Wölfflin），潘耀昌譯，《藝術風格學》（*Principles of Art History*），瀋陽：遼寧人民出版社，1987，頁3。

[17]沃爾夫林（Heinrich Wölfflin），潘耀昌譯，《藝術風格學》（*Principles of Art History*），瀋陽：遼寧人民出版社，1987，頁12。

[18]沃爾夫林（Heinrich Wölfflin），潘耀昌譯，《藝術風格學》（*Principles of Art History*），瀋陽：遼寧人民出版社，1987，頁18。

[19]沃爾夫林（Heinrich Wölfflin），潘耀昌譯，《藝術風格學》（*Principles of Art History*），瀋陽：遼寧人民出版社，1987，頁22-23。

[20]高千惠，《百年世界美術圖象》，台北：藝術家，2000，頁214。

[21]布洛克（H. Gene Blocker），滕守堯譯，《現代藝術哲學》（*Philosophy of Art*），成都：四川人民出版社，1998，頁39。

[22]轉引自布洛克（H. Gene Blocker），滕守堯譯，《現代藝術哲學》（*Philosophy of Art*），成都：四川人民出版社，1998，頁43。

[23]泰勒（Lisa Taylor）、魏理斯（Andrew Willis），簡妙如等譯，《大眾傳播媒體新論》（*Media Studies: Texts, Institutions and Audiences*），台北：韋伯文化，1999，頁52。

[24]泰勒（Lisa Taylor）、魏理斯（Andrew Willis），簡妙如等譯，《大眾傳播媒體新論》（*Media Studies: Texts, Institutions and Audiences*），台北：韋伯文化，

1999，頁 52 。

[25]布洛克（H. Gene Blocker），滕守堯譯，《現代藝術哲學》（*Philosophy of Art*），成都：四川人民出版社，1998，頁 105 。

[26]布洛克（H. Gene Blocker），滕守堯譯，《現代藝術哲學》（*Philosophy of Art*），成都：四川人民出版社，1998，頁 107 。

[27]高千惠，《百年世界美術圖象》，台北：藝術家，2000，頁 56 。

[28]布洛克（H. Gene Blocker），滕守堯譯，《現代藝術哲學》（*Philosophy of Art*），成都：四川人民出版社，1998，頁 135 。

[29]布洛克（H. Gene Blocker），滕守堯譯，《現代藝術哲學》（*Philosophy of Art*），成都：四川人民出版社，1998，頁 145 。

[30]參見《辭海》，上海：上海辭書出版社出版，1980，頁 1528 。

[31]雷登（Robert Layton），吳信鴻譯，《藝術人類學》（*The Anthropology of Art*），台北：亞太圖書，1995，頁 192 。

[32]冗贅性（redundancy），指在訊息中可以預測約定俗成的部分。

[33]韓叢耀，《攝影論》，北京：解放軍出版社，1997，頁 254 。

[34]沃爾夫林（Heinrich Wölfflin），潘耀昌譯，《藝術風格學》（*Principles of Art History*），瀋陽：遼寧人民出版社，1987，頁 20 。

[35]萊辛（Gotthold Ephraim Lessing），十八世紀德國啓蒙運動的傑出代表人物之一，為著名的劇作家、戲劇評論家、哲學家與美學家。《拉奧孔》為其代表作之一。

[36]參見萊辛（Gotthold Ephraim Lessing），朱光潛譯，《拉奧孔》（*Laokoon*），北京：人民文學出版社，1979，頁 222 。

[37]雷登（Robert Layton），吳信鴻譯，《藝術人類學》（*The Anthropology of Art*），台北：亞太圖書，1995，頁 155 。

[38]巴特（Roland Barthes），許綺玲譯，《明室：攝影札記》（*La chambre claire: note sur la photographie*），台北：台灣攝影工作室，1995，頁 23 。

[39]巴特（Roland Barthes），許綺玲譯，《明室：攝影札記》（*La chambre claire: note sur la photographie*），台北：台灣攝影工作室， 1995 ，頁 20 。

[40]巴特（Roland Barthes），許綺玲譯，《明室：攝影札記》（*La chambre claire: note sur la photographie*），台北：台灣攝影工作室， 1995 ，頁 103 。

[41]巴特（Roland Barthes），許綺玲譯，《明室：攝影札記》（*La chambre claire: note sur la photographie*），台北：台灣攝影工作室， 1995 ，頁 83 。

[42]巴特（Roland Barthes），許綺玲譯，《明室：攝影札記》（*La chambre claire: note sur la photographie*），台北：台灣攝影工作室， 1995 ，頁 94 。

[43]巴特（Roland Barthes），許綺玲譯，《明室：攝影札記》（*La chambre claire: note sur la photographie*），台北：台灣攝影工作室， 1995 ，頁 109 。

[44]巴特（Roland Barthes），許綺玲譯，《明室：攝影札記》（*La chambre claire: note sur la photographie*），台北：台灣攝影工作室， 1995 ，頁 124 。

[45]巴特（Roland Barthes），許綺玲譯，《明室：攝影札記》（*La chambre claire: note sur la photographie*），台北：台灣攝影工作室， 1995 ，頁 124 。

[46]轉引自 Robert Layton, *The Anthropology of Art*, London: Cambridge University Press, 1991, p.110.

[47]雷登（Robert Layton），吳信鴻譯，《藝術人類學》（*The Anthropology of Art*），台北：亞太圖書， 1995 ，頁 137 。

[48]費斯克（John Fiske），張錦華等譯，《傳播符號學理論》（*Introduction to Communication Studies*），台北：遠流， 1995 ，頁 24 。

1 2 3 4 5 6 7 8 9 10

圖像形態的內結構分析

　　圖像形式是在二度的空間平面內完成視覺的物理元素結構——造型（modeling），用人們看得見的視覺元素（點、線、面、色彩、影調等）來構築它的視覺語言系統，完成主體對客體的認識、客體對主體概念的呈現和外在世界的「眞實」再現。圖像實際上是用構圖（composition）的形式來表達作者的構思的過程。所謂「構思就是想，就是形象思維，就是組織畫面。」[1]這裡所說的畫面，就是圖像結構的內空間，它是由高度和寬度清晰確定的空間範圍。這樣的一種新空間是集中的生活空間，是美學表現的範圍，是式樣鋪陳的場所，也是傳播的意義產製源。對這個空間經營的優劣，直接影響到意義的產製，影響到圖像的傳播效果。

第一節　構思與構圖

　　構思與構圖就相當於我們常說的內容與形式的問題，構思處理的是主題的問題，構圖處理的是如何突出主體形象的問題。

一、構圖

　　所謂的構圖，是指圖像創作者在某種觀念的指導下，以特定的表現手段和材料建構、記錄客觀對象、表達思想情感、生產傳播意義的過程，其表現的手段有用光、造型、色彩影調、資訊、情感等要素。

　　構圖對於畫家、攝影師、攝像師來講就是視覺畫面的審美效果；對於一幅圖像來講就是視覺風格的呈現方式；對於導演來講它是一種語言形式；對於劇情片來講，它就是一種表演的模式。構圖對於圖像本身來講，它是一種意義的強烈表達，對於受眾來講它是一種傳播效果。

1.構圖的本質

　　構圖，在拉丁語中有組成、結構、連結等涵義。用在繪畫、攝影、攝像中，廣義地講是指創作者從選材、構思到造型體現的完整的創作過程。它概括了一幅照片或一幅繪畫從內容到形式的全部組合。狹義上講，則是指畫面的布局和構成，即在一定的畫幅格式中，篩選對象、組織對象、處理好被描繪對象的方位、運動方向、透視關係以及線條、光線、影調等造型元素的配置。它實質上是一種人為使形式暫時擺脫內容、以系統的形式為特殊對象的研究方法，以形式化的研究方法研究系統結構的有序構成。從混亂中建構一種秩序。圖像創作離不開構圖，就如寫文章離不開章法一樣重要，不是可有可無，而是作品成敗的關鍵之所在。

　　構圖是一個組織過程，它從自然存在的混亂事物之中找出秩序；構圖是對這些要素的反應過程，也是想方設法組織這些要素的過程，目的是讓這些要素向人們傳達創作者已經體會的興奮、崇敬、同情、恐懼或困惑。構圖表現出來的氣氛，有時是平靜的，有時是有力或堅定的，有時也可能是活躍的。如圖像題材本身會向作者展示出所要表達的情緒。透過構圖，作者澄清了他要表達的資訊，把觀眾的注意力引向他發現的那些最重要最有趣的要素。

　　構圖可以分為二類：一類是技術層面上的；一類是藝術觀念層面上的。從技術層面上，我們可以看到光學、化學、物理學上的成像本質，即「物質世界的復原」。技術層面的構圖體現只是構圖的間接本質，而不是直接本質。

　　那麼，構圖的直接本質又是什麼呢？可以說，直接本質就是圖像作者對客觀世界和內心世界的反映和創造。但這種反映並不是如前所述的「物質世界的還原」，它的自然物質性只是它的形式，這種反映是和創造緊密相連、密不可分的，創造性的思維中融入了作者的強烈的主體意

識，他已對現實畫面進行了選擇、提煉，它的構圖已注入了主體的精神力量。正如列寧在《哲學筆記》中所說：人的意識不僅反映世界，並且創造了世界。

2.構圖的因素

　　根據藝術哲學原理，又可以把構圖的本質看作是意識和現實的關係。這就粗略地勾畫出構圖的基本規律。它涉及四個方面的因素：一是作者的藝術現實；二是藝術的尺度；三是創造；四是藝術形象。藝術觀念就是對藝術的看法，對構圖的看法，這與作者如何表現美與醜、如何對景物進行情感再創造、如何提升作品的藝術品味……有關，這一切都深深地打上作者的思想、情感、審美情趣和藝術修養的印記。藝術觀念是綱領性的，至於藝術觀念又有什麼樣的藝術方法及表現手法進行構圖，又是一個重要的問題。藝術的尺度，馬克思在《1844 年經濟學——哲學手稿》裡指出，一是物種的尺度，即客觀事物的美的規律，一是內在尺度，即人自身美的標準，這在前面作者的藝術觀念中已闡述。藝術形象是藝術的內容和形式的結合，它是具體的、物質的，有著表現力和感染力的時空的「留影」，藝術形象是有完整的內容：精神上完整的思想和感情，富有創意的表現手法，具有一定的典型性。

3.秩序的建構

　　面對紛繁複雜的客觀對象，作者在構圖時，割捨那些可有可無的因素，精簡畫面。畫面的表現因素減少，這樣就可以用簡潔的畫面表達具有資訊內涵的畫面。此外，構圖要建立秩序。作者面臨著大千世界，紛繁複雜的事物一齊湧到眼前，將眼前的景物組織起來，並使其達到有序的組合。

　　構圖是一種建構，建立畫面世界的結構，從客觀世界中截取某一局部時段，將它們有創意地組合在一起，使固定、凝固的畫面獲得超越自

然的新的內涵，將現實世界中無生命的、無意義的或無必然聯繫的事物聯繫在一起，給予它「可供解讀的形式」，並賦予它新的藝術生命。

4.圖像的結構

　　由於圖像作品既有靜態的，又有動態的，構圖一詞不能完整地描述它的功能，故在大多數情況下，我們更傾向於使用「構成」而不是「構圖」來描述圖像的畫面組織形式，尤其對現代的機具圖像來講，除了表達畫面形式上的東西——構圖，還要表現它們之間的一種「客觀關係」——即結構。圖像的構成元素[2]如**圖 7-1** 所示。

　　康定斯基（Wassily Kandinsky）說過：「如果成熟所需的精確形式具

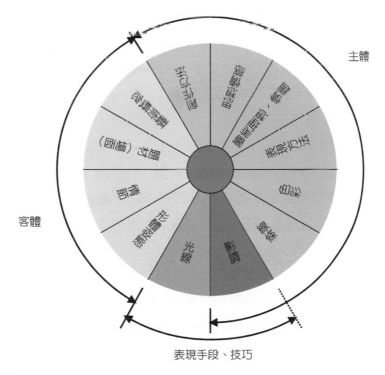

圖 7-1

圖像的構成。韓叢耀繪製

備了，渴望和壓迫感便得到力量，爲人類精神創造新的價值，這個價值便意識地或無意地開始生活在人們裡頭。從此，人們也有意無意地，開始尋找一個物質形式，以表達他精神裡的新價值。」[3]構成就是圖像作者爲了表達他的精神裡的新價值而使用的一個物質形式。

　　圖像的構成就是作者要將自己的思想和畫面的意義傳遞給他人。它使用一些他人熟悉的符號標誌和視覺元素，認出圖像所描繪的對象是用什麼。根據這個要求，構成的畫面元素就要與受眾有個「約定」，這個約定是在長期的社會實踐中「俗成」的。正像羅伯‧雷登（Robert Layton）所說的那樣：「於自我內在建立一套講演的語法或規則，以期產生有意義且可預知的交互作用。」只有這樣，受眾才可能從圖像中讀出作者要傳播的意義。當然，圖像的作者是兩重性的角色，「他一方面必須依靠一個社會中早已得到確立的再現性和表現性意義，另一方面又要創造再現性或表現性意義。」[4]所以說圖像既是意義的傳播，又是意義的製造，它傳播意義獲得價值，它產生意義獲得獨立。

二、構思

　　構思是形象思維，就是在畫面上想呈現什麼，是圖像作者的「意識內涵」。圖像的作者在製作圖像之前，構思應該十分明顯，不同媒材的圖像作者有不同的構思方法。因爲作者要選用的構成元素是他能駕馭的了的，很少使用他並不熟悉的媒材。比如一個優秀的畫家，如果選擇使用膠片這種媒材來拍電影，可能他的畫面呈現就會有所遺憾。同樣，一個優秀的電影攝影師使用油畫的媒材來呈現他構思的畫面，也會出現不少問題。當然，也有對多種圖像媒材都十分熟悉的作者，既能拍電影，也能畫油畫，甚至還可以製作木版畫。選擇自己最熟悉的媒材去構成畫面這只是一方面的原因；另一方面，要使用熟悉的媒材和圖像的呈現手段把作者的理解傳達給受眾，由於一幅（部）圖像作品不可能包容作者對

世界的全部理解，這就要有個界定，尋找最適合的媒質和機緣。

「意識內涵」比構思涵蓋的東西要多，比主題範圍要大，它是作者主觀上對世界的理解，因此，到了構圖階段，如何限定自己的意圖邊界就是作者手段的強化、主題的確立、主體的突出，就是作者藝術修養的問題了。

1.向量

作為圖像的作品更多地是向受眾傳播一種文化上的意義或表達作者的內心情感，而不光是去記錄事物的外部形態。在一幅圖像中，如果作者最想說什麼，作者就要調動自己所能掌握的圖像語言（視覺的），調動起自己最具特色的構圖手段，對形式世界進行表述，使圖像凝聚著作者對世界的理解和樣式闡釋。必須強調，作者所使用的構圖元素、形式表達都要圍繞著最大的向量（也就是最想傳播什麼）去強化，最大可能地加深圖像的意識內涵，勁挑最大向量上的張力。

2.格局

格局，在這裡指只能說什麼。只能說什麼和最想說什麼是緊緊聯繫在一起的，一幅（部）圖像作品所能表達的意識內涵是有限的，受眾能從中接受到東西也是有限的，這就要求有一定的形式規範，利用受眾和作者「約定俗成」的東西去表達要說的東西。當然，每幅（部）作品中，既有「約定俗成」的東西，也有作者的創造，但作者的創造是建築在堅定的雙方既有理解上。否則，自戀和自我太多，受眾是不買帳的，那只好留給下下個世紀的受眾解讀和欣賞了。圖像失去了傳播的意義。

既尊重受眾的舊有文化意義，作者又創造新的文化意義，透過傳播形成新的公共標準，這是圖像傳播積極而最終的意義。如**圖 7-2** 所示。

格局，是作者界定的切點。一幅（部）圖像作品裡要有一定的內涵格局，給觀眾一個定勢，同時也不要把話說絕，留有意韻的餘地，待觀

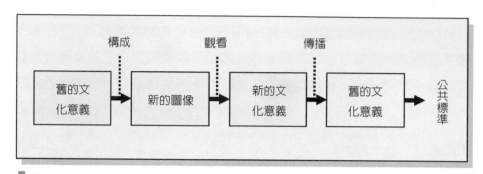

圖 **7-2**

意義的使用與產生。韓叢耀繪製

眾自己去品味。

3.清晰度

　　這裡所說的清晰度，不是指技術上的畫面清楚不清楚，而是指圖像的視覺語言運用的結果。畫面上主體形象很清晰，圖像語言也可能是模糊不清的。當然，模糊的圖像語言的運用也可能造成作品涵義的多元，但圖像語言的清晰度就會受到損害。畫面冗餘太多，固然可以獲取大量的資訊，但資訊太大又顯得龐雜，又會影響傳播效果，這也正是作者要面對的圖像語言清晰度的問題。

　　每一幅圖像的構成，都是作者看世界的獨特視角，有理性的冷靜審視，也有感性的熱情投入。面對同一景物，使用同一媒材的圖像作者其構成的畫面形態也有高低之分，一個作者的文化積累、社會經驗、藝術修養、人格氣質、生活習俗都會在作品的語言清晰度上得到檢驗。作者不能含混不清地表達自己的想法，在構成時要心中有數。當然，也不是越直白越好，根據不同題材和不同的傳播目的，要使圖像語言恰當的清晰，要把握好度的問題。

三、構圖與構思的同一

構思與構圖是同一的，而不是統一的，我們之所以單獨研究畫面的構圖形式——結構，實質是以一種人為的方式使形式暫時脫離內容，以系統形式為特殊對象的研究方法。形式化研究方法的基本任務就是研究系統結構的有序形式，從量的角度去研究系統，它不是圖像創作進行割裂的對象，它是理論研究者的一種方法。[5]

構思決定著構圖，構圖體現出構思，這是量化的分析，不是統一關係，二者不是相互補充，獨立並存的。對於一幅 （組）圖像來講，有了構思也就產生了構圖，構思要站在圖像的物質技術角度，在圖像的技術手段可以達到的基礎上，否則，脫離圖像物質技術特性的「構思」，根本就不是圖像的構思。構思要有某種圖面表達願望的堅實的物質基礎，離開了這個基礎，一切都將不存在。

第二節　圖像的邊框

邊框是圖像最基本的視界，也是視覺圖像最重要的表現形式。在構成圖像的諸多視覺要素中，沒有其他元素可以替代它。圖像的邊框給予受眾一種全新而集中的視域空間，一種美學表現的新的範疇，一種傳播的資訊源。傳播的所有意義都在邊框的範圍之內，意義也由此而產製。強調邊框是認知兩個截然不同的世界、資訊空間的界面、意義的產製以及產製的環境條件。

一、邊框的作用

畫家可以自由地根據所繪之題材選擇邊框（在何時裁止表現的物理

邊緣）；攝影家可以用豎直的較高的邊框來表現高聳入雲的摩天大樓類
的直立題材，或使用水平邊框來攝取廣闊的海面、草原或沙漠等橫廣的
題材，但電影、電視工作者因爲操作的是流動圖像，就不必以這種濃縮
性的手段處理題材，而是多次使用邊框將被表現之題材在邊框的「限定」
和「開放」之下，使受眾在觀看之後呈現出視覺後繼效應[6]，造成意義產
製的連貫性和對事件認知的「同一性」。但不管是何種形式的圖像作者和
受眾都必須面對圖像的邊框，因此對邊框要有一個基本的認識和解讀的
態度。

1.邊框與物像

　　圖像的邊框是一把鋒利的魔刀，它可以切割自然物像世界的一切事
物，並能隨心所欲地切割自然界某物某事的任何局部；它還可以把世界
的一切事物納入邊框內。

　　如邊框切割自然界的一部分──超導的物理現象，並將這種肉眼本
來看不到的形式，以視覺可見的形式呈現出來，如**圖 7-3** 所示。邊框使
這種形式從自然景觀中獨立出來，並以形式傳達意義，規定資訊的發生
本源。邊框還可以歸納和演繹世界，甚或超出我們視野的「龐大」無邊
的世界。如**圖 7-4** 所示。可以將有限的特定的人群可以「看」到的影像
忠實地呈現給大眾，使一般受眾都能「目擊」。

　　邊框魔術般地切割世界，給出資訊。受眾在邊框內建構世界，讀出
意義。

2.邊框與內涵

　　圖像的邊框能賦予某些事物以新的內涵；某些事物只要納入了邊
框，它就要引起變化；事物只要被邊框限定，邊框就會賦予它新的品
質、新的內容。

　　邊框能賦予某些事物以新質的例子，莫過於攝影記者邁克‧威爾斯

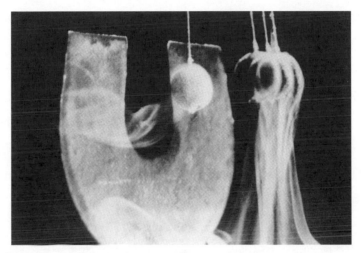

圖 7-3

超導現象。比爾‧皮爾斯攝

圖 7-4

《地球升起》。 William Andres, 1969. *LIFE* (pp.16-17), London: Thames and Hudson
Ltd., 1998

（Mike Wells）拍攝的一幅圖片：《烏干達旱災》，[7]這幅圖片已成為烏干達災難的真實寫照（見圖 **7-5**）。在圖像象徵性這一點上，至今也沒有人提出懷疑。它獲得了 1980 年度的 WPP（世界新聞攝影比賽）的特別獎，按照新聞照片的 5 個「W」要素要求，它有根本性的缺項，可就是這樣的題材，作者卻大膽地使用邊框進行與周遭現實世界的切割，並在切割後的邊框內賦予新質，使其不失本質地具有了超拔於現實卻又無限忠實於現實世界的象徵性意義。那麼這幅照片拍攝時到底是什麼樣子呢？讓我們來還原當時的情況。

1980 年 4 月，攝影記者邁克‧威爾斯跟隨一支救援隊進入非洲東部，來到烏干達的東北部地區調查關於該地饑荒的傳聞。

在卡拉莫加（Karamoja）地區的一所天主教慈善機構，一位義大利神父領著邁克‧威爾斯走到大門口，他們看到許多饑餓的卡拉莫加人站

圖 7-5

《烏干達旱災》。邁克‧威爾斯攝，1980 年

在那裡等待著施捨。神父招呼一位母親帶著她的孩子過來，並且用義大利語對威爾斯講話，似乎說，他們所能給予的一點點食物也救不了這個孩子。神父將這個孩子的手放在自己的手裡準備給威爾斯進一步解釋什麼。

作者後來回憶道：「他把孩子的手放在自己的手中，我的反應就是迅即拍下來。當時我沒想得太多，剛好這只大手是白的，另外，我覺得這張照片非常粗俗、陳腐、老調重彈。無論如何，它算不上一張偉大的照片。光線沒有趣味，構圖沒有趣味……但我感覺在烏干達卻非常有用。世界對這裡存在的饑荒尚不知曉……」。[8]

是的，這張照片從形式審美的角度講，意義不大，但從傳播的角度講，其意義重大，對主題呈現十分準確，一圖勝千言，它對非洲饑荒的事實表露無疑，無以復加。邊框的切割使得它既是現場事實，又不是現場事實，在更加宏大的真實層面表露事實。

影像的確鑿性在於詮釋的停頓。邊框的魔力由此可見一斑。

3.邊框與心像

邊框能建立一個新世界，賦予新質與事物世界不一樣；它不但可以從「外在世界」以客觀尺度呈現，還可以從「心像」世界攫取主觀尺度。

圖像的作者為了表達自己的精神，往往使用形式這種手段。因為形式是個性的標記，邊框給予了最簡潔的式樣。正如康定斯基所說：「多少尋找上帝的人，停滯於木刻的聖像上；多少尋找藝術的人，停留在另一個藝術家使用過的形式上。」[9]當藝術家對邊框內的形簡約到最少（相對現實世界而言），人們往往會視為「抽象」，就是邊框內這樣的抽象（比如一條線），內涵卻以「非物質」的形式表現出來。

簡潔的外表不干擾視線，最少的軀殼顯露最強烈的靈魂。如**圖 7-6**

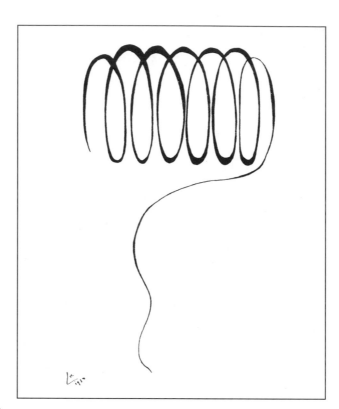

圖 7-6
康定斯基的抽象畫

所示的一條線形所示，只有邊框能將它從現實中獨立出來，成為一個新世界，並有其與原物不一樣的主觀表達性。

在這幅作品裡，康定斯基將形抽象為一條線，這是有雙重作用的，一是這條線是具有目的性的符號；二是它先是一個形，然後這個形完全獨立呈現，康定斯基稱為「內在聲音」。這最低限度的「藝術性」應被視為最強烈的抽象；這最低限度的「物像」，在抽象裡，應被視為最強烈的寫實，這樣一來「藝術性」＝「物像」。「外在的極大差異，會成為內在極大的相同。」[10]

一條線被康定斯基當作了純粹繪畫的媒介，但這條線本身還有它的獨立意義，它有著純粹的內在聲音。受眾在接受這幅畫作時，不是去被動地認知，而是要主動地咀嚼，因為誰都知道：最好吃的菜是食譜＋舌頭。

在這裡，康定斯基只討論了邊框之內的形，而使這簡單形有「意義」的卻是邊框，它使得這幅圖像分出內外，使得討論可以順利進行。沒有了邊框這條線便無從獨立，更無討論的價值。「外在的作用可以和由內在聲音形式的作用不一樣，這卻是每個構成最有力且深刻的表達方式。」[11]圖像結構的深層意義就在於揭示出內在生命的本質。

4.邊框與資訊

康定斯基對圖像的邊框使用是使其形的「藝術性」在最低限度下，還有 些圖像的作者對邊框的使用達到了極端——邊框內沒有實在的「圖形」，只有邊框在起作用。有人曾將置好畫布的畫框一筆不染地送去參展，作者不是為了讓受眾從畫布上「看」到什麼，而是向受眾傳遞一種資訊，表達一種觀念。

電影、電視圖像的作者為了強烈地表達一種觀念，經常使用「空鏡頭」。空鏡頭從技術上來講是由單一色調形成的景致，單一色調就是在邊框內顯示不出外在形態的物像。對受眾而言，它有著同有形主體同樣的認知能力和審美的表現力，連接著畫面的上下文，傳達出超出畫面本文的視覺資訊。

以上手段的使用，使邊框的作用達到了極端，而在正常資訊的傳遞過程中人們往往忽視了它的存在。實際上，如果沒有邊框有意地與生活切割，有些意義可能就獨立不出來，受眾獲取不了作者要傳達的重要資訊。

以上我們討論了邊框幾個方面的作用，實際上邊框切割無所不在，

如門、窗、鏡框、室外建築、室內裝飾；畫作邊框、銀幕周邊、螢幕大小等等。邊框非但無所不在，而且無所不能，它裁定後，給受眾各種各樣的資訊，從而賦予形式以一定的意義。為此，它成為圖像傳播意義結構的主要元素。可以想像，如果沒有邊框，我們會生活在怎樣的一個混亂的世界中；如果不假定邊框，意義該如何傳播；如果不界定邊框，此一事物與彼一事物將無法界分。

二、邊框的形式與造型

邊框的形式是很普通的，它是人們從長期的生活經驗和社會實踐中習得的，其輪廓、邊線、有方、有圓，甚至有三角形、多邊形等。但對於圖像的邊框來講，尤其是在平面傳播媒體上出現的圖像大多為兩種形式：長方形和正方形；影視傳播媒體多為長方形，很少見到正方形。這樣一種經驗的獲得不但是圖像技術上的物理需要，也是人類視覺審看的生理需要，更是人類社會為了獲取更多傳播資訊的心理需要。

1.長方形

長方形是圖像傳播的基本形式，平面媒體的圖像絕大多數的邊框形式即為長方形，電影的銀幕和電視的螢幕以及電腦的顯示器的邊框都是長方形。圖像的邊框之所以為長方形，這是與人們眼睛的生理特徵有著嚴格而又緊密的關係。在正常的情況下，人們都會用雙眼來觀察環境和物體，由於人的兩隻眼睛相距約 65mm，兩眼向左、右視野是略有不同的，但在雙眼視野中，左右視野有大部分重合在一起。處於重合部分之內的物體是雙眼都能看到的。[12]左、右眼視野範圍見圖 **7-7** 所示。

長方形是人眼的視覺區域同構，人眼的視覺區域是橢圓形，直線切割的最大面積就是長方形，如圖 **7-8** 所示。

人類經過長期的進化，從樹上下到地面，從高山來到平原，眼睛可

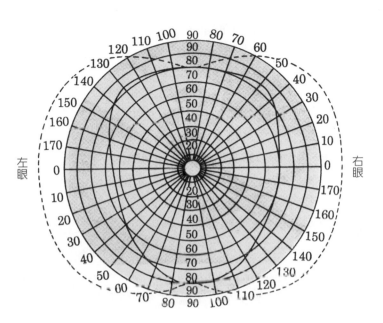

圖 7-7

左右眼視域及雙眼視域。《實驗心理學》（頁 137），楊治良，1998，杭州：浙江教育出版社

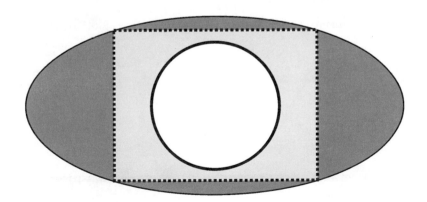

圖 7-8

視域內切面積示意。韓叢耀繪製

觀察到的環境和客觀事物大多數是水平延伸的，集中在寬廣的地平線上分布。再者，人類受到襲擊的機會來自地平線上比來自天上和地下多的多，從生物進化的角度來講。人眼發展的水平視覺比垂直視覺要大。

與方形、圓形和多邊形等形狀比較，長方形對於人們的視覺來說，有一種滿足感，也符合人們對精神文化的審美需求，它也是資訊傳播最有效的視覺形式。

2.方形

方形圖像在現代傳播媒體中不太常見，但在繪畫、攝影的形式中還是很常見的。方形比較中性，表情性差，不如長方形，但這種形式有單純、樸實、穩重和簡潔的感覺。相對於長方形它的品位較高，有些文化的冷骨傲氣。總之，它要麼適合純客觀、中性地表達，要麼進行純主觀、感性的表現。

3.黃金比

這是固定尺寸比率的長方形，由於它的特殊性和應用的廣泛性，故我們單獨討論一下這個形狀。

所謂的黃金分割，是指將一條線段分成最美（最能滿足於人們的視覺需求）的兩段。

如以這兩段組成一個四邊形就形成黃金形體比率。如圖 **7-9** 所示，將線段 AC 在 C 點分開，並使得 BC/AB=AB/AC，那麼線段 AB 、 BC

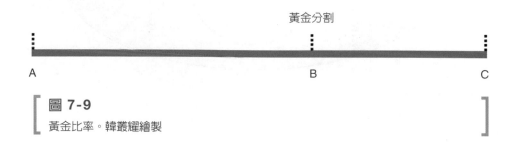

圖 **7-9**

黃金比率。韓叢耀繪製

就是黃金比。

　　古埃及人最早懂得這個比率，並廣泛運用在他們的日常生活裡和藝術創作之中，在現有的古埃及創作的圖像作品中，大量出現這樣尺寸的比率。到義大利文藝復興時期，人們更自覺嫻熟將其運用在建築、雕刻以及繪畫等視覺領域。雖然有許多藝術家、科學家花了很多時間去證明它並公開化，產生了一批相關成果。但至今人們公認的應為西元前 530 年由希臘哲學家兼數學家畢達哥拉斯[13]（Pythagoras）完成的黃金比的數學公式較為科學。當圖像邊框處理成黃金比時，二度空間的構成具有非凡的傳播功能，其資訊含量最大，結構意義明顯，視覺審美歡悅。

4.形式類別

　　圖像畫幅的形式，也就是畫幅比。圖像傳播之所以要研究它，是因為它對資訊的傳播起著重要的作用，貌似平常的形式，有時卻制約著內容的傳播，因此要想了解作者傳遞的真實意圖，就得關注圖像結構的最基本的形式：

(1)橫長的：畫幅為橫長的，其內空間為水平的視覺，該空間給人以平易親切、開闊舒展的感覺。適於表現穩定、平靜、伸展和水平運動的物體。當人們的視線在這種較為熟悉的水平面上運作時，心理覺得很正常。在邊框裡強調水平暗示著常態，它傳達給觀者一種穩定的資訊。

(2)豎長的：畫幅為豎長的，其內空間為垂直視覺，該空間傳達給讀者一種莊嚴、肅穆、向上和崇高的資訊。適於表現高聳、希望、平衡、緊張和豎向的運動。垂直線比水平線更為有力、更為刺激，地心吸引力使它充滿著特別的能量。垂直導向暗示著權威、戲劇，但也暗示形式與強度。

(3)方形的：畫幅為方形的，其表情性較差，傳達出一種單純、樸實

和簡潔。適合於表現平靜、簡約、單純及方形結構的事物及循環
向心的觀念。

在圖像結構的實踐中，作者往往還要注意到「銀幕的不對稱」。[14]它
是指人們看一個畫面（尤其是運動的畫面）並不是將自己的注意力左右
兩邊均勻分配的。實踐結果告訴我們的結論是：右重左輕。故在結構圖
像時要充分考慮到這個因素，使其畫面平衡或不平衡。

三、邊框的造型因素

透過以上的討論，我們得知，邊框具有一定的造型因素。邊框的四
周對靠近它們的物體施加強有力的影響。有時候它的作用遠遠超出自然
反應而起反作用。當人們在邊框內運作圖形時，要充分地考慮到邊框對
圖形的影響——主要是視覺的影響。

1.邊框的內空間

對於由邊框圍成的內空間來講，它的造型因素有四條邊、四隻角和
四個點。邊是很具體的：上邊就是天，下邊就是地。兩邊是平行的意
思，其作用就是：(1)延伸界限；(2)方向。具體造型效果我們將另行討
論。

四個邊會形成力場，形成內心力。對外來說，它有張力；對內來
講，它是吸引力。如**圖 7-10** 所示。

這主要是利用力的形式對人們心理上產生的影響來實現的。如在邊
框的中心放入物體，由於受力均衡，常感到呆板，這是因為力的作用方
向相等，造成一種心理上的穩定。如靠近某一邊放，力場就要發生變
化，力的作用就不平衡，對中心就是吸引力，對邊線來講就是排斥力。

四隻角會形成一定的角度，形成一定的方向，產生一定的力。上邊
兩隻角有上升、沸騰的感覺，下邊兩隻角有下降的趨勢，給人們造成平

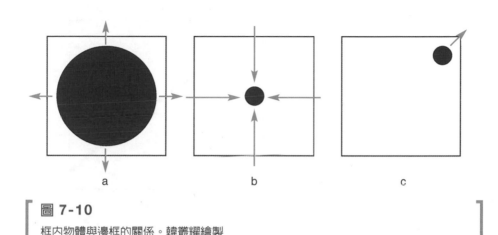

圖 **7-10**
框內物體與邊框的關係。韓叢耀繪製

行、下降等心理感覺。兩者所傳達出的畫面涵義是不同的。

　　畫面中的物體如離邊線較遠，作用力的方式就會弱化，畫面顯得空闊。如物體擴大並靠近邊線，受眾就會感到作用力增大，畫面緊湊、集中。從場效來講就顯得有力，有一種緊張感。當然，受眾的心理經驗和文化背景對圖像的閱讀是有著深刻影響的。

2.邊框與切割線

　　原結構的切割線和邊框發生一定的關係後，就會給受眾以不同的感覺。這種由於客觀物體元素的變化，引起受眾心理上、視覺上的變化，是充分利用了人們在長期的生活實踐中養成的習慣。如圖 **7-11** 所示。

　　這是一條直線與邊框切割，但它帶給人們的心理感受卻是不一致的。圖 **7-11a** 往往會被看作是一個向上的斜坡，而圖 **7-11b** 往往會被看作是一個向下的斜坡。當然，任何一種傾斜的運動，都會藐視這種圖解的上下感覺，但在圖像傳播過程中，這種「銀幕不對稱」效應時時在發揮著作用，制約著受眾對圖像的解讀。

　　如切割線與邊框成 90°的垂直關係時，就表現出規整、平穩、靜止

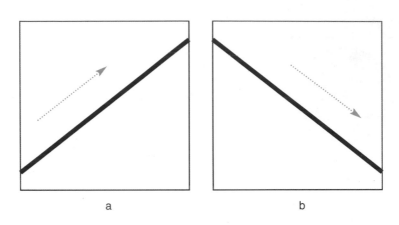

a   b

圖 7-11
傾斜線與邊框。韓叢耀繪製

和嚴肅。如是水平與垂直的混合則反映著我們的正常世界,它會使受眾
感覺到直立在水平線上,因為人類所有的物質環境——居所、家具、樹
木等,幾乎都是與地面成直角的。

如切割線和邊框成銳角或鈍角的關係,畫面會給受眾一種有變化的
感覺,讓人覺得畫面豐富、多樣、繁複和熱烈。圖像作者可以充分運用
受眾的視覺心理效應,使用簡單的結構表達深刻的意義,使用較少的元
素傳播較多的資訊。但必須在心理上充滿著為達成這些簡單結構所必需
的剩餘的視覺資訊——達成一種有組織的圖案。

第三節　點性構成

圖像中所謂的點是指圖像作者在結構一幅(組)圖面時的一種群化
處理手段,它是指與背景脫離的獨立單位。比如,它可以是天空中的飛

機、地面上的車輛、一座山峰、一塊池塘，甚至可以大到地球全貌、小到電子顯微鏡下的細胞等等。點在背景中是一個圖形，這是一個相對的概念，它既與現實物體的客觀尺寸有關，也與人們的視覺距離有關。如果要想對點有所了解，我們就要了解圖形和背景之間的閱讀關係。

一、圖形和背景

在圖像中運用的最基本的結構之一，就是圖—底關係。圖形和背景（figure-and-ground）的研究是各個視覺理論學派討論最多、也是最爲深入的問題，比較有影響的是格式塔學派（或稱完形學派）（Gestalt school）。格式塔就是完形的意思。受眾平時閱讀的畫面總是在一個背景上的形象，並且以輪廓和界線來形成物體。對象和背景相輔相成，組成了最基本的刺激圖形。然而知覺的對象和背景又是可逆的，那些曾經是知覺的對象，可以由於沒有價值或者完成了任務而成爲背景，背景中的某些東西在一定時間內可以知覺對象。如圖 **7-12** 所示。

[圖 **7-12**
圖形—背景不確定]

丹麥心理學家魯賓[15]（Edgar Rubin, 1896-1951）確定了圖形從背景中分出的一些原則：(1)圖形有形狀，而背景相對來說沒有形狀，如果背景被知覺爲有形狀的話，那也是由於其他完形的作用；(2)圖形具有一般物體的性質，而背景看起來是一種無形的東西；(3)圖形似乎是向前突出，而背景似乎是向後退；(4)圖形可以引起更深刻的印象，也比較容易記住。

考夫卡（Kurt Koffka, 1886-1941）發展並補充了魯賓的學說，他補充了一些新的原則：(1)對象顏色的剛柔對圖形來說要比背景更重要；(2)組成圖形的定向因素，如垂直和水平的方向更容易組成圖形；(3)內包和外圍的關係，內包的部分較易成爲圖形；(4)能力的密度因素，圖形中能力的密度較背景的能力密度要高；(5)組織的簡單性和均勻性，圖形與背景的配置造成的形狀，越簡單效果越好。

目前，經過許多學者、專家的努力研究，這方面的理論已是十分的成熟和豐富，最爲重要的就是稱爲組織完形法則（Gestalt laws of organization）。其核心內容有以下幾點：

1.相近性

相近性也稱接近法則（law of proximity），它是指視野中的接近（即空間位置相近）容易合成，構成輪廓。如圖 7-13 所示，當相近的要素彼此處於一個較近的空間距離時，人們傾向把它們看在一起。由於點的牽引，人們較易於將那些相近的要素連結起來，那些離得遠些的要素則不易被心理視覺連結上。

在圖 7-13a 中，由於水平點比垂直點相處的近些，所以我們看到的是水平線而非垂直線。而在圖 7-13b 中，因爲垂直點比水平點相處的近些，故我們看到的是垂直線而非水平線。點的這種群化性，在圖像閱讀中經常發生，並影響著受眾對意義的詮釋。

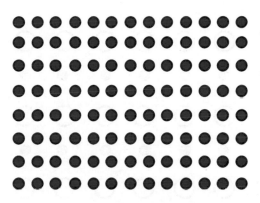

a.水平點比垂直點近

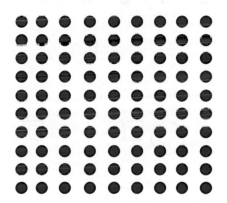

b.垂直點比水平點近

[圖 7-13
相近性圖例]

2.相似性

在形狀方面相同或相似的,以及在亮度和色彩方面相同或相似的圖形傾向於合成一組,構成一個圖形,這被稱爲相似法則(law of similarity)。如圖 **7-14** 所示。

在圖 **7-14a** 中,所有的這些點都分布均勻,我們卻看到了水平線,

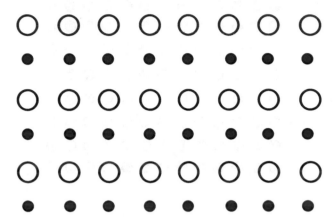

a.由點看到線

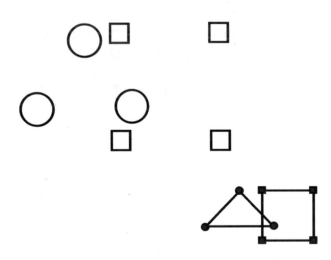

b.相似性大於相近性

圖 7-14
相似性圖例

這是因為我們傾向於把類似的形體看在一起。在圖 **7-14b** 中，相似性明顯地凌駕於相近性之上，我們看到的是三角形與四方形交錯在一起。從以上的圖例中，我們可以得知，形狀上相同（或相似）的點，容易組成圖形。

3.完形性

　　形成一個完形（Gestalt）的刺激將具有組合的傾向。完形一般是同一刺激顯示的各種可能的組合中最有意義的圖形，即完形法則（law of good figure）。構成完形的具體因素有：(1)連續（law of continuity）。如圖 **7-15** 所示。視野中有連續傾向或連續的刺激往往被看成為一條直線與波浪形的曲線，如圖 **7-15a** 所示；而以曲線為界分開為兩半，如圖 **7-15b** 所示，卻很困難；(2)對稱（balance）。對稱或平衡的整體，有利於組合，凡是對稱的，不論是黑色還是白色都會組合成圖形，看起舒服順眼。如圖 **7-16** 所示；(3)趨合（law of closure）。輪廓閉合的對象比輪廓不全的對象容易被看成一個整體，但對於我們熟悉的對象，既使輪廓缺少一部分，仍然把它知覺為一個整體。如圖 **7-17** 所示；(4)共同的變化（com-

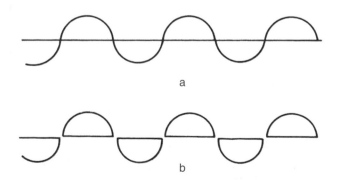

a

b

[圖 **7-15**
連續性。《實驗心理學》（頁 408），楊治良，1998，杭州：浙江教育出版社]

mon fate）。這是完形性原則的相似組合在物體上的應用。藝術家在設計舞蹈動作時常運用此原則。

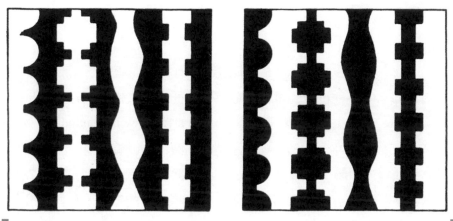

圖 7-16
對稱性。《實驗心理學》（頁 408），楊治良，1998，杭州：浙江教育出版社

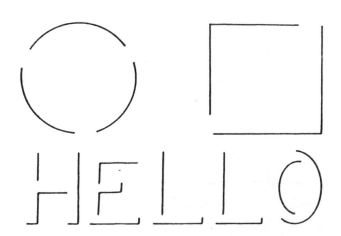

圖 7-17
趨合性。《實驗心理學》（頁 409），楊治良，1998，杭州：浙江教育出版社

二、點的認識

點性構成主要是找畫面中點的位置，再運用上面所講到的圖形和背景的關係來操作或解讀圖像。對於圖像作者來講，在結構圖像時，對點要做重點的考慮，雖然它的視覺面積不算大，但由於它在完形法則裡扮演極重要的角色，故不可掉以輕心。當然，現實生活中點也有很多，但能夠進入意識的，對圖像的結構起絕對作用的並不多，大多數的點不能形成閱讀的趣味中心。

1.點的指稱

點的指稱範圍很廣，比如有頂點、終點、起點、中心點等，平時人們說的事件的部位，一定的位置，都有表徵作用。有些是看不見的點，有些是理解的點。這裡我們僅從視覺構成上來討論點的問題。

點與點之間大小、明暗、色調的區別，還有位置的變化，這些因素在構成上是起作用的。如**圖 7-18** 所示，這是一些不規則的、極為隨意的點，它們大小不一、形狀不同，但人們一看到它，就試圖想用一些方法把它們變得有秩序，而使得任意潑潑的點變得具有意義。面對這樣的任意潑撒的點，受眾總願從自己的意圖出發，去試驗使它變得符合自己習慣的視覺秩序，從而傳達出某種意義，這種情景在圖像傳播中經常發生，這是因為對圖像的解讀除了圖面提供一些物理認知元素之外，意義的詮釋還來源於讀者過去積沉的生活經驗和審美定勢。

在點性構成中，一點最為困難，因為一個點凝固視線，沒有辦法使得畫面有變化，畫面呆板、無助，甚至幾乎構不成有傳播意義的圖面。二點雖然有跳躍性，但處理起來還是比較困難，二點要處理好遠近、大小的關係，使得在對比中互動加強。三點好處理些，因為一個點作為主體，其他兩點作為輔助手段就顯得好處理了。如**圖 7-19** 所示。

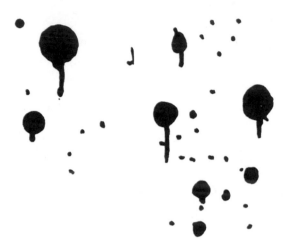

[
圖 7-18

任意點。韓叢耀繪製

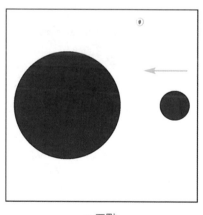

a.二點

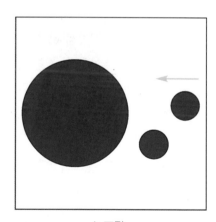

b.三點

圖 7-19

點性構成。韓叢耀繪製

2.點的位置

　　從位置上講，點能構成畫面運動平衡的感覺。如果一點在畫面的中心，這時的點處於畫面幾何中心，但卻是視覺上的死點，並且顯得周圍空間極不舒服，會出現一種死寂的沉靜，如果將一點安排在靠近頂邊或下緣，那麼又會造成藐視地心吸引力或沉入地心的感覺。這種極端的點性構成手段在傳達常態的形象意義時沒有必要使用，但在傳達某些極端情緒或特別意義時卻是很有效的手段。點的位置決定了該圖像構成的基調，多點的位置更需要根據表現的主題來確定。總的原則是大小相稱；多少適度；賓主有別；疏密適宜；層次分明。

三、點的作用

　　研究點是為了讀解圖像作者的構成涵義，建立一種有序化的結構形式。點在圖像中的作用不是孤立的，它是與其他視覺元素相關聯的，這裡為了說明問題，特意將點分離出來。

1.有構成線形的能力

　　圖像中如最簡約為二點，那麼這二點就有構成線的能力。數學原理告訴我們兩點之間構成最短的線段，人們的視覺很容易在兩點之間建立線段。如果是兩點以上，比如三點，除了在點與點之間容易建立線段之外，還容易建立視覺上形的概念。如**圖 7-14a** 所示，這也就是點的最基本的作用。

2.有產生節奏、韻律的作用

　　節奏、韻律是來自音樂的術語，人們在審看點的時候會透過聯覺效應，聽到圖形點的節奏和韻律。如**圖 7-20** 所示。

　　我們用三個點來代表三個音符，人們在看**圖 7-20a** 所聽到的節奏和韻律是與**圖 7-20b** 不一樣的。點的這種作用在圖像傳播中顯得十分突

a   b

圖 **7-20**
看到的與「聽」到的。《映像藝術》（頁 178），翟德爾，廖祥雄譯，1994，台北：
志文

出，所以使得傳播更容易進行下去，好多很深奧的道理透過圖像去詮釋
顯得既淺顯易懂，又便於從根本上實現意義的傳遞。圖 **7-21** 所示表明點
的視覺圖樣不同，其韻律是有很多差異的。讀者不妨可用心「傾聽」三
分鐘，找出它們結構上的不同。

3.有表現空間的能力

點對空間表現有很大幫助，由於圖像是在兩度的平面內模擬三度的
主體空間，當圖像中的主體簡約到一定的時候，點除了起到主體架構的
作用，它還有表現空間的能力。點的這種能力在電視畫面這種低資訊的
圖像手段中被經常使用。康定斯基更是將點歸納為一種圖面構成。

4.有均衡的作用

均衡是圖像受眾對畫面的形式感覺和一種心理效能。形式感是產生
穩定與和諧的因素，點可以起到很好的畫面均衡的作用，使得均衡從形
式感上升到審美的心理均衡。一切心理效能的取得都要依賴視覺的生理
功能，而視覺功能的取得又要依賴於畫面形式的物理性能。這就是點能
取得均衡的根本原因。

5.有裝飾的作用

圖像是二度平面，無論它要傳達什麼的資訊，都需要受眾用眼睛看
到。視覺思維有其特殊的視覺順序和心理感知，為了使眼睛看得舒服，

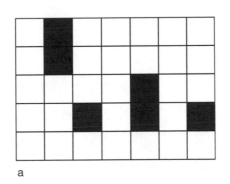

a

a

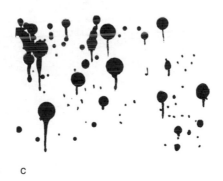

c

圖 7-21
點與韻律。《映像藝術》（頁 220），翟德爾，廖祥雄譯， 1994 ，台北：志文

資訊是包含在形式中的，這樣一來，畫面中的物理形式有的是為了直接
承擔傳播的資訊，有的是資訊的結構性形式，有的是為了裝飾畫面，使
其看起來更「美」。點就有這種裝飾作用，而且不同的點，會產生不同的
視覺裝飾風格。利用點的裝飾作用，形成一種形式獨特的畫面，會起到

意想不到的傳播效果。如圖 **7-22** 所示。

6.有構成視覺重點的作用

　　點在畫面中非常醒目，往往會從背景中脫離出來，形成視覺重點。有些畫面中的點並不是實有的，而是經過視覺群化後形成的，群化使畫面成爲了一種有序而又簡約的形式構成。群化既可以產生節奏和均衡，也使群化形成的點獲得了獨立的意義，並產生了點與面、點與形的關係。總之，人們的視覺重點是很容易落在點上的，點對視覺記憶有一種獨特的作用。

第四節　線性構成

　　線就是指物理實存意義上的線條，也是人們視覺感知的構成元素，它還應該是指物體在方向上的運動。如果說點是位置，那麼線就是方向運動。

一、線的種類

　　自然界中的線有許多種，比如直線、曲線、自由線等等。圖像中的線是經過人手或機具從客觀世界中提煉出來的。因此，這些線既有其自然特性之部分功能，又具有客觀表意的部分功能。如果大分的話，有直線（如：水平線、垂直線、傾斜線等等）和曲線（如彎曲線、弧線和拋物線等等）；從視覺心理上來分，有關係線和形式線；從方向上來分，線又是有緯度的。

　　圖像中的一些「線」，有些並沒有其物理實存元素，但仍能在觀者的心理形成，這就是關係線。關係線的指稱意義較廣，比如人和人、人和

圖 7-22

《他是誰？》。美國藝術家 Joe 用 700 名戰死於伊拉克的美軍士兵頭像拼成。《中國攝影》，2004，期 1

物、點和點、位置和位置等。關係線主要構成情節[16]（plot），也就是說，它有很強的表意和敘事功能。關係線主要有兩類：一類是視線；一類是運動方向。

在圖像傳播研究中，關係線是很有研究價值的，因為許多資訊就是透過關係線傳達給受眾的，尤其是繪畫和電影這兩種圖像媒體，關係線在其中起著舉足輕重的作用，有些甚至是決定性的。研究圖像中的關係，可以解讀圖像作者在建構圖像時的真實意圖。

二、形式線的作用

形式線是指分割圖面的主要長線，或者是在結構性圖面中起主要形式作用的長線，簡稱為形式線。形式線在圖像中的作用是淺而易見的，它不像關係線那麼深奧。

1.水平線

在圖像結構中與圖面上下邊線呈平行關係的直線被稱為水平線。水平線作為圖像結構的主線時，圖面顯得十分安詳和平靜。水平線條傳遞出一種靜感，適於表現平坦與開闊的場面，它既可以抑制動感又可以加強動感，使得畫面具有舒展、穩重的一種心理氛圍。

2.垂直線

在圖像結構中與圖面左右邊線呈平行關係的線為垂直線，垂直線形以其自身形態所具有的剛直、挺拔、嚴肅、沉著、靜止的特性，在圖面的形式結構中起著穩定的作用。它適於表現高聳、剛直、挺拔的性格，也可以表現莊重、肅穆、悲壯的氛圍；表現秩序、嚴肅和呆板的畫面。

3.斜線和傾斜

在圖像結構中與邊框不平行的直線為斜線。物像改變空間定向時，

與邊框不平行，平倒置為傾斜。斜線具有不平衡的動感，它適於表現動感和不穩定性，表現運動方向和速度；表現人體運動和重心不穩定的程度；表現強烈的動亂感和眩暈感；它還能表達仰視和傾斜的視覺圖面，表達整體構架與邊框呈現傾斜的狀態。

4.幾何曲線

幾何曲線基本上是由斜線相接而成，具有稜角，形同鋸齒狀的曲線，在自然界較少呈現這種形狀，多為人工製造。即使自然界有天造地設的幾何曲線狀態物像，也多被稱為「鬼斧神工」之作。因它具有奇突、驚險的特性，又具有硬挺、尖銳、緊張的特點，所以，在圖像構成中它是一種非常刺激的形式因素。它可以表現緊張、驚險、奇突的畫面氛圍；表現兇險與神秘。它還可以傳遞出一種痛苦的感情狀態。

5.自由曲線

自由曲線出於其豐富的變化、溫情活潑的特性而滿足了人們的審美心理需求和視覺順暢的生理要求，它本身就被人們稱為優美的。以曲線作為圖面構成的主線，由於形式結構的起伏變化，使畫面充滿活力和生動性。歐洲的許多建築和貴族飾品多為幾何曲線構成。它可以傳達輕快活潑的動感，有一種流淌舞動的表現；它可以強化波狀起伏和流動感。總之，自由曲線是極富活力和魅力的曲線，在圖像的形式構成中，它占有很大的成分。

三、線性結構的功能

圖像中的線性結構比較複雜，線既是純粹的形式構成，又是表情、敘事的重點，人們既可以看到線，也可以想到線，甚至可以聽到線，線的豐富可以在一個圖面中呈現出來。

1.結構的基本框架

線不但在形式上有表情、表意的作用，線在敘事上也有很重要的作用。線的表情性雖然不如色彩，沒有色彩的情緒渲染和情感認識那樣的濃烈，但它的敘事性卻很強，它有自己的聲音。正如康定斯基所說：「線……是個東西，它如同椅子、噴泉、刀子、書等等，有一個實用目的上的意義。……被當做純粹繪畫的媒介……它本身還有其他的意義——也就是說，它純粹的內在聲音。」[17]線的這種敘事能力可以把畫面撐起來，成為情節。線還有一個最基本的作用，那就是它決定畫幅形式的基本條件，也就是「純粹繪畫的媒介」。

2.表現圖面空間

線是表現空間的重要條件。我們知道，在平面內表現空間有兩種最有效的手段，一是改變畫面中的影調關係，也稱影調透視，一是改變畫面中線條的幾何狀態，被稱為線條透視。線條透視是表現空間的大的方面，線是產生方向的重要條件，仔細閱讀任何一類圖像（哪怕是稱為印象派的作品）就會發現，如果脫離了線的存在，其畫面的空間感會被大大地削弱。在電視畫面的構成中，使用線條表現空間關係幾乎是唯一的手段。

3.連結的紐帶

在圖像的結構性圖面中，圖形與背景的關係、部分與部分之間的關係都是靠線條在其中連結（直線的、曲線的）；線條是它們之間的紐帶。如果沒有這種線條的連結，這些元素將不能很有效地統一在一個圖面之中，更不用說可以形成一幅有機的結構性圖畫。這種連結紐帶既有明顯的視覺元素，也有暗含的心理效能。

4.形成節奏和韻律

節奏（rhythm）是聲音的規律，這裡藉以說明畫面在視覺上形成的長短、輕重及速度的關係，如果是影視畫面，就是指鏡頭內的動作速度。線條在圖像的圖面結構中可以形成很清晰的結構。結構清晰的圖面，就會使得圖像形成類似文章中的章法，有板有眼，不慌不忙，簡約利索。如果圖面的節奏清晰地表露出來，圖像就會有一種韻律感，韻律又是聲音的規律，它是在節奏基礎上生發出來的一種優美的調子，圖面富於韻律感，其圖像就會增加審美的價值，便於傳播（如**圖 7-23** 所示）。

5.強烈的表意功能

線條在圖面中有表情的功能、敘事的功能，同時它還有很強的表意功能。表意功能可以在圖像中讀到，尤其是在一些人物繪畫中表現得十分明顯。在電影、電視畫面中線條的表意功能也得到了充分的表現。在新聞攝影的專題報導中，線條的表意功能也得到了充分的驗證。

6.具有心理引力

人們生活在充滿紊雜散亂線條的世界裡，我們之所以在這散亂的世界裡覺得還是有序，那是我們沒有過多地注意到周遭的世界，而只是從心理上感受對自己有一定吸引力的線條，這些線條構成了人們「看」到的世界，其他的許許多多的線條被我們忽略了它們的存在。也就是說，人們眼睛在心理的作用下是有選擇地觀看世界的。因此在圖像中突出的線條一定特別的惹眼，引起人們的注意。

線條的作用和功能還有很多，隨著人們社會實踐手段的加強和社會經驗的豐富，線條的「意義」會越加明顯地呈現出來。

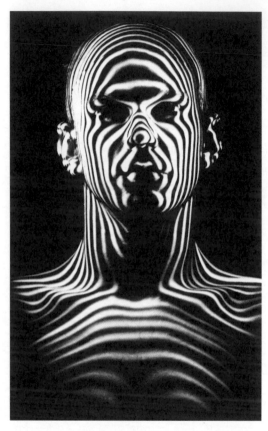

圖 7-23
《空氣時代人》。 Ralph Morse, 1954. *LIFE* (p.47), 1998, London: Thames and Hudson Ltd.

第五節　面性構成

面性構成是一個全新的理論課題，過去，極少有人注意到它，這可能是因為從面性的結構中再分解下去就是線或點的問題。實際上，面性

構成是一直存在於我們的視覺閱讀之中的。當然，面性構成的討論，會遠遠地超出圖面結構性上的技術技巧問題，它已成為當代思維科學的重要問題。比如說我們的閱讀，既要受到眼睛生理條件的限制，也要受到過去生活經驗和傳統思維定勢的影響，這兩方面共同決定了人們的閱讀，閱讀的習慣不同，得出的意義也會不同，造成了面對同一個訊息文本，讀者會得出不同的意義指向。

一、圖面的形成

圖像中面的形成因素有兩種說法，一是「點彩派」，這一派認為面是由點組成的。另一派是「概念派」，這一派認為面是由線組成的。目前人們較為接受的是「概念派」的理論，即面是由線的運動組成的。這是因為面的幅度形狀具有的視覺特徵，另外也是從同類群化的角度來說的。

一幅圖像有兩個組成部分，一是基面（也稱為底或背景），二是圖面，只要有圖形，就會有圖面。只有基面而沒有圖形，圖像是空洞的，從傳播學意義上說是沒有任何意義的。面又具有形：如幾何形、自由形、人工形和自然形等，下面我們還會討論基本形面的作用。

1.自由面體的強化

自由面體是隨著物像不同而發生變化的，面的構成情況不一樣，面所包括的景物範圍也不一樣，分割也會不一樣。對於機具圖像來講，就有遠景、中景、特寫的景別之分。成功的圖像結構應該是面性組織群化關係較好的時刻，圖面顯得非常有條理，層次清晰，敘事結構較好，資訊含量大，視覺傳播效果好。

2.圖底關係的分離

從圖面和基面的關係來講，畫面一定要講究這種視覺分離效果。有了圖底分離作保證，各個面都很清爽，圖形才顯得鮮明。沒有分離，形

（象）的概念就不強；分離不成功，面性就會模糊。明暗、色調、質感、肌理的變化都是圖底分離的手段，這種關係的建立，既要遵循視覺思維習慣，又要利用心理欲望的優勢。總之，要強調圖形，使得主體從基面中突出出來。

3.多個面的調度

　　如果圖面中有多個面，這就需要運用圖像的技術手段去「組織」。所謂的組織，就是要觀察角度、位置、視距對承面的影響。承面雖然越多越豐富，資訊蘊涵量也大，但表現不當，就會造成混亂，主體交待不清。如果圖面中有多個面，就要調動圖像的技術手段去整肅，使承面形成一定的結構秩序。

二、基本形的作用

　　基本形在圖面結構中的作用是在總體結構時顯現出來的。在眾多的形式因素中，每個因素都不能脫離實體而存在，而每個實體又都有其心理的形式。實體的形式和心理的形式，構成了圖面上的視覺基本形。

　　視覺基本形有很多，但透過群化和整肅後，經常進入圖面範疇的有兩種，一是三角形，一是圓形。

1.三角形

　　基本圖形是三角形狀的。由於底邊為水平線，故具有相當的穩定性。其角如楔形，有向外衝的視覺力感。如果是兩個斜邊組成的角，力感最為明顯。三角形的穩定性與底邊的長度和整體高度有關。也就是說，隨著底邊的縮短和高度的增加，其角的力度而有所減弱，但向上高聳的運動感卻在增強。三角形會隨著空間定向的傾斜而增加不穩定的感覺。如果將三角形倒置時，由於變成一點支撐而呈現出極不穩定的狀態。

如果圖形爲等腰三角形。畫面會呈現出莊重和穩定；非等腰三角形會呈現出變化和均衡。倒立的三角圖形預示著危險，當然也標識著平衡；如果變成楔形，就會形成一種力度和前衝的感覺。

2.圓形

圓形的邊線無首尾之別，形狀無方向上的變化，圓形張力均勻，給閱讀者以滾動、飽滿、完整和團實的感覺。圖面結構中的圓形具有凝聚的整體感，由於圓形的活動與團實的感覺，所以它是非常容易使人們注目的圖形。

如果圖面是實心的圓形，會產生一種困擾的作用；如果是同心圓就有一種向心性；環形的迴旋會形成一種秩序，而螺旋又會產生一種動盪的感覺。

基本形的這些作用是最基礎的，我們也是爲了研究問題的方便而將它們分離出來討論。實際上，每一因素的作用都要受到其他因素的制約。獨立的、純粹的元素聲音如果不在大的圖像結構中去討論，畫面的意義就不可能被解讀出來，訊息傳播的意義也就沒有了。

三、觀看的經驗和態勢

觀看的結構元素雖然已具有了規律性，被我們認識了，但仍有一些問題，我們尚不能下結論，尤其是面對同一對象，讀者的生活經驗不一樣，視覺思維的態勢不同，會閱讀出不同的資訊。以上討論的圖形組織都具有外界刺激因素，而實際上，在我們進行面性閱讀的時候，往往還會受到非刺激因素的影響。如圖 **7-24** 所示，《What's on a man's mind》給我們呈現了面性構成的多個承面於一體的情況。

還有許許多多的可逆圖形和雙關圖形也是依個人主觀條件改變而改變的例子。如圖 **7-25** 所示，這是畫家埃斯切爾（Escher）作於 1961 年的木

WHAT'S ON A MAN'S MIND

SIGMUND FREUD

[圖 7-24
男人的大腦。 Sigmund Freud]

[圖 7-25
天使與魔鬼。埃斯切爾，1961 年]

刻畫，名爲《天使和魔鬼》的二可圖。當人們注視黑色圖形時所見到的是魔鬼，而當人們注視白色圖形時，所見到的卻是天使。

　　二可圖，又稱雙關圖或曖昧圖（ambiguous figure），它是指對象和背景可以不時加以轉換的圖形，即在一個圖形上，　部分被知覺爲對象，其餘的就成了背景，背景和對象可以相互變換。[18]**圖 7-26** 所示，是一幅少女和老婦的二可圖。如果我們注目於圖中央的循環閱讀，就會看到一個老人的頭像。**圖 7-27** 所示，是一幅表現拉丁美洲薩爾瓦多的奴隸市場圖像，在圖的左邊還有一個半身塑像。這種在同一圖形中可以產生兩種知覺的現象，被稱之爲知覺的選擇性（selectivity）。知覺的選擇性是知覺的一個重要特性。其實不光視覺有這種特性。其他感覺也有知覺的組織以及對象和背景的關係。如在交響樂中聽到小提琴的旋律；在嘈雜混亂聲中聽到鳥鳴；在眾多喊叫聲中聽到親人的聲音等等。

圖 7-26
少女和老婦

圖 7-27

《薩爾瓦多奴隸市場與老人頭像》。Dali ，1982 年

註釋

[1]張會軍，《電影攝影畫面創作》，北京：中國攝影出版社，1998，頁134。

[2]圖像結構的示意圖只是大致地說明圖像的一些構成元素，實際有些圖像的構成元素遠不止這些，有些構成元素可能並不適用今天的電腦圖像。構成是一個選擇的過程，是一個組織的過程，也是圖像作者的一個創造過程。

[3]康定斯基（Wassily Kandinsky），吳瑪悧譯，《藝術與藝術家論》（*Essays uber kunst und kunstler*），台北：藝術家出版，1998，頁17。

[4]布洛克（H. Gene Blocker），滕守堯譯，《現代藝術哲學》（*Philosophy of Art*），成都：四川人民出版社，1998，頁151。

[5]錢學森，〈系統思想、系統科學和系統論〉，清華大學出版社編輯部編，《系統理論中的科學方法與哲學問題》，北京：清華大學出版社，1984，頁4-29。

[6]韓叢耀，《新聞攝影學》，南寧：廣西美術出版社，1998，頁79。使用灰度一樣的兩塊紙板，把它們分別放在白背景和黑背景前，結果給人們的視覺印象是白背景的灰板比黑背景裡的灰板顯得灰暗一些。如果在兩色的邊緣處，這一視覺現象會更為明顯。如果色與色的關係不是在同一空間展示，而是在不同色的先後呈現中展示，這就是色（畫面總的色調）的相繼對比（電影的放映、電視的收看就如同人們連續觀賞一批照片），這時在受眾的腦海中就會產生前一畫面與後出現畫面的影像疊加，形成流動的視覺印象。

[7]*LIFE: Classic photographs*, p.105.

[8]韓叢耀，《目擊災難》，南京：江蘇人民出版社，2000，頁180-181。

[9]康定斯基（Wassily Kandinsky），吳瑪悧譯，《藝術與藝術家論》（*Essays uber kunst und kunstler*），台北：藝術家出版，1998，頁21。

[10]康定斯基（Wassily Kandinsky），吳瑪悧譯，《藝術與藝術家論》（*Essays uber kunst und kunstler*），台北：藝術家出版，1998，頁26。

[11]康定斯基（Wassily Kandinsky），吳瑪悧譯，《藝術與藝術家論》（*Essays uber*

kunst und kunstler），台北：藝術家出版，1998，頁 27。

[12]楊治良，《實驗心理學》，杭州：浙江教育出版社，1998，頁 436-437。

[13]翟德爾（Herbert Zettl），廖祥雄譯，《映像藝術》（*Sight Sound Motion: Applied Media Aesthetics*），台北：志文，1994，頁 215-216。

[14]亞歷山大·狄恩（Alexander Dean, 1893-1949）。他在耶魯大學教授戲劇導演，主張舞台的「觀眾左邊」比右邊來得「強有力」，因為觀眾有先看左邊而後右邊的傾向。沃爾夫林（Heinrich Wölfflin, 1864-1945）主張繪畫的右邊比左邊更「重」，他說我們有傾向把左邊的東西讀得很快，為的是要到「說到最後一個字」的右邊。阿恩海姆（Rudolf Arnheim）區別了「重要、中央」的左邊與「重、突出」的右邊。

[15]楊治良，《實驗心理學》，杭州：浙江教育出版社，1998，頁 406-407。

[16]情節（plot），這裡指在故事片電影中形成的情節。在故事片中，所有事件都直接在觀眾眼前，包括事件的因果關係、年代時間次序、持續的時間長度、頻率及空間關係等。它與故事對立，因為故事是觀眾根據敘事中所有事件的想像式的結合。

[17]康定斯基（Wassily Kandinsky），吳瑪悧譯，《藝術與藝術家論》（*Essays uber kunst und kunstler*），台北：藝術家出版，1998，頁 28。

[18]參見楊治良，〈知覺現象研究〉，《實驗心理學》，杭州：浙江教育出版社，1998。圖 7-25、7-26、7-27 採自該書。

12345678910

圖像傳播中的畫面景別

　　上一章的討論大多建立在視覺構成元素的基礎上，現在要深入討論圖面中的形象問題，因爲許多意義就是透過這些形象傳達出來的。由於是站在圖像作者的立場上來討論問題，再加上有些畫面形象是結構上的，有些卻是心理上的，因此，使用了視像一詞。視像與映像相比較，它顯得較爲主觀，而映像呈現的較爲客觀。

　　視像的原意是指把理解的關聯當成眞實的，即人們把他們觀念的秩序誤當成自然的秩序，因此想像著他們對他們的思想既有的或似乎有的控制，允許他們對事物也能行使一種相當的控制。下面討論的景別和呈現的主體及其他，有些是圖面中可以呈現出來的，有些則不一定呈現出來，但人們的腦海中卻有這些「形象」。

第一節　圖面的景別

　　景別（scene）是指圖像中所包含的景致範圍的大小。如果是機具圖像，它是指圖像作者使用不同焦距的鏡頭在不同的距離上拍攝景物的結果，或是作者在同一距離上使用不同焦距的鏡頭拍攝景物的結果。當然，對於那些純粹（抽象）的圖像而言，景別是不存在的，這裡我們不做討論，我們以當今傳播媒體常見的機具圖像（攝影的、電影的、電視的）景別來討論。

一、遠景

　　遠景（long shot）包括了很大的景物和廣闊的空間，它大多以自然景物爲主，著重反映現象世界景物的地理全貌、環境和氣勢特徵，給受眾一種總體的印象。比如同樣是山，但近觀和遠看是不一樣的。「近取其神，遠取其勢」，山就有了各種擬人化的性格了。所謂「春山如笑，夏山

如怒，秋山如妝，冬山如眠」，即是將山擬人化的生動寫照。如果用視覺元素來展現，就要使用視覺形象語言。

　　遠景是相對的，它可以表現地球的全貌，也可以表現寬闊的場面或奧林匹克運動場，甚至可以表現人的全身。遠景通常的作用是將場面中的主要因素的具體位置告訴讀者，並爲之提供主要的視域範圍。如**圖 8-1**所示。

1.以勢取勝

　　遠景的結構要以自然景物爲主，著重表現景物的地理位置、環境特點。以自然景物的氣勢爲主，從大處著眼，從小處著手，著力表現整體的色調與影調，運用視覺形象的手段去達　種氛圍和氣勢，使得景物性

[**圖 8-1**
《東方紅》。袁毅平攝，1961 年。韓叢耀收藏]

格化，表現出一種情緒上的變化。

2.群化具象

要善於觀察，善於群化，如對待實景的山脈要像對待人的眉宇，對待河流如同對待一組線條。表現山川的走勢、樹木的長勢、舟楫的態勢、雲彩的形勢等。運用山巒的起伏、河流的走向、田野的圖案、地貌的線條等來交代不同的地理環境和特點，形成一種單一的抽象化的具有簡潔詩意的畫面。

3.營造氛圍

要善於運用自然界的天象，營造一種畫面氛圍，如季節的變化、時刻的不同、天氣的陰晴、大氣的流動、雲彩的變化等。在捕捉時要十分敏銳，將它們定格於遠景畫面的某一局部，形成一種畫面特有的韻味，營造出一種特定的畫面氛圍。

二、全景

全景（full shot）包括主要表現對象的全貌和它的周圍環境。全景對於遠景來說，有時又沒有什麼明顯的區別，它也是相對於同一表現主體來講的，因為全景可以是一座山峰，也可以是一個人的全身。相對於遠景來講，全景應該有明顯的作為內容中心和結構中心的主體，而且這個主體應當成為畫面的視覺中心。這個視覺中心可以很大也可以很小，但是不能沒有，太大又將改變景別的性質。構成全景的難度就在於確定這個主體，而且這個主體確實能成為內容中心，或結構中心，否則，跟遠景沒有什麼質的區別，二者容易雷同。如**圖 8-2** 所示。

1.圍繞中心

全景的構成不能像構成遠景那樣大而化之，它要求確定畫面視覺中

[圖 8-2
《比薩斜塔及教堂》。比隆，韓叢耀攝]

心，確定了視覺中心就要調動一切技術手段圍繞著這個中心進行構建。
如果這個中心在畫面中所占面積較大，作者還比較好處理，而有時在畫
面中所占面積卻很小，這時就要在構圖、色調、影調、曝光等技術手段
上特別當心，因為一不小心，視覺中心就會從畫面中消失，成為一幅遠
景圖像，失去了全景圖像的本質意義。

2.環境烘托

　　常常因為全景畫面的主體都比較小，雖然是視覺中心，但能引起讀
者的注意還不十分強烈，而要使用環境烘托的辦法進行渲染。這時可採
用深淺影調的對比方法、互補色彩的襯映辦法、景物大小的對比辦法、
不同景物的反差辦法等。總之，要在主體的環境上打主意，設法烘托主

體，渲染環境氛圍。設法使得雖在畫面中占面積很小的主體卻能夠在畫面中突出出來，形成強烈的視覺效果。

3.主次呼應

全景同遠景一樣，要充分注意到空間效果的強調，但它比遠景更要進一步，那就是還要充分注意到主體的輪廓線條和主體形態。使用好後景、前景、環境等客體，使之與主體形成有利於畫面形式表達的主次呼應關係。比如使用前景增加空間效果的表達，選擇與主體不同的色調背景來襯托主體等。總之，客體的使用要十分有利於突出主體，形成呼應關係，而不是淹沒主體，賓主不分。

三、中景

中景（medium shot）不同於遠景和全景的以「貌」取勝，它主要靠情節取勝，它主要交代人與人、物與物、物與人等之間的關係，以相互間的情感交流和主要表象特徵以及畫面的趣味形成。中景應該包括景物的主要部分，如是事件，應該包括事件的主要情節等。

現代的機具圖像，中景占據了絕大部分，這是因為鏡頭的視角是以人眼的視野展開的，隨著器材的進步，機具圖像的視野才得到拓展。但人們已經習慣於在中景的情況下去記憶和認識事物。如圖 **8-3** 所示。

1.注重形象

中景是表現主要景物的，對環境的要求已降到了次要位置，主要景物的形象不是要求像特寫那樣以神造型，中景主要是以造型寫神。所以，中景的造型是很重要的，只有選擇好中景的主體，才能構成中景的要素，才能形成有力的視覺形象語言。因此，要抓住主體景物富有特徵的輪廓形態和主要人物的姿態動作。

圖 8-3
《街頭》。巴黎，韓叢輝攝

2.表現情節

中景主體的形體選擇是非常重要的，因為只有特定的形體才能表達出特定的情節，有的情節說明不了什麼問題，有的情節最能說明問題。要學會觀察，捕捉最富有典型意義的情節特徵，選取富有表現力的情節。

3.簡練細部

中景的情節語言雖然很重要，但它還沒有重要到特寫所要求的那樣。這就等於告訴我們，在獲取那極富有表現力的、能說明情節和表現人與人之間、人與物之間的典型的姿態動作瞬間時，還有文章可做，那就是對細部的東西再簡練些，不要拖泥帶水，該捨去的要毅然捨去。簡

練的細部，會增強畫面的形象造型能力，有利於突出主要景物。

四、近景

近景（close shot）應該包括景物的最主要的部分，它主要用於細緻地表現主體的主要特徵或者是人物的情態。相對於中景來說，近景著重點是人物的內在氣質的表達或對景物進行細膩的描繪。

近景的使用，在機具圖像中，一般多為人物的半身像，主要是表情。它表現人物面部的精神面貌，對人像神態進行細緻的刻畫，它已不具有敘事的作用，而進入神情的表達。

表現景物，主要是交代形和質的美感；表現人物，主要表現人物面部的神情。「近取其神」是近景畫面表現的要點。如圖 **8-4** 所示。

圖 8-4

《讀報人》。巴黎，韓叢耀攝

1.描寫細部

　　同中景的簡練細部不同，近景主要的是要對細部進行描寫，透過細部的選取去表達人物的性格特徵和內心世界的神情，透過細部的選取來表現景物的獨特造型和富有魅力的地方。抓取人物真情流露的瞬間，選取景物最富代表性的造型，是近景畫面的成功關鍵。

2.注意神態

　　近景主要是表現瞬間，選擇典型。那麼對於人物來講，對神態的抓取就是極為重要的了，因為神態能夠透露出心靈的底蘊。近景中人物的眼睛始終是讀者注意的中心，要設法使眼睛「說話」，因為眼睛是心靈的窗戶。對於近景的物體來講，要具有審美的眼光發現它的美感所在，要有形式感的眼光，發現它造型的優美。當然，對於人物的髮型、眉宇、服飾，甚至于的描寫，都是非常重要的。

3.就形取神

　　近景畫面就是抓住神態，以神造型。由於近景對形有特別強的寫實能力，往往我們注意到它的形式造型能力，而忽略了對景物或人物的內質挖掘，形成有形無神的近景畫面。而神態之美在於真實，違反常規地導演擺布，就會造成形不似、神不揚，虛假、做作。要在自然之中獲取神態。

五、特寫

　　特寫（close up）就是細部表現。透過人物表情來再現人物的內心世界，在視覺上逼近讀者。特寫畫面容易在視覺上、心理上給人以強烈的藝術感染力，它的畫面視覺衝擊力比任何景別的畫面都強。

　　特寫就是以被表達主體的某一局部充滿畫面，讓細部更為細緻清晰，給讀者的印象是強烈的和突出的，對事物的交代是本質的、原始

C

的。如圖 **8-5** 所示。

1.能近則近

　　特寫是對細部進行一種特別的描寫，機具圖像在攝製時能靠多近就靠多近，近至極限爲止。也就是說，能拍半個臉不拍整個臉，能拍一隻眼睛不要拍兩隻眼睛，能拍到鼻子不要包括嘴唇。只有在足夠近的距離

[**圖 8-5**
《齊白石》。鄭景康攝，1956 年。《1949-1989 中國攝影藝術作品選》（頁 13），
1989，福州：海潮攝影藝術出版社]

內才能對細部做充分的描寫,只有把細部描寫到位了,才能深刻揭示事物的本質或人物的內心獨白。

2.描寫獨到

特寫的局部必須是能夠起到管中窺豹、以小見大的地方,必須是能夠窺見事物本質的地方。如表現人物的眼睛、嘴角、手勢等,如紅葉上的露珠、岩石的紋理等。特寫的圖像畫面近年來越來越受到讀者的青睞,它的獨特魅力越發顯露出誘人的魅力,它相對於近景畫面來講更強調內在的本質和潛在的動感。準確地從被攝對象中找出可以特寫的局部是優秀攝影師獨到的眼力,這要經過長期的視覺訓練並在實踐中養成。

3.再現質感

影像是一門很強的再現藝術,其本身的技術物質特性是任何一門藝術都難以企及的。如果在我們的特寫畫面上能夠將景物本身的質感呈現出來,這本身就足以令人稱奇。為了能夠更好地表現質感,在用光上要比較講究,不能在強烈的直射光線下拍攝特寫,也不能在光線不足的環境中拍攝。光線的柔和漫射及準確的曝光是保證特寫畫面質感的重要條件。

景別的選擇除了根據作者的意圖和圖像的對象而定外,有時還要根據所傳播訊息的特徵而定。

第二節　主體與客體

以上我們是從圖像作者的立場出發來討論圖面景別的問題,下面我們仍要從圖像作者的立場出發來討論問題,但會將討論範圍縮小在景物之內,使用現實生活中的術語來討論虛擬的二度空間位置和變化。

一、主體

主體（subject），是指表達主題思想的主要對象，是畫面最主要的部分。

一幅畫面只能表達一個主題，一切都要圍繞著這個主題的主體去構築，去經營。主體不但是內容的中心，也是畫面的結構中心，確定了主體，其他客體都要與它相呼應、相襯托，形成一個統一和諧的畫面。

結構圖像畫面之前都有一個取景的過程，顧名思義，就是從景物中取捨，找出能夠表達意境的主體。只要主體有了，這幅畫面就能站得住腳，沒有主體，意境就表達不清，讀者從畫面中也看不出個所以然來。主體突出了，畫面也就基本成立了，意境表達的程度就全看其他手段的應用了。

表現主體的方法手段有很多，但總的說來，主體的表現形式，不外乎有兩種最基本的形式，那就是直接表現和間接表現。

1.直接表現

所謂直接表現，是指主體在畫面上占有很大的面積，有突出的位置。使它鮮明突出，有利於細膩地表現主體的特徵和質感，有一種開門見山、一目瞭然的效果。這種直接表現的方式是圖像結構的基本方式，它能最有效、最集中地表達主題思想，說清楚作者的意圖，它能最直接地揭示事物的本質，也能最清晰地表露客觀對象的實況。它能形成最有力的視覺形象語言，也能形成最美的畫面形式。如**圖 8-6** 所示。

2.間接表現

所謂間接表現，是指使主體在畫面上占的面積不大，位置也不太重要，有的甚至處於畫面的邊緣，但它仍然是畫面的結構中心，同樣有著吸引讀者視覺注意的功能，起著主體應有的表達主題思想的作用。間接

圖 8-6
《佛羅倫斯教堂金門》。佛羅倫斯，韓叢耀攝

表現主體相對於直接表現是困難的，因為創作時哪一個手段使用不當，哪一個環節稍微薄弱，都有可能失去主體，或者說主體在畫面中位置移換，出現了所不希望的畫面主體。雖然主體的間接表現有一定的難度，但它那強烈的畫面藝術效果，對主體意蘊的深層開掘又強烈地吸引讀者，它是作者必須掌握的手段。可以利用影調的反差、色彩的互襯、形體的對立、形式的繁複、心理的指向等手段，來進一步強化和突出主體。如**圖 8-7** 所示。

二、客體

所謂客體（object），是指在畫面中與主體緊密關聯的構成一定情節的對象。客體幫助主體表達主題思想，幫助讀者理解主體的神情動作和

圖 8-7

《露天音樂會》。巴黎，韓叢耀攝

內在涵義。客體在一些情節性較強的畫面中，往往是十分重要的和不可缺少的。可以說沒有客體也就無所謂主體，沒有客體的主體，正如沒有綠葉的紅花，那將是十分淒涼和難以忍受的。

在一幅機具圖像的畫面中，除了主體占有的部分，可以說絕大部分都為客體。客體可能是有形的景物，也可能是無具形的景致，如霧、雲、空白、色調、暗影等等。構成客體的景物要比構成主體的景物複雜得多。作者在取景框裡看景物，既要看到實存的，也要想像到，這塊空間落到圖像平面上將會是什麼樣子，除了立體空間已有的客體之外，形成平面後還有哪些將能成為客體，這樣的客體是有助於主體的突出呢？還是有損於主體的表達？通常，要有統攝全局的意識，在建構畫面之前腦海中就要具備這樣的意識。

1.烘托主體

這是最原則的，也是最基本的。客體不能喧賓奪主、凌駕於主體之上。它的影調反差、它的色彩傾向、它的線形方位、它的大小配置都要視主體而定，一切為主體服務，凡是有利於突出主體、烘托主體、陪襯主體，不管對客體自身有多大的損害（如焦點不清、形狀不全、影調欠佳、色調失衡等等），都要做出犧牲和奉獻，為主體服務。凡與主體搶奪視覺效果、占據心理空間、膨化審美意趣的都要設法避免，絕不允許有妨礙突出主體的客體出現在畫面上，這也就是作者常常講的畫面要簡潔的理由。畫面簡潔了，就顯得乾淨俐落、主體突出，就能給讀者一個強烈的視覺衝擊力。有了這種視覺的衝擊力，讀者對畫面主題的理解就會簡捷而迅速，明瞭而清晰，準確而豐富，平實而美意。

為了不影響主體，客體在畫面中的出現，一是可以是不完整的，只要不影響人們對它的認知，能少則少，能減則減。二是客體可以是虛糊的，只要不破壞人們的審美情趣，能虛則虛，能糊則糊。三是要形成強

烈的反差，這包括：色彩的互補、影調的深淺、顆粒的大小；包括形狀上的粗細、曲直、縱橫、側正等；包括透過視覺閱讀所形成的巨大心理反差。如圖 **8-8** 所示。

2.藝術效果

　　如同主體一樣，客體既可以直接表現，也可以間接出現，甚至可以不在畫面中出現。不管出現方式如何，它都是爲了增添畫面的藝術效果，渲染一種氛圍，開拓一種意境，增強審美的情趣。如林庭松的攝影作品《瞧新娘》（見圖 **8-9**），畫面上並沒有出現瞧的主體——新娘，而只有客體——瞧新娘的人，但卻更加開掘了讀者的意蘊，拓開了想像的空間，增強了作品的審美情趣，其畫面的藝術效果也被渲染得十分濃烈，但又具有綿綿的含蓄意蘊，可見作者的匠心獨具，藝術手段的高超，和處理客體時的精道的、妙不可言的手法。

　　一幅作品的品位如何，就要看畫面本身所透露出的藝術效果了，而

圖 8-8

《競技場》。羅馬，韓叢耀攝

圖 8-9

《瞧新娘》。林庭松攝，1983 年。韓叢耀收藏

這藝術效果的產生大多又由客體承擔。所以說對客體能起到的這種藝術化的效果，要引起足夠的重視。

第三節　前景與背景

一幅圖像作品從嚴格意義來講並沒有前後景之分，這裡所說的前景、背景是指圖像作者在結構和創作畫面的時候，以畫面中的主體為界，在視覺空間處置於主體前後的景物。實際上有些是有物理實存意義，有些只有視覺心理意義。為了充分地討論這個問題，我們仍以機具圖像（尤以攝影圖片）的作者為例來進行，並從畫面的結構意義上去研究。有了這些結構性常識，讀者在今後閱讀圖像時，就有了技術性的開頭了。

一、前景

所謂前景，是指主體前面的景物。當然主體也可以作為前景。前景距讀者最近，在畫面上成像顯得較大。前景主要起著表現空間透視感、美化畫面的作用，它能烘托和映襯主體，渲染環境氛圍，抒發作者情感，增添畫面詩意。它還能幫助表達季節特徵、地貌特點、地方色彩和特定質感等。前景的色調可深可淺、焦點可虛可實，前景可以是人，也可以是物，客體常常充當前景的角色。在大場面的景物中，層次較為豐富，使用前景往往是較佳的構圖方式。如圖 **8-10** 所示。

1.映襯主體

前景常常是由客體承擔的。作為客體，毫無疑問，就是要映襯主體，幫助主體深化主題，表達作者的意思。

圖 8-10
《羅浮宮一瞥》。巴黎，韓叢耀攝

2.突出特徵

　　前景的使用在畫面中所占面積要儘量的少。但這「少」，要能起到將主要對象的特徵突出的作用。從大的場面上看，它是畫面的前景；從小的微觀上看，它是畫面景物本質的揭示。透過前景的象徵性交代，讀者可以從畫面上讀到特徵明顯的景物，給畫面以一種確切的定性，少量的前景卻起到了窺一「斑」識全「豹」的作用。

3.美化畫面

　　前景的另一個作用就是增強畫面的藝術趣味，美化畫面。特別是影視畫面，它們是來自現實景物，這些景物大家一看便知，很容易生活

化，藝術趣味較低。為了克服影視畫面這一記錄現實自身的弱點，往往是使用前景，形成透過門窗看外景的空間透視感，加強畫面的裝飾意味，形成有意味的形式感，形成畫面特有的圖案美感。尤其是在拍攝風景、人像的時候，有前景作裝飾可以提高畫面的美感形式，增強藝術品位。

4.形式對比

使用前景有時就是為了突出主體的形式，比如加大反差、形成對比，使讀者對主體的形式產生一種強烈的視覺印象，從而加深對主題的闡發。這種形式對比可用高與矮、長與短、曲與直、明與暗、大與小、方與圓、新與舊、遠與近、整與碎等手段來表現，這些雖然是形式上的，但讀者一旦從畫面形式讀到這種對比，就會在心理上產生更深一層的涵義，出現了主題的對比功能。強化時空，突出主題，形成一種獨有的因形式而產生的美感。

形式對比要注意的問題是：線條朝向要與主體相呼應，色調深淺要與主體相配合，瞬間形態要與主體有關聯。

前景有一種形式美感表現力。在使用前景時既要大膽又要謹慎，既要有意而又不要做作。選擇什麼景物作為前景要十分的慎重，不能造成畫蛇添足的印象。另外，不該用前景的，一定不要用前景，以免影響主體的表現。

前景是處在鏡頭最近的地方，它在畫面上成像大，所占面積大，又處在前景深的邊緣，稍不留神或技術掌握不當，都可能給畫面主體帶來不必要的損害。使用不當的前景，不但起不到應有的作用，反而會破壞畫面，因此前景處理起來要慎之又慎。

首先，它在形式上要是美的，色彩上要協調，影調要統一，有利於主體的表現。其次，前景與主體要有內在的聯繫，有利於主題內涵的表

達。第三，前景能少則少，能減則減，不要爲前景而前景，能說明問題的，使用面積盡可能小，焦點盡可能實。總之，要將前景融入畫面的主體之中，形成渾然天成、互相關聯的同一體。

二、背景

所謂背景，是指在形式上表現爲空間、色調、影調、線條結構等的景致，在內容上表現爲點明主體所處的環境、地理位置及時代特徵。背景不是指主體後面的景物，主體前面、主體後面及主體兩側的景物都應作爲背景來看待，它多爲客體來承擔。背景對一幅作品的成敗有時有著決定的影響，有時候背景的選擇對主體的表現是非常重要的。時下攝影公司的結婚照能得到這樣的流行，甚至成爲年輕人結婚的最重要環節（它顯得比領取結婚證還重要），就是得益於背景的多變。人還是那樣的人，婚紗還是那樣的婚紗，可背景卻變幻無窮，引誘人們要成套地拍。旅遊紀念照更是這樣，人們之所以樂此不疲地拍照，無非就是覺得「這地方好看」，想把「人」貼在各種好看的「背景」上。背景既有平面的，也有立體的，更多的爲立體空間的景物。如**圖 8-11** 所示。

1.交代環境

由於主體多爲人物或某一景物，對它主要是形狀、色調或瞬間的表現，那麼其他的問題就要由背景交代，交代主體所處的地點，交代主體所處的氛圍，交代主體所在的周邊環境情況。這種環境交代看似平常和隨意，可實際上它能幫助讀者理解主體所要表達的內容，理解畫面的主題所在，解讀畫面的故事情節，甚至可以幫助刻畫人物的性格，說明人物的身分，說明事情的眞相。

2.突出主體

背景是爲了突出主體，但如何選擇能突出主體的背景卻是十分傷腦

圖 8-11

《赫爾辛基大教堂》。赫爾辛基，韓叢耀攝

筋的事情，尤其是機具圖像，因為拍攝實存的環境，主體往往就是在那麼一個背景中出現的，這樣看來，背景似乎沒有更多的選擇餘地，只能從主體的前後左右著手。這就要求作者在確定主體、拍攝之前多從取景框中看看與主體同在的畫面背景，多角度、多方位地觀察。有可能的話，圍著主體「看」它幾圈，高低不同「看」它幾眼，將高度與角度結合起來看，效果可能會更好。因為觀察事物的角度改變了，往往就意味著新作品的誕生。角度新，背景往往就會新，會出現我們意想不到的效果，而這種效果對突出主體十分有利。可以說，幾乎任何一個主體都有一個十分突出它的背景，只不過受到照明光效、觀察角度和表現手段的限制罷了。

　　突出主體時要注意：色調與主體要區別，形狀與主體要區別，深淺與主體要區別。

3.簡潔畫面

　　背景的選擇要盡可能地避開與主題無關的景物和人物，形成單一的色調、和諧的形式，儘量使畫面達到簡潔的程度。如機具圖像要避免人物上方的房樑、樹杈、電杆、跳躍的色彩、醒目的形狀物等。改變拍攝位置，能躲掉的躲掉，不能躲掉的能搬走的搬走，這兩種辦法仍不見效的，可以使用大光圈小景深的辦法對背景進行虛化暈色處理，使雜亂障眼的背景形成簡潔的暈色虛化效果。總之，背景除說明主體必需之外，能簡潔的要儘量簡潔，形成主體突出、主題鮮明利索的畫面。

4.和諧統一

　　選擇背景時，其色調和線條要單純，與主體要和諧統一。在色彩的選擇中同色系的可以形成一個協調的平面色，而色彩的互補也能形成一個互襯的空間色。在線條的選擇上，形狀相似的，可以形成同一性、相似性，而形狀對立的相左的，可以在對立中求得辯證的統一。但不管是

相似性的和諧統一，還是辯證性的對立統一，都要有章法，不能亂了方寸。色彩不能眼花繚亂、五彩繽紛沒有主次；影調線條不能對立突出、亂七八糟沒有趨向性。和諧要有層次，對立要有統一。

第四節　均衡與空白

前面所討論的主體與客體、前景與背景都是可以在畫面中呈現的具有實在形體的物像，而這裡所討論的均衡與空白，則是一種腦海中的視像，作者建構圖面的時候要進行一種相當的控制，使得視覺感知達到預期的心理效能。了解均衡與空白的作用，完成對圖像的構建，或者反其道而行之，設法在極度對立中取得矛盾中的和諧，取得在更高層次上的統一。

一、均衡

均衡是讀者對畫面的形式感覺和心理效能，形式感是產生穩定和諧的因素。均衡的要求是讀者的一種高級審美活動，從形式感上升到審美心理的均衡。所以說，談到畫面的均衡要從兩個方面來講。一是從畫面上表現出的幾何形狀來講，能夠使畫面兩邊、上下、中心、邊緣等物理形式上取得一種近似幾何圖案和物理分量的均衡；二是透過閱讀畫面，在畫面形體的引導下和無形的心理形體（如運動的方向性、空白的重量感、形式的對立協調性以及色彩的冷卻膨脹、影調深淺的輕柔滯重等）的暗示性之下取得的均衡。

一切心理效能的取得都要依靠視覺的生理功能，而視覺功能的取得又要依賴於畫面形式的物理性能。順著這條溯源的主線，我們就會知道，要想取得最佳的畫面效果即均衡的心理效能，最重要的是在畫面的

形式安排上就要具備這種可能性，先要使它具有最根本的物理意義。比如你硬說畫面上的三角形代表足球，畫面上的幾何曲線是波斯貓，那就沒有意義了，因為基礎形式就沒有提供成為心理認知景物的可能性。均衡的取得，首先要從畫面的物理意義、形式意義談起，有了形式，才能有視覺認知的可能性。如**圖 8-12** 所示。

1.視覺均衡的需要

人們在認知和審美的時候都有一種滿足感，而這種滿足感的產生是一種美好、完整、和諧和統一的心理需要，從畫面上來說，更多的是一種畫面的均衡，這種均衡不是畫面景物以一種靜態的嚴格的對稱和守恆，而是一種動態的、有序的排列和運動。主體不要置於畫面的中央，

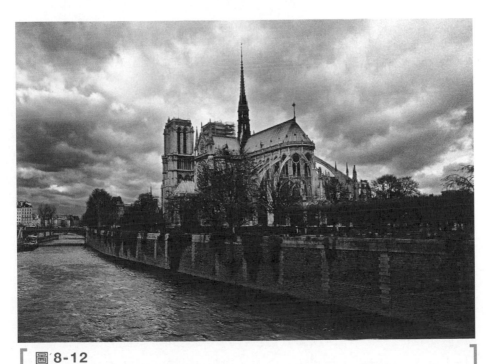

圖 8-12
《巴黎聖母院》。巴黎，韓叢耀攝

因為平面上的幾何重心，往往是視覺上的「死點」。過度的講究幾何均衡，畫面雖然具有了良好的穩定性，但也帶來了呆板和死寂的感覺。

2.加強視覺衝擊力

畫面取得均衡會加強對主體的表現力，造成讀者的閱讀注意力，無形中就加強了視覺衝擊力。這是從形式安排上講的，如果從心理角度加以利用，可以利用畫面形式上的不均衡，使畫面上的某些景物產生運動或重量的傾向性，而另一些景物則產生相反的傾向性，透過讀者的視覺閱讀，從而取得心理上的積極的畫面平衡。這種「均衡」後的畫面，其視覺衝擊力也許更強些。一般人的隨手塗鴉和繪畫大師的揮毫潑墨；生活照片和攝影作品的差別，在這裡得到了最有效的體現。但不管是形式上的均衡，還是心理上的均衡，其最終目的都不是真正要求畫面四平八穩、協調平和，而是要吸引讀者對主體的注目，使畫面具有視覺上的衝擊力度。

3.表達特定的情緒

機具圖像除了具有真實記錄客觀景物外部形態的功能，它還有表達作者主觀情緒的作用，或者說可以透過畫面為讀者營造出某種特定的氛圍，讓讀者在情緒上受到感染。形式上的對稱、穩定、均衡能給讀者心理產生一種安寧、祥和、平靜、莊嚴、肅穆、沉重的情緒氛圍；而形式上的不對稱、不穩定、不均衡會透過讀者的視覺之後在心理上產生一種動盪、煩躁、不安、輕快、活潑、明朗的情緒氛圍。

4.形成有意味的形式

畫面如果沒有取得均衡，往往給讀者一種隨意的感覺，好像是隨手不假思索地快照，而當畫面取得很好的均衡之後，畫面的形式在有意和無意當中就會變成「有意味」的了。這種「有意味」的形式會給畫面帶

來意想不到的效果。總體來講大約有三點：一是當畫面取得某種均衡後，這種形式感覺能將平淡的景物變爲具有奇趣的可視圖像，即化平淡爲奇趣。二是當畫面取得某種均衡後，這種形式感覺又能夠將一般的景物變爲特殊的審美對象，即變一般爲特殊。二是當畫面取得某種均衡後，這種形式感覺出現對認識對象質的變化，它甚至可以將腐朽的東西變爲神奇景觀，即化腐朽爲神奇！可見，均衡取得有意味的形式後具有很好的傳播意義。

二、空白

空白，是指畫面由單一色調形成的背景。我們知道，構成畫面的除了主體、客體或者說前景及背景等這些有外在明晰的輪廓形態景物之外，還有一些如水面、天空、屏障等由單一色調形成的在取景框內顯示不出其外在輪廓形態的物像。它們也是畫面的有機組成部分，有著同主體一樣認知能力和審美的表現力。這些由單一色調、沒有外形輪廓形態的物體組成的畫面，我們就稱之爲空白。空白是相對於在畫面中有形、有層次的景物而言的，空白不是什麼都沒有，它有的只不過更大更多。畫面有了這些空白才能透氣，才能有生機，才能構成有機的整體，才能形成精彩的畫面形式。沒有空白的畫面是難以想像的，不管主體如何的重要，它都會給人一種呆滯、擁擠、窒息甚至死亡的感覺。

空白是相對於該畫面自身的景物形狀和色調來說的，這一點很重要。此畫面的空白不是彼畫面的空白！空白可以是天空，可以是海洋，可以是高山，可以是沙漠，可以是堵牆，可以是塊布，可以是片葉，可以是朵花，可以是馬背，可以是手面，可以是雪片，可以是煤堆，可以是麻片，可以是皮膚；空白可以是黑，可以是白，可以是灰，可以是彩；空白可以是實，可以是虛，可以近，也可以遠。總之一句話，凡能構成單一色調而又不在畫面中出現具體外在輪廓形態的，都可以當空白

使用。

在畫面上恰當地用好空白，突出主體，可以使畫面虛實得當、疏密有秩、深淺適配、色彩相宜、遠近有序、粗細適當、濃淡相當、整體協調，從而產生節奏和諧、氣韻生動、活潑明朗和思維流暢的心理感覺。畫面顯得很有章法、有秩序、有情趣、有品位。可以脫離低級趣味，從一般圖片躍到作品的層次上。

知道空白的作用不難，但能使用好空白，將它安排在畫面的恰當位置，占有適宜的面積，卻是件困難的事。如圖 **8-13** 所示。

1.創造性的思維活動

在畫面中安排空白，是一項積極的構圖行為，是極富創造力的思維

圖 **8-13**
《港口》。斯德哥爾摩，韓叢耀攝

活動，也是一個人審美趣味的表露。從畫面空白的多少和所處位置上，往往集中地反映了作者審美傾向、文化品位、政治觀點、生活情趣、民族心理、地域特色、心情意境等。也就是說，從空白的使用上，很容易體現出作者的風格和藝術的指向。如張藝謀的前期電影畫面要麼是大面積的空白，表現空靈、浩渺、高亢、未知等；要麼是小面積的空白，表現團實、緊湊、急促、神秘等，這一張一弛、一大一小實際上就構成了張藝謀電影藝術的外化形態，使外行一看便知這是「老謀子」的作品。在畫面空白的安排上，可以說張藝謀是行家裡手，駕輕就熟，利用空白完成了自己電影風格的外化形態。

畫面上空白的大與小，一是要根據具體拍攝主體而定；二是要視作者的「喜好」而定；三是形式要為主題服務。根據這三條原則，作者可留大面積的空白，也可留出一點空白，甚至不留空白。總之，利用空白表達作者的觀念、審美理想是積極的、創造性的思維活動，而不是被動的、消極的構圖手法，這一點十分明確。

2.突出拍攝主體

如果一幅畫面被所攝製的景物占得滿滿的，其視覺效果可能與作者的突出主體的願望相反。因為讀者面對沒有空白的畫面，視線在畫面中忙亂，沒有休息和調節的可能，結果造成一種心理拒絕效應，即使畫面內容被視覺「記住」一些，但也會被大腦很快地忘記。因此，在安排畫面時，為了突出主體，在主體周圍儘量少安排或不安排其他景致而要留出空白。

一幅畫面通常只能交代一個主題，表現最主要的被攝體，要使主體清爽、突出、凸現。能達到這種畫面效果的，空白的使用可以說是最有效的手段。空白使用好了，可以使畫面產生一種主客得當、影調豐富、氣韻生動、主題突出的效果，增添畫面藝術魅力。如**圖 8-14** 所示。

圖 8-14

《我的窗外》。巴黎，韓叢耀攝

3.產生聯想和創造意境的條件

美學上有一著名的論斷叫做「美在幻象」。一幅影像作品之所以被我們認為是美的，除了它具有主體的獨立的形式美感外，我們在閱讀作品時還能產生一種「幻象」。這種幻象就是讀者的聯想，而這種聯想產生的美感會給作品實存體之外創造一種藝術的意境。

畫面上的空白，因為是單色調，可以說空無一物，也可以說萬象俱具。它能激發我們產生無窮的想像。正如毛澤東所說過的那樣：一張白紙好寫最新最美的文字，好畫最新最美的圖畫。寫上什麼字，寫得好不好；畫上什麼畫，畫得美不美，這就要靠作者的知識積累、生活習慣和藝術趣味了，空白只能提供這種可能和條件。

畫面上留有一定的空白，能使讀者產生一種創造的欲望和衝動，激

起情感上的共鳴。高明的畫家、攝影家，總是很尊重讀者的，在他們的畫面上「留有三分空」給讀者，只畫或攝「七分」，讓讀者和作者一同去完成一幅作品，那麼這幅作品的價值就是顯而易見的了。

4.滿足讀者的心理需求

　　畫面上的空白安排雖說是一種形式上的視覺反應，而實際上它是一種心理的需求。人們的心理是在長期的生活習慣、文化習俗和審美對象的實踐中形成的，每一個人有每一個人的心埋狀況，但共同的生活經驗、審美體驗還是有許多一致的地方。作者在進行畫面的空白安排時，要遵循讀者的共同審美心理，使得畫面看起來流暢、自然、有意味，使用心理指向性來安排好畫面的空白，如在側面人像的人臉朝向前就要留出一些空白，使人眼有一個視線空間；如在奔馳的快馬的前方就要多留出些空白，使得奔馬有一個「前進」的「空間」。

　　根據人臉的背向、運動的方向、物與物之間相互呼應關係等確定空白的大小和面積，是一件十分微妙的工作，要使這種安排符合生活的邏輯看起來是件十分隨意的事，而事實上卻是傷腦筋的事。多觀察生活，積極進行視像構建，從而達到在生活的場景中擷取極富審美資訊的畫面。

第五節　空間與透視

　　以上討論的是圖像的二度空間的視像構成，這裡要結合二度空間的構成規律討論機具圖像表現三度空間的構成手段。

　　表現縱深空間有兩種手段最有效，一是幾何透視，也稱線條透視；一是空氣透視，也稱影調透視。還可以將兩種表現手段同時運用到同一

個畫面之中。只有將兩種透視處理好了,才能生動地表現景物的空間縱深感,才能有助於主體環境的交代和具體內容的表達。

一、透視的原理

了解透視的意義和形成透視的規律,是為了面對景物幾何特性與空氣介質的光學特性和畫面造型處理的要求,充分利用並適當調節畫面中的透視關係,以獲得不同的畫面效果。

1.幾何透視

幾何透視是利用各種物體在視覺上的線條透視效果的一些基本特徵,來表現畫面景物的縱深範圍。其規律為:

體積相同的物體,距離鏡頭近時視覺影像就大,距離鏡頭遠時視覺影像就小;距離鏡頭較近時,寬度相同的物體,視覺影像就寬,距離鏡頭遠時,視覺影像就窄;位於視平線以上的物體,距離鏡頭越近影像越高,距離鏡頭越遠影像越低;位於視平線以下的物體,距離鏡頭越近影像越低,距離鏡頭越遠影像越高。如**圖 8-15** 所示。

2.空氣透視

空氣透視是因各種物體距觀察拍攝地點的遠近不同,而表現出的不同視覺亮度和色彩特徵。其主要規律為:

遠處的景物比近處景物視覺影像更明亮,特別是遠景明亮程度比較低而又占有較大面積的景物(如遠樹、遠山等),這一特點尤為明顯。

遠處的景物反差小。由於微塵、水珠等細微質點及自然光照等因素的影響,它們具有一定的亮度,而使反差有所降低,即景物距鏡頭越遠,其反差越小。

遠處景物的色彩飽和度,也會由於亮度的提高,特別是散射短波光「附加」在遠處景物上而明顯降低,景物距離鏡頭越遠,飽和度越低,並

[**圖 8 15**
《國際大學城》。巴黎，韓叢耀攝]

呈現略帶藍青色調的色彩特徵。如**圖 8-16** 所示。

空氣透視和幾何透視都是作者需要掌握的視像建構技術手段，尤其是在製作野外景物和室內場景畫面時，兩種手段經常一起運用，以建構出合乎內容需要和造型處理需求的畫面氛圍。

二、線條透視的運用

物體距離鏡頭的遠近不同，在感光片上成像的大小也不同。距離近，成像大；距離遠，成像小。這種現象，攝影上稱之為線條透視。

作者要運用線條透視，必須了解影響線條透視的因素。

1.拍攝距離對線條透視的影響

拍攝距離不同，在畫面上就形成不同的線條變化。拍攝距離遠，可

圖 8-16

《梵蒂岡廣場》。梵蒂岡，韓叢耀攝

以看到被攝景物依次變小。由於空氣介質的作用，使遠處的景物處於朦朧狀態，而近處的景物卻具有清晰的輪廓，而且明暗層次清楚，顏色飽和。那遠處的景物，即爲影像的後景；近處的景物，就是影像的前景；離鏡頭距離稍遠的物體爲中景。一幅圖片，有了這些鮮明的前景、中景、後景以及處於它們之間的一些中間景次，便可以生動表現出畫面的線條透視。如果拍攝距離近，畫面上的大部分面積被前景所占，中、後景無法表現，這樣的圖片，線條透視感就較差。

2.鏡頭焦距對線條透視的影響

　　鏡頭焦距不同，拍攝景物的範圍也不一樣。短焦距鏡頭（即廣角鏡頭）包括的範圍很大，畫面上容納了前景，也包括了廣闊的後景，這樣

就形成強烈的影像大小的對比，空間深度感很強。長焦距鏡頭（即望遠鏡頭），只能包括小範圍內的景物，前景、中景、後景完全疊合在一起，畫面上不可能形成強烈的大小對比，使畫面失去空間感。標準鏡頭，介於廣角鏡頭與望遠鏡頭之間，運用得好，也能成功地表現景物的空間感。

3.拍攝高度對線條透視的影響

拍攝角度高，視角範圍特別廣，不僅能充分表現作為前景的景物，而且作為後景的一些景物，也能透過前景表現出來，使畫面形成大小影像的對比，既有明顯的線條透視效果，又有強烈的空間透視效果。

拍攝角度低，前景高大，後景縮小，因而也能較好地表現景物的空間感。水平角度拍攝時，前後景物在畫面上變化不大，所以，線條透視較差，空間感也就不強。

三、影調透視的運用

被攝景物記錄在畫面上，就在畫面上形成深淺不同的各種影調。透過這些影調分布，使畫面的空間感表現得十分生動。這種運用影調來表現空間的方法，攝影上稱之為影調透視。

空氣中含有很多物質，這些物質的存在，使空氣的能見度降低。在視力不變的情況下，空氣能見度的高低，影響景物的亮度和清晰度。而在視力、能見度相同的情況下，景物的亮度和清晰度又與景物距離有關。距離近，景物的影調深；距離遠，景物的影調淺。距離越近，物體的輪廓線越清楚；距離越遠，物體的輪廓線越模糊。另外，距離越近，物體的明暗反差越大；距離越遠，物體的明暗反差越小。當物體距離越遠時，空氣介質顯得越厚，能見度很低，人們看到物體輪廓更模糊，反差更弱。同時，由於空氣介質厚，太陽透過大氣層照射下來的散射光線

就越強烈，這樣，遠處的景物顯得比較明亮。這些日常生活中的空氣透視現象，運用到影像畫面上，就形成生動的影調透視。

1.空氣與影調透視

影響影調透視的主要因素是空氣的狀況。空氣清潔、雜質少，景物的透視效果就比較差。比如，雨後天晴，空氣中的塵埃很少，能見度很高，遠近景物都十分清晰，這時景物就缺乏透視感。空氣混濁、雜質多，透視現象就比較顯著。比如霧天，遠處景物朦朦朧朧、若隱若現，近處景物輪廓清楚、影調豐富，這時，透視效果就相當好。

2.光線與影調透視

不同的光線，可以形成不同效果的影調透視。比如，運用順光拍攝，景物表面的影調十分平淡，前景和後景都是如此，這樣影調透視效果就比較差。運用逆光拍攝，各種景物的背面都受到光線照射，出現鮮明的輪廓線條，而景物的正面，光線無法到達，成為陰暗面。這樣，遠景與前景以輪廓和影調相區分，從而使畫面上的景物有了強烈的透視感。運用側光拍攝，在一定程度上也能較好地表現影調透視，其效果不如逆光畫面顯著。

3.拍攝與影調透視

拍攝點的選擇，與影調透視關係密切。拍攝時，確定影像的影調結構和層次的過程中，必須善於利用近處的物體作為畫面的前景和中景，同時，注意畫面上前後景物本身的影調，儘量使近處的景物鮮明一些，色調飽和一些。這樣，便有助於畫面空間感的表現。如果沒有前景和中景，只有遠處的景物，而且影調又很強烈，這樣的畫面叫人看了很不自然，影像就缺乏遠近的空間感。

4.景深與影調透視

　　景深不僅能改變景物的線條透視，而且也能影響景物的影調透視。有人常常對影調和光學構圖的作用估計不足，總希望得到景深最大的畫面，因而不恰當地利用小光圈，結果完全消弭了景物的影調透視，使畫面平淡而呆板，失去了空間的表現力。一般地說，景深大，影像景物的影調分布均勻；景深小，影像景物的影調變化大。所以，景深大小的使用，對表現景物的影調透視影響很大。

5.濾色鏡與影調透視

　　使用濾色鏡可以產生有趣的造型效果，使影調透視得到加強或減弱。比如，濃霧天使用黃濾色鏡拍攝，特別晴朗的天氣用青濾色鏡拍攝，能巧妙地減薄底片，使一部分影調突出，而另一部分影調削弱，從而大大加強畫面景物的影調透視。但是，在一般情況下，使用黃、紅、橙、綠等顏色的濾色鏡，會減弱影調透視的效果。

12345678910
圖像傳播中的母題時間

　　圖像是一種結構性的畫面，參與結構的諸多元素中，時間的元素最為重要，不要說靜態的平面圖像，如繪畫、攝影等，就連立體的圖像，如雕塑、建築藝術等都由時間元素構成。對於運動的圖像，如電影、電視更是時間元素參與的結果。因此，對圖像中時間的研究，就變成對作品意義解讀的重要一環。

　　對於時間的平面呈現式，其最典型的莫過於新聞攝影圖像中的瞬間（moment）表現。對於決定一幅圖像新聞成敗的關鍵時間，被許多攝影家稱之為決定性的瞬間。圖像中的視覺時間力量曾被一位攝影家抓住，並透過他的平面圖像釋放出來，形成今天仍被平面造型的美術界、攝影界所津津樂道，並建構成一種攝影哲學。這位攝影家就是亨利‧卡蒂埃—布列松（Henri Cartier-Bresson），他創建的攝影哲學是一種神秘的形影相隨的形式，故很難被人破譯和解讀。關於瞬間的說法很多，但能夠全面的、深入的研究並不多，批判解析的就更為少見，這裡試著對「決定性瞬間」的理論黑洞做一點白化，看一看時間要素對構成一幅圖像作品的重要性。透過解剖「新聞照片」這隻麻雀，掌握時間在圖像構成中的規律，進一步理解圖像所傳播的意義。

第一節　決定性瞬間

　　對瞬間的理解有兩層涵義，一是客觀時間裡的一瞬，這一瞬間雖然是客觀的但卻沒有客觀限定，攝影、電影、電視的瞬間涵義都不一樣，它是相對於常態和常用的時間而言的，是較為短暫的；一是主觀時間裡的一瞬，這一瞬間更沒有客觀限定，全憑人們的感覺而定。圖像作者的作用就是使得觀眾從呈現的畫面上感覺到是短暫的時間。當然，在圖像上呈現的時間不是客觀和主觀的時間獨立呈現的，而是兩者相互疊加的

結果。對於靜止的圖像畫面而言，能夠說明被攝事件（人和物）的瞬間，就可以稱之為決定性的。

一、「決定性瞬間」的由來

出生於法國香特魯（Chanteloup）的亨利‧卡蒂埃─布列松早年學習繪畫，受到紀實攝影家阿傑和柯特茲的照片影響，隨後拿起照相機在現實生活中擷取他喜歡的畫面。他開始認真拍照是在 1930 年，久而久之，摸索出一套不同於當時攝影界充滿美術沙龍氣息的影像畫面的拍攝手法。二戰期間他加入軍隊，是攝影班的下士，在德國被俘後曾在戰俘營裡度過 3 年， 1943 年他第三次逃脫成功後，為法國的地下反抗軍工作，1947 年布列松與戰地攝影家卡帕、紀實攝影家西摩爾創立會員共有制的「馬格南」圖片通訊社。**圖 9-1** 為布列松抓拍的瞬間。

1952 年布列松結集出版他的第一部攝影作品集時，將一位主教 Retz 的一句話：「天下之事莫不各有其決定性時刻」[1]作為自序放在卷首。出版商幾經斟酌，取得布列松同意後，乾脆將「決定性時刻」（The Decisive Moment）一詞提出作為書名。此專集的面世，開創了現代攝影的新紀元。「決定性時刻」不但成為新聞攝影界的一句名言，也被美術界奉為金科玉律。隨著布列松攝影作品的不斷問世，人們喜歡他抓拍的那些「決定性時刻」的攝影作品，也崇尚這種以瞬間抓拍為主的哲學觀念。

Moment 一詞，不管是在法文裡，還是在英文裡，其意思為「時刻」，當然也有「瞬間」的意思，但在中文裡，「時刻」與「瞬間」，還是有著很大區別的。時刻是被拍攝的物體在社會時間裡的刻度，而瞬間是攝影畫面中所呈現的影像時空狀態。使用「瞬間」一詞也許更符合布列松所要表達的被攝事物狀態，但對被攝事物來講，「時刻」更為合理，符合自然界自身的運動規律。為了便於理解和使用，這裡仍用「瞬間」。

C

圖 9-1
《瞬間》。亨利‧卡蒂埃—布列松攝,《攝影大師——500 經典巨作》(頁 88),
1998,濟南:山東畫報出版社

　　「決定性瞬間」的哲學涵義到底是什麼呢?按照西方學者的解釋是:
生活中發生的每一個事件裡,都有一個決定性的時刻,這個時刻來臨
時,環境中的元素會排列成最具意義的幾何形態,而這個形態也最能顯
示該事件的完整面貌,有時候,這種形態瞬時即逝。因此,當進行的事
件中,所有元素都是平行狀態時,攝影家必須抓住這一時刻。事情果真
是如他們所說的那樣嗎?這裡我們姑且不論「事件」的「元素」是怎樣
達到平行的,而只就「瞬間」狀態,也就是「決定性的時刻」進行一番
探究。

二、「決定性瞬間」的構成

　　一幅成功的新聞攝影作品，受眾總能從畫面上讀出一定的意義，而這個意義原本不是圖像固有的，而是圖像指陳的。圖像的這種傳播功能，只有在受眾接收時才能成立，受眾會賦予圖像一定的社會意義。那麼，接下來的問題是，受眾看到什麼樣的圖像才會賦予它社會的意義？這就是照相機使用者──新聞記者所要警惕的問題了：空間與時間。空間是說事物存在的相互位置關係，而時間則是它們的存在狀況。就其呈現給受眾的畫面造型而言，同屬於平面賦型的門類，攝影比繪畫更難。繪畫也講究事物的狀況，但更傾心於營造好相互位置關係；而攝影要「畢其功於一瞬」，更精心於時刻的擷取，攝影家對事物存在的「時刻」選擇，成為一幅攝影作品成功的關鍵，甚至是「決定性」的。尤其是在照相機普及的今天，攝影成為大眾娛樂消費的工具之後，司空見慣的畫面狀態已不能使受眾獲取更多的（政治的、藝術的、科學的）資訊，只有在事物從一狀態變為它狀態的時刻，也就是說，時間參與了空間的畫面構成，受眾才能在此基礎上獲取更多的資訊，結構出畫面上原本是一般「事物」的深遠「意義」。圖像的建構如**圖 9-2**所示。

　　意義的產生首先是依據空間事物的相互位置，而這相互位置就相當於西方學者所說的「平衡狀態」的各個「元素」。

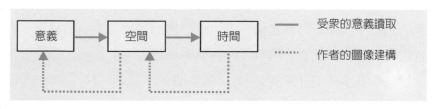

圖 9-2
圖像的建構。韓叢耀繪製

1.意義

意義（meaning）也就是人們所說的作品的內涵。為了「賦予世界意義」，攝影者必須將透過相機取景框所記錄下的圖像與現實世界的事物呈現緊密而又緊張的關係。決定性的「瞬間」所以是決定性的，不是看這種緊密的關係如何，而是看這種緊張的關係呈現得如何。只有在一定的時刻，它才能使原本的事物或事件產生新的「意義」，或攝影者賦予事物以「意義」。攝影者在圖像裡所呈現的意義要能夠被受眾所接受和讀取。

圖像的意義是散布在平面上的，不是受眾一眼就可以捕捉到的，受眾要想獲得有深度的意義，必須使得視線掃描過圖像的每一處，這樣在腦海「才能重建被抽象化了的空間」。[2]現象與意義就這樣共陳於一個平面上，圖像既是被攝事物的現象，圖像也呈現被受眾解讀的意義，受眾看到了「圖像」，就如同看到了現實世界，受眾從圖像中獲取的「意義」，就認定現實事物就是這個「意義」。因此，意義的產生機制是有助於幫助攝影者獲取一張好的新聞照片的。與此同時，它也容易受到攝影者的操縱，造成一種欺騙受眾的假「像」（相對位置）和不符合現實事物發展邏輯的「時刻」。當代攝影作品既是一種非常有效的傳播媒體，也是一種非常危險的機具圖像，應當引起新聞攝影記者的高度警惕。

2.空間

空間（space）就是攝影界、美術界常說的構圖，也就是平衡各種構圖元素。所謂攝影構圖是指在某種理念和觀點的指導下，以攝影特定的表現手段和感光媒介材料建構、表達思想情感和畫面本文的過程。在這裡我們可以看出，攝影者的重要性在於對構圖能力的把握，攝影者既要拍下那些事物本身的「意義」，而且還要賦予事物以一種「意義」，「如實」的攝影記錄並不存在於每一幅作品之中。畫面本文也就是我們所指的圖像，它是指畫面中各個層次上的結構組成，或稱各個層次中的組

織。它是意指、情感與理念和結構的交流。就某種意義而言，一名優秀的新聞攝影記者，必定是畫面構圖的高手，具有良好的「視覺品味」。一般人可以偶爾拍出一幅優秀的新聞攝影作品，但他不會一直拍出優秀的新聞攝影作品，而具有很高「視覺品味」的攝影記者，他可以不斷地拍出優秀的新聞攝影作品。因為長期的視覺養成和對圖像的審美積累，使得他的攝影採訪較為符合視覺思維的程序，掌握事物之間相互位置關係較為從容，表現手法比較豐富，意義的呈現較為容易，圖像的語言比較有力量。

3.時間

　　時間（time）在新聞攝影中是「決定性」的，它要呈現事物的「意義」和「空間」的最佳狀態──時刻！布列松曾說過，「攝影對於我來說即是發展一個可塑性高的媒體，是以觀察的樂趣加上不斷和時間鬥爭中捕捉決定性的瞬間的能力為基礎」。[3]布列松曾經引用鈴木大拙在《射藝之禪》一書的序言中所說的話，來闡發他的禪機，他認為就射箭來說，射手與箭靶並非對立的兩件事，而是同一個現實。這裡頭除了技術外，還包含了心是不是也和箭同在、朝紅心點飛射而出的功夫如何。布列松在攝影創作時，心是隨時拉滿弓的，企圖藉最好的一剎那，來使事件產生全新意義與境界。[4]布列松拍照是以一種不費力反射式的動作在使用照相機，他快速地找出最具啟示性的照相機位置，在光線、形體與表達力相結合、效果最好的緊要時刻才釋放快門。

　　對於攝影創作來講，布列松的攝影方法有許多可學習之處，而對當今資訊時代的新聞記者來講，對瞬間把握的功夫，不單是等待，而是要積極迎取，用心拉滿時間的大弓，以更敏捷的身段、更機警的頭腦從現實事物的流程中擷取時刻──既可以呈現事物現象，又能揭露其本質的瞬間。

　　布列松的攝影作品呈現出高度的個性化風格，就是來源於他對時間的選取，而不是靜態造型同別人有多大的區別。我們的攝影記者要學習的是他的對決定性瞬間的哲學思想，而要實踐的卻是一種全新的手段：在運動中擷取生活的斷面，使之呈現出「意義」。

第二節　瞬間的解析

　　一幅優秀的新聞攝影作品，其畫面必須滿足三個要素，即有內涵（意義）的、互動的、活生生的。而真正能夠觀照新聞攝影實踐的攝影理論也必須符合三個條件，那就是文字的描述性、圖像的表現性和數學的量化性。要想更好地把握瞬間，就要透徹解析瞬間。

一、瞬間的時空結構

　　瞬間的構成是由時間和空間交互產生的，而不是我們通常所理解的，瞬間就是關於時間的一個概念。沒有事件的空間存在，也就沒有了畫面的瞬間，現實生活中的空間與時間構成了影像的瞬間基礎。如**圖 9-3**所示。

　　從**圖 9-3**可以看出，瞬間就是時間與空間的交互。有了瞬間，其「意義」就在由 TOBC 所圍成的矩形內，瞬間的值越大，畫面的意義就越明顯。瞬間是由空間和時間所決定的，又是由空間和時間來限制的，時間和空間兩者缺一不可。大多數人在談論到布列松「決定性瞬間」的時候，會分為兩類攝影者，一類是以攝影藝術創作為主要對象的攝影者：攝影作品中呈現出強烈的空間形式感，唯美（形體）至上，對空間的向量注重較多，其作品的視覺愉悅感強，但視覺的衝擊力不夠；一類是以拍攝新聞圖片為主要對象的新聞攝影記者：他們往往強烈關注事物呈現

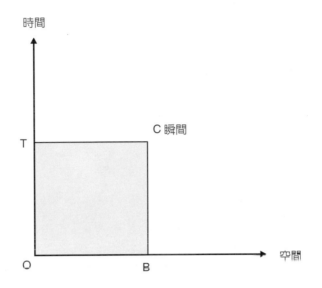

圖 9-3
時間與空間座標。韓叢耀繪製

的時刻,對時間向量關注度大,而對空間造型能力較差,其結果,作品的說明性強而審美力度不足。

二、事物發展的典型瞬間

首先應該說明的是,每一事物的發展都有其自身的規律,這裡所說的典型瞬間,只是為了說明問題,或者說這一瞬間也許能更好地交代事物的發展態勢,起著一種承上啟下的轉折作用,或者用這個瞬間能更好地賦予被拍攝事物的某種意義。

1.一般性瞬間

這一瞬間其實不應稱之為瞬間,而稱之為擷取也許更妥當,因為在這一直線部分,比 C 點再早一點或晚一點,事物並沒有什麼大的變化,或者說變化不夠明顯。如圖 **9-4** 所示。

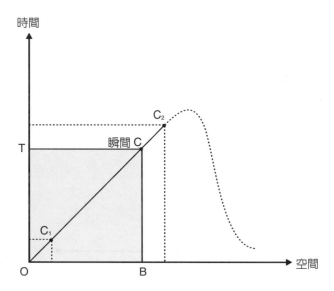

圖 9-4

一般性瞬間（圖中曲線為事件發展的態勢，下同）。韓叢耀繪製

　　一般人拍攝的生活照大多屬於這種情況，雖然其社會性的意義不大，但生活情趣比較足。如果是業餘愛好者的擺拍，或攝影公司的婚紗、寫真照，其畫面上的社會性意義損失更大，或者說在時間向度上降得很低，其結果是畫面上只具有平面的形象符號，失掉了事物發展各階段的鮮活性，圖像與受眾的互動性變差。

2.黃金瞬間

　　所謂的黃金時刻，是說這一瞬間不管是對於表露被攝事物的現象或揭露被攝事物的本質都是最為有利的時刻。如圖 **9-5** 所示。

　　德國的著名美學理論家萊辛認為，用靜止的形象來表現事件的活動過程應該擷取這高潮前（頂點）的一瞬間。因為這一瞬間能最有力地暗示動作的過程及內容，也能最大限度地調動受眾的想像力。因此，也有

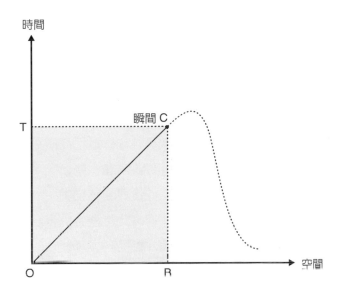

圖 9-5
黃金瞬間。韓叢耀繪製

人將這一瞬間稱為「黃金點」，按大多數人理解的意思，這就是布列松所說的「決定性瞬間」。從布列松的一系列攝影作品中可以看出，他的攝影作品多建立在此瞬間的基礎之上。這樣的瞬間可以將要過去的和將要到來的東西凝聚在畫面，TOBC 的矩形面積雖然不是最大，但其想像空間最大，「最能產生效果的只能是可以讓想像自由活動的那一頃刻了。」[5] 這一瞬間迎合受眾的審美情趣，使得圖像傳播管道更為順暢，傳播效果佳。

3.高潮瞬間

按照美學理論和攝影造型法則要求，應該避免拍攝事件高潮的瞬間。正如萊辛所說：「到了頂點就到了止境，眼睛就不能朝更遠的地方去看，想像就被捆住了翅膀，因為想像跳不出感官印象，就只能在這個

印象下面設想一些較弱的形象,對於這些形象,表現已達到了看得見的極限,這就給想像劃了界限,使它不能向上超越一步」。[6]雖然這一瞬間對想像不利,使得作品的審美力度減弱,但對資訊的傳播卻有利。高潮瞬間的 TOBC 矩形實際面積最大,意義呈現明白無誤,事件狀態確鑿無疑。如圖 **9-6** 所示。

在新聞攝影的實務中,人們有時就是有意運用高潮這個瞬間,也只有抓住事件頂點的這個時刻才能說明問題。在一些新聞事件中情節和運動的高潮最驚心動魄,震撼人心,具有強烈的感染力。高潮的瞬間往往又是激情的頂點,從傳播學的角度來看,此時產生的資訊量最大。攝影記者不應放棄選擇這一瞬間,而應該根據拍攝主題營造好這一時刻。

4.高潮後瞬間

對於一個事物或動作來說,如果高潮已過,按理說已沒有多少戲可

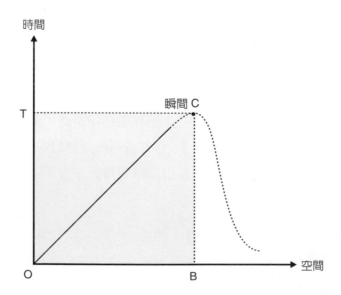

圖 9-6
高潮瞬間。韓叢耀繪製

做，即使有戲也不精彩了，「餘味」全靠受眾去品評。但對於現實生活中的許多拍攝題材，往往是高潮後的瞬間也有戲可做，有情可抓，這一瞬間的 TOBC 矩形也可以很大。雖說具有極大張力的頂點時刻已過，但空間尚可開掘出很大一部分。要注意的是控制好 TC 與 BC 的比率，以求得最大的意義。如圖 9-7 所示。

這一瞬間孕育著事件內在意識的延伸，它雖然沒有黃金瞬間的想像空間，也沒有高潮瞬間的張力，然而它卻可以更深刻地揭示事件的內在意義，它大多表現得比較含蓄、深沉和理性，它觸動受眾對事件高潮過後的冷靜思考。如果說黃金瞬間好比消息，高潮瞬間好比通訊，那麼這一瞬間就如同評論，它不是靠視覺能量去刺激受眾的眼睛，而是靠圖像的內涵去撞擊受眾的心靈。

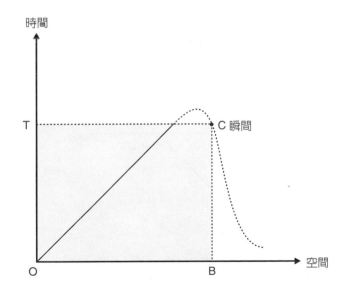

圖 9-7

高潮後瞬間。韓叢耀繪製

5.象徵性瞬間

　　以上所分析的瞬間都存在著明顯的過程，還有一些更能說明問題的畫面，並沒有明顯的瞬間特徵，我們將此稱為象徵性瞬間。如**圖9-8**所示。

　　這一瞬間圖像呈現貌似一般性的瞬間，但在內涵上卻有著很大的不同，這一瞬間擷取得得當，T'OB'C'矩形面積可以做得很大，意義更廣更深，呈現出一種象徵性。具有象徵意義的作品就是大作品了，這也是攝影工作者追求的一個目標。這一瞬間的造型形式很難把握，時刻選擇更需要大的背景，應該說它的難度係數是最大的。

　　任何事件都具有多種瞬間，且每一瞬間都有承上啟下的作用，都具有它表現情節的重點。一般性瞬間是生活斷面，記錄和展現使得它呈現多彩的身影；黃金瞬間是劍拔弩張，引而不發是力量爆發的前奏；高潮

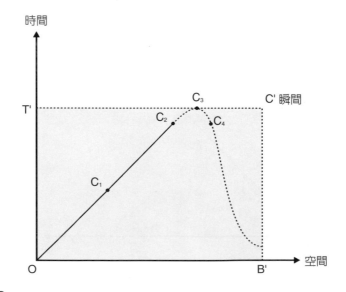

圖 9-8
象徵性瞬間。韓叢耀繪製

瞬間是情緒情節的頂點，是力量、感情的總爆發；高潮後的瞬間引人深思，意義深遠；象徵性的瞬間是含而不露，耐人尋味。從這裡可以看出攝影作品中的「決定性瞬間」的「決定性」在事件發展過程不只一處，也不唯一。如果「決定性瞬間」單指黃金瞬間的話，那「決定性」就是值得懷疑的了。

第三節　形象的選取

新聞照片上所呈現的形象是經過攝影記者選取的，那就是各種空間「元素」的「平衡」。這首先表現在攝影記者對空間景物的選取上，俗稱「取景」，而各種景物又都有其抽象的形狀，點、線、面構成形的基礎，這些沒有時間的形式就是我們經常所稱的「符號」，符號組成了一系列的符碼系統，這些符碼經過受眾的觀看又成為重要的視覺元素，這些視覺元素的不斷累積（受眾眼睛不斷地掃描圖像）就會產生一定的「意義」，畫面的本文就這樣形成了。

一、本文的結構

圖像的本文結構既有客觀的物像元素參與，也有主觀的因素參與。客觀的因素是畫面上看得見的元素，以及使用成像器材後所呈現的畫面影像效果等；而主觀的因素比較複雜，如心理定勢、個人情感、主觀意向、文化理念和審美理想等。總體構成如**圖 5-14** 所示（參見第五章，第 180 頁）。

在這裡，受眾參與了畫面意義的製造。攝影畫面的形象與意義的關聯就是這樣雜陳在一起。正如布朗修所說的那樣：影像的本質完全在於外表，沒有隱私，然而又比心底的思想更不可企及，更神秘；沒有意

義，卻又召喚各種可能的深入意義；不顯露卻又表露，同時在且不在，猶如美人魚西恆娜的誘惑魅力。

我們有必要推測一下受眾在觀看照片時的視覺程序。如圖 **9-9** 所示。

攝影者要想拍出優秀的作品，了解受眾的視覺順序是非常必要的，這樣才能取得最大的傳播效益。受眾對畫面意義的獲取是從形象入眼再追究到事件發生的（畫面呈現的）時刻。這樣一條路徑提示圖像的製造者：建構空間的形象（取景）是一幅優秀作品的基礎，只有把握好取景框內空間景物的各種相對關係，才能使得圖像建構成為可能，否則時刻的選取就無從談起，瞬間的意義也將不復存在。

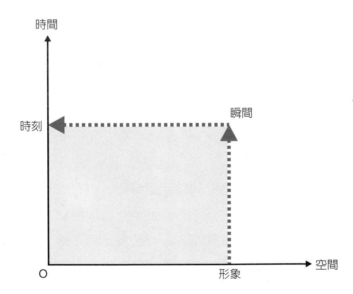

[圖 **9-9**
視覺順序。韓叢耀繪製

二、內涵的彰顯

攝影技術製造出的圖像往往呈現出明顯的非符號化特徵。受眾並不是把它看成是真正的圖像，而是把它看成是一扇指陳這個世界的窗戶。也就是說透過照片看到的是世界的意義，不管這個過程有多麼間接。照片給我們的是圖像和圖像的意義共存，圖像要承載深刻的和廣泛的意義，那麼攝影者首先要將圖像呈現好。優秀的圖像，其影像的特徵　定「俗」，要俗到幾乎每一個心智健全的人都能超越語言、種族、信仰和藝術觀念、審美理想的羈絆「看」懂它的意義。

受眾得到的圖像結構是受眾本身在腦海中形成的結構，只要圖像本身的結構與受眾看到的圖像地址結合起來，圖像的意義也就彰顯出來了。受眾在看圖像過程中所揭示的圖像意義是由兩部分合成的，一是圖像本身所昭示的；一是受眾自己的生活圖像累積。圖像也會因受眾的不同造成圖像指涉的意義有所不同，但其建立意義的根本卻沒有什麼不同。

雖然新聞照片可以不需要文字說明而被看懂，但一般來說，如果能隨圖附上僅看照片而不易明白的文字資料，照片會更具傳播效果，意義會彰顯出來。照片意義的彰顯，如圖 **9-10** 所示。

從圖 **9-10** 的文字說明可以得知，圖片使得意義指向更為明顯。「攝影的確鑿性正是在於詮釋的停頓」，[7]——「此曾在」！圖像越是明確，越是無話可說。「這裡，一定要有圖說文字的介入，圖說藉著將生命情境作文字化的處理而與攝影建立關係，少了這一過程，任何攝影建構必然會不夠明確。」[8]這樣一條原則，已是新聞媒體普遍採用的做法。它們知道如果不加以文字說明，「照片可能引起懷疑和質問」。面對這樣的懷疑和質問，「文字作者可提供答案，他可以辨識人的身分、地點或物體。他可以說明時間。他能描述其他非視覺的東西，如聲音、味道、氣

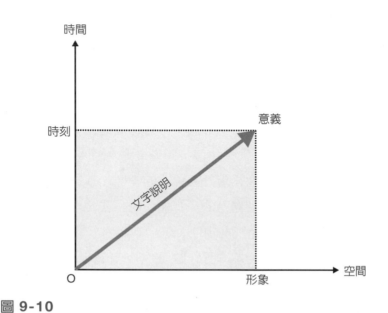

C

圖 9-10
圖文配合的意義彰顯。韓叢耀繪製

味、感覺等。情緒可獲得確認，如此一來文字與圖片可以互補不足。」[9]
文字與圖像不僅止於解釋與圖解，而且使兩者相輔相成達到「第三效
果」，這就是最佳傳播方式。

第四節　瞬間的記錄

　　作為一名新聞攝影記者記錄一個瞬間並不難，而要記錄如上所述
的、具有決定性的「瞬間」，並不是一件容易的事，尤其是記錄的瞬間具
有某種社會的、歷史的、科學的、政治的等等意義。曾任職於《中國青
年報》的鄭鳴說過：「作為一名攝影記者，把歷史瞬間記錄下來並不
難，而要使這一瞬間能夠成為歷史，成為永恆，卻是一件非常難的事

情。其中既要有敏捷、技巧、責任感，更要把自己對世界的獨到發現和深刻理解彙聚到底片的方寸之間」。[10]討論這個主題的文章已有很多，這裡不再贅述。這裡只是試圖從兩個角度來審視瞬間：一是主觀記錄者；一是客觀觀察者。

一、主觀記錄者

所謂主觀記錄者只是相對他較多呈現的某類作品而言。他首先是在客觀觀察的基礎上，在照片的畫面形式或題材的詮釋中強烈地透射出攝影者的個性化色彩，其風格鮮明，態度明朗。每一位有成就的攝影家都不可能採用單一的方式，兩者實際上是共存共通的。有時一種形式多一些，風格鮮明些；有時另一種形式多一些，風格強烈些。

1.攝影者的心靈

從著名的戰地攝影家羅伯特‧卡帕（Robert Capa）作品中，我們可以強烈地感受到攝影家跳動著的一顆心。他 18 年中， 5 次拍攝戰爭，第一次世界大戰拍攝了《共和國士兵之死》等一大批不朽的傑作；第二次世界大戰他同登陸諾曼第的大兵一起搶海灘，拍攝了《諾曼地登陸》等戰爭照片；他兩次來到中國拍攝日軍鐵蹄下的苦難民眾。 1954 年，他在越南拍攝法國作戰部隊時被地雷炸死。卡帕是世界最著名的戰地攝影記者；他的名言「如果你的照片不夠好，是你還靠得不夠近」，已成為今日新聞記者的口頭禪。

1962 年的諾貝爾文學獎得主、作家史坦貝克在紀念卡帕的獻辭中寫道：「我的確覺得卡帕不容置疑地已證明照相機不僅僅是冰冷的機械裝置。就像筆一樣，照相機全看人如何使用，用得好，可以是理智與心靈的延長。」[11]卡帕將底片裝在心靈上，讓底片感光，也讓心靈感光。有人評價他的照片是用他頭腦製作的，照相機只是完成它們而已。「卡帕

知道該尋找什麼，當他找到時也知道該怎麼辦。」「卡帕的作品本身出自於一個偉大的心靈與強烈的同情心，沒有誰能取代他。」他的照片永保人類的勇氣——他個人的以及他鏡頭裡的人們。正如作家海明威所寫道的：「他是個很好的朋友，也是個偉大而非常勇敢的攝影家。」卡帕就是這樣用心靈決定瞬間，給人類留下一個眞實的世界：美的與醜的、對的與錯的，幸福與苦難、和平與戰爭！烙有攝影者心印的歷史就這樣直陳在後人面前。

2.攝影者的技術

人們都非常熟悉布列松的攝影手法，他的攝影技術與他照片的內涵是相互關聯的，照相機在他手中能發揮出驚人的潛能，「在他手中照相機已經成爲他的眼睛與頭腦的延長」[12]由於照相機已成爲他感觸外在世界的一個重要器官，因此他從不裁切底片上的畫面，他認爲那是「承認創造性觀察的失敗」。今天人們看到他發表的照片沒有一張是意外拍攝到的，全都是重要因素的有意安排。攝影者要想達到布列松這種登峰造極的瞬間造型能力的頂峰，就要練就一手「爐火純青」的攝影技藝，只有掌握了攝影的技術特性，才得以維持影像的誠實性和可信度。比如對光線、色彩的感受與表現，對取景、構圖造型能力的把握，對相機、鏡頭及感光材料的操控。在技術的基礎上，攝影者要對拍攝題材有著超乎常人的攝影敏銳感受能力。做到形式上再現了這個題材，內涵上又要對題材的重要性加以詮釋，賦予影像以全知全新的意義。

攝影的物質特性在構建攝影形象意義的時候起著關鍵的作用，對於瞬間的抓取來講，更是決定性的。

3.攝影者的直覺

直覺在決定瞬間的時刻有著非同尋常的作用，可以這樣說，直覺就是攝影者主觀的潛在遊蕩的幽靈。遇到「決定性的瞬間」，它就像靈魂附

體一樣，在作品中再生。

　　著名的紀實攝影家弗里蘭德在談到抓拍瞬間時說過：「這種做法實際上相當困難，表面上看來容易，實際上要耗費相當大的心力才能夠將重要的東西編排進來。我認為攝影是種困難的媒體，因為你不能將一張照片分解開來加以重組。」弗里蘭德說他憑直覺工作。「常常在拍攝的瞬間快速反應，不假思索，因此幾乎是無可避免地憑直覺。」[13]但弗里蘭德在拍攝時始終堅持著兩個原則保有直覺：時間與框取。只要在空間的取景上（框取）和瞬間的決定性上（時間）達到交互，那麼影像將是極不平常的，無論他是無意、故意，還是憑著一種直覺。攝影者的直覺可以在畫面中創造出各種「元素」（時間的、空間的）「平衡」的秩序（決定性的瞬間）！

　　攝影者要想拍攝出優秀的新聞照片，就要細心地呵護自己的直覺，精心地培育自己的直覺。

4.攝影者的態度

　　攝影者的態度，說到底就是對生活的態度。

　　紀實攝影大師保羅・史特蘭德對生活的態度也許更具代表性。他說：「攝影者必須學會保持他對眼前事物真誠的敬意，並藉著作品中無限寬廣的超出人類雙手技能極限的協調值將敬意表現出來。」他還講一步要求道：「要完全將它實現出來並不需要搬弄拍照與沖洗技巧，而是使用直接的攝影方法達成的。」他解釋說：「攝影者對生活的觀點是在他們達到客觀性的組織化基礎上產生的，而且攝影在按下快門之前，由情緒、或由理智、或這兩者所孕育出來的、不可或缺的影像形式的醞釀也是從這裡發出的，如同畫家著手作畫前已經胸有成竹。攝影是從不同方向出發的新道路，但是也邁向共同的日標：生活。」[14]生活是攝影者創作的源泉，對生活充滿著真誠的敬意，才能發現生活的本質與現象、

美好與醜陋，才能具有瞬間的決定能力。因爲當攝影者熟悉了生活，生活就如同他的每一根神經，瞬間的觸動，都能感覺到確實的位置。熟悉自己每一個觸痛點的，當然只有自己。

攝影者對生活的態度就這樣明晰地在其作品中呈現出來，這正是「文如其人」的眞實寫照。攝影者「在行動上他們是超凡的人，在情感上他們是眞正的人」。[15]有了對生活的常人態度，在面對生活的機緣面前，才能調動他的心智，使行動超凡，捕捉到蘊涵於生活中的精彩瞬間。

二、客觀觀察者

客觀的觀察者不同於主觀記錄者的意義呈現、內涵記錄、瞬間的選擇和概念的表達，他們更傾向於形象的記錄、場景的配置、構圖的平衡和瞬間的呈現。對於客觀的觀察者也有兩種態度，一是以布列松爲代表的等待瞬間，一是以弗里蘭德爲代表的尋找瞬間。不管他們的攝影方法如何，其結果都是一樣的：抓取決定性的瞬間。

1.等待有意義的瞬間

作爲紀實攝影的大師，「布列松捕捉場景時是個客觀的觀察者，隨時準備好，在照片完整之時，將時間停下來。」[16]布列松自己曾經說過：「經過加工或導演的攝影我沒興趣，如果我曾下過判斷，也只是在心理學或是社會學的層次。」實際上布列松一直審愼地使用自己的小型相機，用獵隼一樣的眼睛在觀察現實景物，一旦某些形象符合攝影家頭腦中預測的或預構建的，形象瞬間成熟，就用時間這個武器來定格，使這一瞬間成爲作品中的永恆。

讓我們來傾聽布列松的攝影哲學獨白：「有些人拍的照片是事先安排好的，也有人出門發現影像、捕捉照片。對於我，照相機是速描簿，是直覺與自發性反應的工具，是我對疑問與決定同時發生的瞬間的駕

馭。爲了賦予世界意義，每個攝影者必須感覺得到自己有涉入觀景窗中框取的事物。」並強調道：「這種態度需要專心一致、心智的紀律、敏感度，與一種幾何學的概念。攝影者需憑著極爲精簡的方法才能達到表現上的單純。攝影者在拍照時必須永遠秉持對被攝者與對自己最大的尊重。」[17]在等待時機這一點上還是麥庫林說得更乾脆：「攝影者必須是一種謙卑而有耐性的動物，隨時可往前移或消失在空氣中」。是的，「躲在照相機後面（置身事外）是很容易的」，但要能敏捷而理性地捕捉到決定性的瞬間卻是很難的。這裡既有意志的考驗、美學的素養、情感的積累、透徹的觀察，還要有對鏡頭、相機、感光材料等技術上的精湛把握。萬事俱備，只欠東風，有了瞬間的「東風」，才能功到自然成。

　　這樣的等待要有高度的責任心，不能錯失良機，成爲歷史的罪人。正如布列松所言：我們攝影面對的是持續消失的東西，等到它們消失了，地球上沒有任何裝置有辦法把它們變回來，我們無法將記憶沖洗出來。

2.尋找有意義的瞬間

　　等待瞬間是一種不錯的辦法，但不是一種積極的辦法，攝影者可以積極迎向那歷史性的一瞬。這就是對時間的精到掌握，使得照片上的時間「不是它原來的時間，因爲那根本就無法辦到──而是在一種敘述的時間中。若這敘述的時間被社會記憶和社會行爲所占用，則它就變成歷史的時間。這種被建構出來的、被敘述的時間，必須尊重人們冀望它能夠激發出它所要激發的記憶運作過程」。[18]使用被敘述的時間激發記憶要特別警惕記憶失眞。尤其是在當今新聞媒體普遍使用數位相機並在編輯圖片時使用電腦修飾的工作流程中，稍不留神，就會掉進虛假的陷阱，歪曲形象，歪曲歷史的眞實。

　　尋找有意義的瞬間對於有著攝影素養的攝影者來講並不是一件很難

的事情，只要將自己置於現實生活的某個位置，選擇適當的題材，以敏
銳的眼光尋找有意義的而其他人沒有注意到的瞬間，並及時地按下快
門，在感光材料上凍結時間的流動。呈現出一種流動事件的極富代表性
的形象，並且使得這種形象具有社會的、歷史的意義。（圖9-11）紀實
攝影家弗里蘭德就是這麼做的，他說：「我對我所做的事有很多樣的感
覺，這令我著迷。我不是個有預謀的攝影者。我看到一張照片就拍了
它。一有機會就會外出拍照。你不必四處尋找照片。材料俯拾即是。你
出門就有照片瞪著你。」[19]這話聽起來輕鬆有趣，但實踐起來卻很沉
重，那是因為這種「俯拾即是」的照片，是建築在攝影者腦海裡的，一
旦現實中的圖像與腦海中的圖像地址吻合，攝影者按下快門的時刻，也
就是「決定性瞬間」誕生的時刻。所謂的尋找，也只是讓現實景物承載
腦海裡的圖像，透過照相機使之在感光材料上的重合。可見攝影者腦海

圖 9-11
《11 septembre 2001》。選自 Objectif Une.1953-2003

裡要「儲存」多少豐富的「圖像資料」，尋找，就是將這些圖像按地址投寄出去。

　　攝影者使用該方法的時候要永遠記住一句老話：「軟片比鞋子的皮革便宜」，其中的道理不必再說，只須提醒每一位出門拍照的攝影者在出門時能夠牢牢地記住它。

註釋

[1]張恬君、王鼎銘、葉立誠、孫春望，《映象藝術》，台北縣蘆州鄉：空大，1998，頁 351。

[2]傅拉瑟（Vilém Flusser），李文吉譯，《攝影的哲學思考》（*Towards a Philosophy of Photography*），台北：遠流，1994，頁 29。

[3]羅特施坦（Arthur Rothstein），李文吉譯，《紀實攝影》（*Documentary Photography*），台北：遠流，1993，頁 88。

[4]張恬君、王鼎銘、葉立誠、孫春望，《映象藝術》，台北縣蘆州鄉：空大，1998，頁 353。

[5]萊辛（Gotthold Ephraim Lessing），朱光潛譯，《拉奧孔》（*Laokoon*），北京：人民文學出版社，1979，頁 18。

[6]萊辛（Gotthold Ephraim Lessing），朱光潛譯，《拉奧孔》（*Laokoon*），北京：人民文學出版社，1979，頁 19。

[7]巴特（Roland Barthes），許綺玲譯，《明室：攝影札記》（*La chambre claire: note sur la photographie*），台北：台灣攝影工作室，1995，頁 124，

[8]本雅明（Walter Benjamin），許綺玲譯，《迎向靈光消逝的年代》（*Walter Benjamin Essais*），台北：台灣攝影工作室，1998，頁 54。

[9]羅特施坦（Arthur Rothstein），李文吉譯，《紀實攝影》（*Documentary Photography*），台北：遠流，1993，頁 128。

[10]韓叢耀，《新聞攝影學》，南寧：廣西美術出版社，1998，頁 3。

[11]羅特施坦（Arthur Rothstein），李文吉譯，《紀實攝影》（*Documentary Photography*），台北：遠流，1993，頁 104。

[12]羅特施坦（Arthur Rothstein），李文吉譯，《紀實攝影》（*Documentary Photography*），台北：遠流，1993，頁 88。

[13]羅特施坦（Arthur Rothstein），李文吉譯，《紀實攝影》（*Documentary*

Photography），台北：遠流，1993，頁124。

[14]羅特施坦（Arthur Rothstein），李文吉譯，《紀實攝影》（*Documentary Photography*），台北：遠流，1993，頁35。

[15]萊辛（Gotthold Ephraim Lessing），朱光潛譯，《拉奧孔》（*Laokoon*），北京：人民文學出版社，1979，頁8。

[16]羅特施坦（Arthur Rothstein），李文吉譯，《紀實攝影》（*Documentary Photography*），台北：遠流，1993，頁91。

[17]羅特施坦（Arthur Rothstein），李文吉譯，《紀實攝影》（*Documentary Photography*），台北：遠流，1993，頁89-90。

[18]柏格（John Berger），劉惠媛譯，《影像的閱讀》（*About Looking*），台北·遠流，1998，頁66 67。

[19]羅特施坦（Arthur Rothstein），李文吉譯，《紀實攝影》（*Documentary Photography*），台北：遠流，1993，頁120。

123456789 10

圖像傳播中的色彩涵義

　　色彩在圖像傳播中是一種功能性極強的造型符號，在任何情況下，人們都試圖給出一種能指的語法，並表現能指是如何與所指相互關聯的。雖然在過去人們的意識中認爲「色彩」指稱能夠使人辨認物體的視覺單位的方面表現得具有可操作性，但我們要確定指出的是，就色彩本身而言，它不是圖像符號，它是與其他造型符號（如形狀、組織等）共同形成指稱。它自身的相互作用是被人眼「看」到之後（傳播）才呈現出來的。意義更是在大的文化背景環境下的一種讀解。色彩的作用結果客觀依賴色彩這個造型符號，色彩的傳播「意義」主觀建構在色彩的能指上。

第一節　物像色彩的形成

　　我們都知道，色彩在圖像傳播中占有很重要的位置，它的組織方式會形成各種視覺資訊，從而傳達出不同的主題內容。歌德在《論顏色》中曾說過這樣一段暗示性的話：「表達顏色的多樣性，可以憑藉一份簡圖，這份簡圖詮釋了人類思想和大自然當中的一些最初的關係；所以，我們無法懷疑，當我們想表達一些並非帶著同樣多的力量和可變性而落於意思之下的最初的關係時，在某種程度上像使用言語一樣地使用這些關係是可能的。」[1] 如此來看，一切還要借助於我們最早的經驗，比如對白天／黑夜、天空／海洋、沙漠／樹林、血／火、太陽／月亮等的視覺感知。我們還要對物像色彩形成的規律有一個大致的了解。這樣才能對視覺資訊的造型符號有一個靈敏的感應。

一、色彩與形體

　　我們人眼之所以能看到客觀實存的外部物質世界，那是因爲有光的

存在。正是因爲有了光的存在以及光線與構成物像形體各個部分的關係
（如距離、角度等）各不相同，我們看到了不一樣的物像表面，透過物像
輪廓中各個部分色調和影調濃淡的變化，我們才能在心理上判定每一部
分在物體所在的空間中的相對位置，感受到物體的「立體」形象。「在
畫幅或銀幕上，無法採用明暗（調子）的方法、突出線條的方法、色彩
的方法以及各種混合手法來表現立體形狀，都要遵循光作用於物體所展
示出來的形成立體幻覺的基本法則。」[2]

在畫幅中，人們使用色彩去描摹對象在光照條件下的呈現狀態，既
要注意到主光照明下物像色彩的變化和過渡區域，更要注意到各個面在
特殊照明條件下應當呈現的明度關係，使用顏料在平面的畫幅上創造具
有立體感的幻覺的形象。實際上就是表現色彩的平面的關係，但這種關
係是以客觀物像爲基準的。

受客觀物像的限制，色彩的使用要符合表現對象的成像規律，但更
重要的是要學會仔細觀察，找到主光源與環境光對表現對象的影響。觀
察時既要有綜合視覺的認知能力，也要有使視覺暫時分離、而單獨考慮
表現對象在某一特定光線照明下的色彩呈現狀況的能力。找出共同點與
差異性，準確把握色彩言語，才能形成造型語言，揭示物像各個部分色
彩之間的準確關係。也只有這樣，色彩才會成爲造型的符號而去再現物
像形體的「眞實」效果。

學會經常地、仔細地觀察客觀物像的色彩面貌（尤其是同一物像在
一年中的不同季節、一天中的不同時刻、同一時刻不同光源的照明等），
對於掌握色彩造型符號的規律是大有幫助，或者說是一條必經之路。歌
德就曾在其色彩著作中呼籲到開闊的空間去觀察。我們長期處於室內自
然光下，或室外擁擠的城市空間（人造光色特別紛擾），喪失了對某些特
定色彩的確定，或難以準確分離物像的色彩構成。只有在大自然的光照
下，物像才能呈現出其固有的色彩造型規律，才會有黑色厚實的色調或

閃爍著輝光的亮部色調；才會有純淨透明的暗部色調以及富於空間效果的大氣色彩。在露天中進行觀察、寫生或拍攝，最能清晰地感知物像色彩的變化規律。

　　物像色彩的形成與光源的投射方向和投射距離有密切的關係，一切都要以現場觀察爲基準，運用掌握的色彩造型手段，使用色彩來進行畫面表現。當然，這其中既有客觀物像色彩的記錄，不否認，也會有（或多或少）作者自己的色彩傾向，因爲色彩是最具情緒性的。對讀者來講：「對色彩反應的典型特徵」，是他們的「被動性和經驗的直接性」。[3]

圖 10-1

《聖馬力諾》。聖馬力諾，韓叢耀攝

二、光源色

光源色是指從光源帶來的光線色彩。

太陽光是我們最常見的光源，我們識別的絕大部分物像的固有色（從物體反射或透過光線的色彩），都是在不純的白光照射下呈現出來的，由於光源色的差別與變化，客觀物像的色調也會隨之而變化。英國畫家特納曾畫過一幅《奴隸船——颶風臨近》的著名油畫，使用色彩描繪奴隸船黃昏時分光源色變化的情形。他的父親拉斯金評述到：「餘暉的波谷上，氣息奄奄的罪船落下了死神般的影子，又低又冷地垂入在黑色的夜霧中，倒映著可怕的紫青色影子。奴隸船的桅杆將血染的輪廓映在空中，顯得十分恐怖。火焰般的色彩與陽光交織在一起，特別是長長的墓碑般的淒涼波浪此起彼伏，把大海染成血色一般，包圍在那詛咒的恐怖之中。」[4]由此可見，光源色的變化給客觀物像的色彩帶來多麼大的變化。下面我們就以太陽光為例來簡單地討論光源色的變化。

我們都知道，太陽是自然界中最主要的光源，它投射到地面的光線的光譜成分，會因為地球的運動、大氣層的作用，以及氣候狀況的變化而不斷地變化著。

中午的陽光，如果天空晴朗，萬里無雲，光線強烈，光芒刺眼，我們很難判斷其色彩傾向，眼睛看起來是白色（複色）的。但是，由於大氣透視的緣故，如果我們仔細審辨，它帶有微黃色，尤其在晴空的對比之下，這種偏黃的情況更易為人眼所察覺。被正午陽光照明的景色，表現出強烈的明暗對比，看起來像是一片灰白，受光面與暗部色調的純度較低，但是，仍可以從中比較出其冷暖差別。在近中午的陽光下，觀察處於逆光中的人物時，受光部與暗部的冷暖對立好像發生了顛倒現象；由於強烈的頂光更多地反射的天空的青色，陰影部位的色調由於皮膚邊緣的透射光與地面反射光的作用，有時會顯得特別溫暖。[5]

如果我們在清晨或傍晚觀察陽光，會發現由於太陽與地面之間的介質增厚，這樣一來，太陽光中的短波成分（藍、紫色光）在透過大氣層時大量地丟失。隨著太陽位置的下降，太陽明顯地變為淡黃色的光碟，繼而變為橙黃色、橙色、朱紅色，甚至變為血紅色。如果太陽落入地平線，由於光線在大氣層中擴散，天空卻又出現了令人陶醉的霞光。在日落前半小時到日落後的半小時的這段時間內，陽光從明顯帶有橙色到西方天空玫瑰色開始消逝，這時，可以說是自然界光色變化最為豐富和悅目的時刻。這對於影像工作者來講，是創作的黃金時刻，一些激動人心的畫面、變幻莫測的絢麗景象可以在此時結構完成。但這種色調持續的時間很短，稍縱即逝，要有嫻熟的造型技巧去把握。

圖 10-2
《授予諾貝爾獎的市政廳》。斯德哥爾摩，韓叢耀攝

　　中午的陽光下，受光面微微帶黃色調，陰影部分則是暗藍灰色；下午時分，太陽明顯帶有檸黃色，物體的暗部則呈現藍色；日落時分，受光面帶橙黃色時，物體暗部呈現藍青色；當受光面被玫瑰紅色霞光籠罩的時候，物體的暗部將變為透明的寶石綠色。

　　從以上的色彩呈現規律我們可以知道：隨著太陽光源色的改變，天空青光的色彩也會隨之改變，被照明物體受光部與暗部的冷暖對比，總是以接近補色的形式相互適應。[6]其他光源色照明的物像色彩呈現規律也與此相仿。

[**圖 10-3**
《Café》。赫爾辛基，韓叢耀攝]

當然，太陽的色調也不是固定不變的，它會隨著季節的變化而改變。如夏日陽光強烈，色調會偏暖一些，而冬日的陽光較弱，色調會偏冷一些。當然，這還與地理緯度有關，與光線的直射或斜射有關，還與地面環境景物的色調有關：冬日的地面綠色植被較少，總體色調上顯得較爲蒼白灰暗些；而夏日地面綠色植被較多，與明淨的晴空對比，會顯得比冬日的色調偏暖一些。

夜間和室內的照明光源主要是燈光，從油燈、燭光、篝火、爐火等到各種不同光源色的人造燈光——白熾燈、日光燈、弧光燈等，這些光源的光譜成分各不相同，導致了在其照明下物像色彩的呈現也各不相同。在實際操作中，要首先搞清楚光源色的照明特性，這樣才能正確分析在此光源色照明下的物像色調呈現規律。

三、反射與投影

客觀世界的物體在接受光線的照射時，都會對其投射的光線進行反射（即使是最純的黑色調物體也存在著反射入射光線的現象）。正是因爲有反射現象的存在，物體的暗部色調才不會死寂一團、沒有層次、色調單純、視覺乏陳。人們利用物體反射光線的特性，使用色彩來塑造立體形象、描繪空間效果。

在討論反射的時候，要分清總體反射和局部反射。如被綠蔭包圍的物像會被整個淡綠光浸染，總體色調趨向於綠色；被濃郁紅色調的紅牆包圍中的人物，其整個軀體都會帶有火紅的色調。這種在較大範圍的反光就被叫做總的反射，也稱之爲「環境色」。有些不至於影響整體的反光，只在物像的局部出現，但也會改變物像的局部色彩變化，這就稱之爲局部的反射。但不管是哪一種反射，它都會對物像色彩的改變做出影響，尤其是對暗部色調影響更甚。

所謂的投影是指物體在定向光線的照射下所產生的陰暗部。在自然

光下物體所形成的投影，總是帶有色的傾向。即使是很深暗的投影，也
會帶有明確的冷的或暖的色彩傾向，而並非真正的黑色。投影的色彩傾
向的規律是：在自然光色的狀態下，各種光源所形成的投影色調，總是
趨向自己的補色。[7]當然，隨著光源色的改變，影子的色調也會發生相應

圖 10-4
《艾榭麗宮（法國總統府）》。巴黎，韓叢耀攝

的改變。如中午烈日下的投影是青灰色的；淡黃陽光下的投影是藍色的；橙色陽光下的投影是暗青色的。如陽光變爲橙紅色時，投影將變爲青綠色調。由於我們不可能在純白的承接影子的載體上觀察，因此，影子總會不同程度地呈現出承載它的物體表面的顏色。因爲大多數的影子都是由地面承接的，所以影子總會在不同程度上顯示出地面的固有色調。

室內投影的色調受到諸多條件的制約，它不會像在室外大自然中投影情況那樣色度分明。室內牆壁多爲白色，又受到從門窗映射進來的天空青光的影響，總體色調爲冷色，所以室內的影子色調多爲深暗的暖色。室內的家具、辦公用品等擺設，也會影響著投影的色調，但總體趨勢是趨向投射光色的補色，並且呈現出承載表面的固有色。

四、色彩空間

認識色彩的造型規律，掌握處於不同空間狀態下色彩的變化規律，將色彩符號與其他造型符號（如形狀、組織等）一起使用，就可以創作出眞實的「空間」幻覺。以達到與讀者溝通的目的。

我們知道，大氣充滿了我們的視覺空間，任何物像無不處在一定的空間關係中。由於人眼的視覺特性及大氣對物像各種可視屬性的不同影響，造成處於不同距離的物體在線條、形狀、調子、虛實以及色彩上的改變，這就是所謂空間透視現象。[8]因此，有人認爲，在二度平面上使用色彩描繪這種現象，就可以表現出具有不同距離感的空間形象。

色彩的空間透視現象在圖像作品中普遍存在，在彩色作品中存在，在黑白畫面的作品中也存在（黑白色也是色彩的一種特殊表現形式）。在具有深遠空間的風景作品中色彩的空間透視現象效果顯著，在展示有限空間的靜物與肖像構圖作品中，色彩的空間透視現象也是存在的。圖像作者要善於將它們處理在有大氣籠罩的特定空間環境裡，表現出物像的

深遠、淺近的感覺，使畫面具有一種空氣透視效果。大氣對物體色的影
響，由於距離不同，角度不一樣，會在明度、純度和形體的清晰度上有
所改變。要注意現場觀察的結果，如凡是比大氣明亮的色，越遠則越喪
失其明度；而凡是明度低的暗色，越遠則越接近人氣色的明度。也就是
說，距離越遠，物體色將越喪失其純度。物體處於近處時，由於介質較
薄，幾乎影響不到物體色，人眼對其形狀和色彩的分辨力高，形體輪廓
清晰，色的對比和明暗對比較強烈，有突出的體積感，色彩的明度和純
度呈現效果較好。

　　當然，處於不同距離物體色的改變取決於兩個方面：一是決定於大
氣的色調及大氣的厚度；二是決定於物體表面反射光線的強度。如圖 10-
5 所示，遠處的雪山呈現透明的淡藍色，而被陽光照亮的山頂呈現淡玫瑰

圖 10-5

《夕陽下的雪山》。資料 SPP1-05.

紅色。山頂的積雪反射著強烈的陽光，反射光在透過大氣的途中丟失了大部分的短波光而呈現出橙紅色，橙紅色與大氣中藍光混合，傳入眼睛時，光線就變成淡淡的玫瑰紅色調。

　　圖像畫面的深度感，總是在各種造型符號的共同作用下形成的，除了使用色彩符號造成空間透視效果之外，還可以利用幾何透視、影調透視的手段，以及控制「焦點距離」形成虛實的對比手段。這一切手段的運用，要視圖像所表現的題材以及要達到何種預期的傳播效果而定。

第二節　色彩的相互作用

　　色彩的相互作用現象，直接影響到人眼對單色的知覺。人眼對某一單色的感覺與評價，必然受到其周圍色彩的影響。這種色與色之間的相互作用形式主要表現爲同時對比、相繼對比、補色現象、後像與彩色後像等。而將色彩感受與其他的感覺形式在某種條件下連結起來，又會產生一種「聯覺效應」。

一、色的對比

　　人們從早上睜開眼睛起床，從事一天的生活和工作，直到上床閉眼休息爲止，視覺一直是在紛繁的色彩世界中，雖然我們會接觸到一些單一色調，但我們絕不會單獨看見某一色彩，而總是在周圍或先前的色彩閱讀之下同時或相繼看到的，這樣一來，我們就要受到它們的影響，從而對色彩變化產生某種影響。

1.同時對比

　　同時對比是指在同一時間和同一空間裡有兩種色彩相互影響，而產

生了不同的外表特徵。這種單一色因受周圍色的影響使該色在色度上產生改變的情況，稱為色的同時對比現象。同時對比會因顏色看來有差異，而使明度稍微有所提高或降低、純度得到加強或減弱，從而產生不同的外表視覺效果。

　　如**圖 10-6** 所示，被淺色和深色包圍在中間的灰色的明度是一定的，但在眼睛看來，淺色包圍下的灰色比在黑色包圍下的灰色顯得深一些，而黑色包圍下的灰色顯得淡一些，這一現象被稱為明度對比。

　　同時對比還有色相對比（見**圖 10-7**）和純度對比（見**圖 10-8**）。這

a

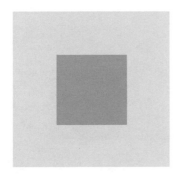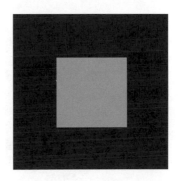

b

圖 10-6
明度對比

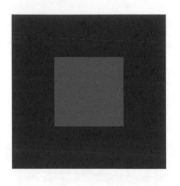

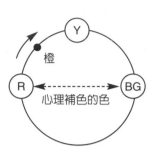

a

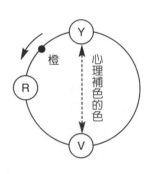

b

圖 10-7
色相對比

圖 10-8
純度對比

兩種色在同一時間展開,其對比效果更爲明顯。

明度對比效果在兩色交界處更爲明顯。如果我們注視每一種灰色塊都呈均勻明度的灰色級譜,會發現依次排列起來的灰色塊都不均勻,較暗的一塊邊緣處顯得更暗一些,而與之交界的亮色塊的邊緣處顯得更亮一些。這種在各色交界處呈現的亮的更亮、暗的更暗的現象就叫做色的邊緣對比。見圖 **10-9** 所示。

↑ 這個邊緣部分看 ↑ 這個邊緣部分看起
起來可能較暗, 來似乎較明。

a

觀察全體在白色相交的地點,會覺得有黑色陰影存在,這也是邊緣對比。

b

圖 **10-9**
邊緣效應

2.相繼對比

如果色與色的關係不是在同一空間中展示，而是在不同色的先後呈現中展開，這就是色的相繼對比。在彩色電影畫面或彩色電視螢幕中，色的對比既可以表現為同一畫面中的同時對比，也可以表現為不同畫面之間或是由於鏡頭的運動所形成的相繼對比。如在持續的灰暗畫面之後，亮調子的畫面會顯得更為明亮。如前一個鏡頭是紅色畫面，緊接的是綠色畫面的鏡頭，觀眾看起來會覺得紅的更紅，綠的更綠。如果前一鏡頭是黃色調，那麼會導致第二鏡頭中的綠色偏青。總之，後一鏡頭的色調會偏向前一鏡頭的補色的味道。色彩的相繼對比效應經常會在影視畫面的剪輯中出現，因此要特別留心編輯畫面時的色彩呈現效果。

3.補色現象

我們知道，光譜的三原色為紅、綠、藍，也就是說如果將紅、綠、藍光等量疊加在一起，將呈現出白光（複色光）。如果將其中兩種分別相加，就可以得到黃、品紅、青色；如果將紅與青相加、綠與品相加、黃與藍相加就可以得到白光，這些相加後正好得到白光的成對色就被稱為互補色。互為補色的色彩並列，總是表現出強烈的對比效果，它們相互襯托對方，使各自的色度都能得到最大程度的展示。「碧雲天，黃花地」是一種補色效果，紅花綠葉也是一種補色效果，在陽光照射下的自然景物亮部色調與暗部色調也是一種互補效果。

色的互補現象，是客觀色彩形成的一個規律性現象，同時也是人眼色覺的主要規律。如**圖 10-10** 所示，以紅色為背景的灰色看起來帶有綠色的味道，以青綠色為背景的灰色，看起來帶有紅色的味道。

當人眼注視某一單色後，受周圍色的影響，會同時產生潛在的導致其補色的趨向性，色與色之間的相互作用的規律，總與其補色現象密切相關，圖像的作者尤其要密切注意這種現象的發生。

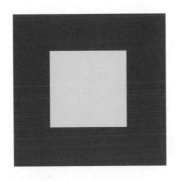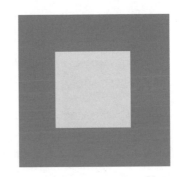

圖 10-10

補色對比

4.後像與彩色後像

　　當眼睛長久地注視暗背景前的亮色物體，然後將視線移到白屏上，此時白屏上的反射光會均勻地作用於視網膜，但此時視網膜上亮色物體成像部分的感光物質已被分解，這個區域對新的刺激反應減弱，因此，產生了與亮物體形狀相同的暗色後像，這就是後像效應。當感光物質恢復後，後像即行消失。

　　若眼睛長久注視的是某種色彩，其視線移到白屏後，眼睛對前一色的靈敏度就會下降，而對其補色的靈敏度相對地提高，結果是導致後一色的刺激結果將向前一色的補色方向轉移。如**圖 10-11** 所示，如果我們的眼睛注視左圖中的紅色塊達 30 秒左右，然後將其視線移至右邊的白屏上，我們將會在方框中的相應位置看到紅色的心理補色——藍綠色塊。

二、色的感受

　　我們知道，色彩和形狀都可以起到傳播資訊、表達情緒的作用，其中色彩對人的情緒產生的影響尤為顯著。正如魯道夫‧阿恩海姆所言「色彩能夠表現感情，這是一個無可辯駁的事實。」[9]尤其是當我們把對

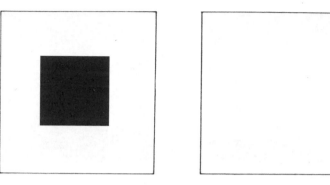

［ 圖 **10-11**
彩色後像 ］

色彩的感覺與其他感覺聯繫起來，就產生了連結的形式——色的感受。
如將色覺與溫度、色覺與重量、色覺與運動等連結，就會有色彩的各種
感受產生。

1.喜歡的色與討厭的色

　　世界上沒有什麼事情會比人們對色彩的喜好或討厭的感覺方式，有
更大的差異性了。每一個人都不會一樣，每一國家、每一民族又都會不
一樣，就是一個人在不同時期對同一色彩的喜歡程度也會不一樣。但喜
好、厭惡等感覺方式，主要爲色相方面的。如日本人大體上喜歡冷色
系，而暖色系不爲大多數人所喜愛。在冷色系裡明度較高的色彩又爲大
多數人喜歡。總體來講，日本人喜好的色彩多爲活潑的，給人以喜悅的
感覺。那些明度較低的色彩，由於會引起大多數人的悲哀和不安，所以
不太受到喜歡。但是日本的兒童大多數喜歡紅色到綠色的色相之中。

　　對色彩的喜好和厭惡，既有現實地域生存環境的習慣養成，也有深
厚的歷史文化及心理淵源，當然，還有社會的消費時尚的經濟背景。

2.興奮的色與沉靜的色

　　一般說來，當人眼看到紅、橙、黃等純色時，心理受到很強的刺激，常會感到興奮，那麼這些能夠造成人們興奮的顏色就會被稱為「興奮色」；當人眼看到純青、青綠、青紫等顏色後，會覺得很平靜，這些能夠造成人們平靜的顏色就被稱為「沉靜色」。當然，還有一些中性色，如綠色與紫色，它們並不是沒有感情傾向，而是興奮與沉靜兩方面的性質都具備。**圖 10-12** 說明了色彩與興奮或沉靜的關係。

　　從**圖 10-12** 中可以看出，最強的興奮色是稍帶黃色的鮮紅色，而最強的沉靜色是藍色。若以中性色的綠色為興奮色的起點，則紫色可以說是終點；反過來，若將紫色當作是沉靜色的起點，則綠色就可以說是終點。

　　在消色中，白色具有興奮性，而黑色具有沉靜性；中間的灰色對明亮的東西有興奮性，對暗淡的物體而言卻有沉靜性的感覺。這種興奮與

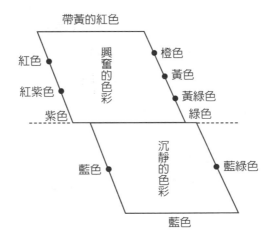

圖 10-12
興奮色與沉靜色

沉靜的感覺和色相有著十分密切的關切。

3.柔和的色與堅硬的色

　　一旦我們將色覺與其他感覺連結起來，我們的感覺也變得豐富起來，如我們將色感覺（視覺）與觸覺連結，會發覺有些色彩會使我們覺得柔和，而有些色彩則會使我們覺得很堅硬。對色彩產生柔和或堅硬的感覺與色相沒有多大的關係，而是由色彩的明度和純度所決定的，也就是同一色相的色彩會因為明度或純度的不一樣而產生柔和或堅硬的心理感覺。感覺柔和的色彩，一般來說是那些明度較高、純度較低的顏色；感覺堅硬的色彩，一般來說是那些暗淡的、純度較高的顏色。如黑色使人覺得堅硬，明亮的灰色使人覺得柔和。深色、純色中較接近純色的色彩會給人一種堅硬的感覺；而淺灰色調、純色調的色彩則會給人一種柔和、輕鬆活潑的感覺。

4.鮮豔的色與鈍厚的色

　　人們對顏色的感覺鮮豔與否，很大程度上取決於年齡。一般說來，年輕的人們往往喜愛鮮豔的色彩，而老年人大多喜愛的色彩是鈍厚的。當然，這是就常態而言，事情往往具有許多非常態的緣由。再者，年輕人與老年人的年齡的分野也沒有很嚴格的尺度，有些人的生理年齡和心理年齡往往並不同步。這種對顏色鮮豔和鈍厚的感覺與色彩的純度有很大關係。純度越高的色彩，其給人的感覺越鮮豔；純度越低的色彩給人的感覺越鈍厚。如果以色調來講，大部分活潑的、高明度的、強烈的色調都會給人們一種鮮豔的感覺；而鈍色調、暗色調、灰色調等都會給人們一種鈍厚的感覺。其規律是：明度較高，接近純色的色調會讓人覺得鮮豔；反之，明度較低，多為鈍色的色調會讓人感覺鈍厚些。

5.爽朗的色與陰暗的色

　　如果我們身處在一間光線照明充足的明亮房間，會感覺到爽朗，而如果是在一間陰暗潮濕的房間，毫無疑問會覺得很陰暗。這種感情的反應源自於一種追求陽光的生存本能。對色彩的爽朗或陰暗的情感反應和色彩的明度有緊密的關係。色相對它也有影響，如暖色系會使人有一種爽朗的感覺，而冷色系則會使人有一種暗淡、陰冷的感覺。還有，就是鈍色調和灰色調等「濁色」也會給人一種灰暗的感覺。如**圖 10-13** 所示。

　　從**圖 10-13** 可知，高明度、高純度的色彩給人們的心理感覺是爽朗的和明亮的，而冷色系色相的色彩是不會有這種感覺的。低明度、低純度的色彩會給人一種暗淡、黑暗的感覺，而暖色系的色彩就不會有這種陰暗的感覺。從圖中還可以得知，純色和純度較高的色彩會給人一種強烈的刺激和強烈的感覺；而中明度、低明度或接近灰色的色彩，給人的

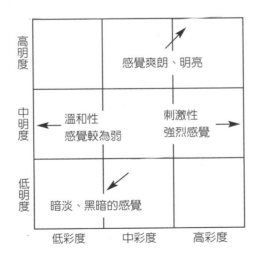

圖 10-13
爽朗色與陰暗色

感覺也較弱,因此會覺得這類色彩比較柔和。

6.突出的色與退避的色

　　如果我們的眼睛注視在同一平面上的光譜色系列,就會「發現」它們好像並不在同一平面上,其中有的色好像向前突出,而有的則好像隱退後去。凡是明度高、暖色系的色要突出一些,被稱為「突出的色」;暗色與冷色系則向後遠去,被稱為「退避的色」。突出的色除了讓人產生向前推進的感覺外,還會產生膨脹與擴散感;而退避的色相比之下會表現出向心與收縮感。如在黑色背景前,紅色、橙色、黃色讓人感到擴散外溢;而藍色與青色看起來好像被背景緊緊圍繞。

　　色彩的突出與退避的性質,是由於色的注目性及人對色的空間透視現象的習慣性體驗形成的。如「驕陽似火」、「星空浩渺」等日常生活視覺習慣。紅色、橙色、黃色總給人以光線與實體的感覺,在自然光照下,它們總是與近處的凸面的事物聯繫在一起。而藍色、青色總是伴隨著浩渺的青空、深幽的空間,往往會與陽光下的凹部及陰影聯繫在一起。色的突出與退避感還會因背景色的不同而發生改變,如在黑底上的光譜色中,黃色會躍然迸出,橙色次之,紅色再次,再後是玫瑰紅色與綠色,青色與藍色則漸漸向後退去。如果把光譜色排列在白色背景前面,情況會有所改變,此時的黃色好像被拉向白色,青色、綠色與橙色的距離也好像拉近了許多。這時,在黑色背景前的那種不同色在對比中形成的光感與空間感的差別將大大削弱。背景的顏色對於色彩的注目性起到至關重要的影響。

7.輕色與重色

　　人們對重量的感覺,更多的是觸覺與肌肉運動的綜合,但在對重量感的體驗中,視覺總是參與活動。如既可以用手「掂一掂有多重」,也可以用眼「看一看有多重」。一般來說,那些黑色、暗褐色、暗青色容易讓

人們聯想到生活中的煤炭、礦石和金屬塊的顏色，深赭紅色、暗灰色又是潮濕的土地的顏色，這些色彩又總是與那些沉重的物體聯繫在一起，故被我們稱爲「重色」；而有些顏色，如白色、淡青色、亮黃色、淡綠色，又可以使人聯想到生活中的白雲、青空、光線或是隨風微動的嫩枝，這些色彩又總是與那些重量輕的物體聯繫在一起，故被我們稱之爲「輕色」。總的來說，明度高的色彩使人感覺到輕，明度低的色彩使人感覺到重。如果是明度相同的話，那麼冷色較輕，而暖色較重。在一定條件下，富於品質感的色較重，而富於透明感的色較輕。如在光譜色中，紅色比黃綠色重些，藍色比青色重些，黃色是感覺最輕的，尤其是純度很高的黃。

8.暖色與冷色

　　色彩的冷暖屬性，是色覺與溫度覺連結的色彩感覺現象。當人們談到冷色或暖色時，實際上包含了不同色的冷暖、輕重，擴散與收縮等感受在互相連接、互相滲透中所凝結成的總體情緒色調。冷、暖情緒是以上諸多情緒中最爲強烈的一種表現形式，它也是我們使用色彩時心理感覺最爲突出的。

　　在社會生活和圖像作品中，有些色，如長波系列的紅、橙、黃色等，使人聯想到燃燒的火焰、灼熱的金屬、炎熱乾燥的大地及撒滿大地的陽光，這些色就會被我們稱之爲「暖色」（有人稱爲「熱色」）；而短波系列的青色、藍綠色、藍色及藍紫色會使人聯想到水、冰、樹蔭或寒冷的夜空等，故被稱之爲「冷色」（有人稱爲「寒色」）。當然，還有一些色，如紫色、綠色在冷暖色的相對關係中不好確定其冷暖屬性，又被稱之爲「中性色」（又稱「溫色」）。

　　色的冷暖並列是大自然物像色彩的形成規律，我們的眼睛在看暖色時總是一併會看到冷色。這是因爲在自然界，物體的受光面與陰影、地

面物體與天空背景等都包含著強烈的冷暖對立，沒有冷色也就無所謂暖色，當然，沒有暖色也無所謂冷色。圖像作品中有時會有冷色或暖色的重點色彩呈現，它是用來描繪自然界的某些局部或是作者要刻意傳達出某種情緒色調。

9.色彩的「節奏」與「旋律」

色彩的節奏與旋律，是指色與色之間的組合關係與聽覺世界聲音組合間的連結現象。王樹薇教授指出：當人們觀察畫面中色與色之間的配合關係時，隨著眼睛視線的移動所展示的色彩起伏變化，就使得存在於一定空間中的色彩形象獲得了時間的品質。音樂是聽覺藝術，正像人們以色彩的術語來解釋音樂現象一樣，在圖像藝術中，也可以用音樂術語中的「節奏」與「旋律」來解釋色彩感覺與時間藝術的連結現象。我們發現，具有鮮明強烈效果的組合畫面，其旋律起伏強烈，節奏變化急速，會給讀者產生激動的、有力度的情緒感受。而色度對比不強烈的畫面所形成的情緒效果，又會像抒情旋律那樣給人一種和緩、柔美或平靜的心理感受。見圖 **10-14** 所示。

色彩在旋律和節奏上的變化，還會喚起讀者的色彩運動感。如紅色

圖 10-14
色彩與聲音。左圖和右圖的「聲音」相同嗎？

與黃色混合，可以產生一系列的橙色，如果以橙色為起點，則可以透過橙黃色而導向黃色。如果靠近橙色是紅橙，則會產生趨向紅色的動勢。一系列明度遞增或遞減的色排列，不同純度色彩的排列，或由冷到暖的色調層次轉化，都可以形成色的運動感。如各種綠色、青綠色、青色的排列，就可以形成一種引向草原天際的流暢節奏。

經過長期的生活經驗和藝術實踐，人們發現顏色的色相、純度、明度的色彩屬性，相當於聲音的音準、音色、強弱的音樂屬性，它們之間有著一種一致性的關係，可以用簡單的公式來表示色彩—聲音的屬性關係。[10]

$$色相（色彩頻率）= \frac{1}{音準（聲音頻率）}$$

$$純度（色彩複雜性）= \frac{1}{音色（聲音複雜性）}$$

$$明度（色彩反射比）= 強弱（聲音反射比）$$

色彩的節奏與旋律，是指色的對比、聯繫、轉化、呼應、疏密、虛實所形成的色調和起伏輪廓。從這個意義上講，色的節奏與旋律是畫面色調特徵的一種表現形式。[11]在圖像作品中，色的節奏與旋律是指色彩在其他造型符號的共同作用下，以及讀者在觀看過程中依靠想像的補充所形成的一種感受形式，與讀者的生活閱歷和文化背景有著十分緊密的關係。

10.色彩的聯想

我們知道，每一個成年人都有許多的生活經驗、成長經歷和所受文化教育的背景，這些東西在平時，大多是隱藏在心底的，可當他們看到

某種色彩而受到刺激後，常常會喚起記憶，這種記憶又與某些事物聯繫在一起。這種把看到的色彩與其他某些東西聯繫在一起的心理現象，就稱之為色彩的聯想。這種聯想有時是有形狀的具體事物，有時是抽象的事物。兒童的聯想大多是一些具體的事物，隨著年齡的增長，聯想抽象事物的機會越來越大，這種抽象性聯想也可稱之為色彩的象徵。[12]如有人見到紅色，可能會聯想到消防車，也可能會聯想到鮮血，甚至是紅旗、革命等；看到綠色可能會聯想到青山、草原等，也可能會聯想到年輕、新鮮或者安詳、平和等。總之，決定於觀看者的生活經驗和文化教養。下面是日本色彩學家總結出的抽象性的色彩聯想語。

色別	抽象性的色彩聯想
紅	緊張、歡喜，活動性、色情的
橙	熱鬧、喜悅、活潑，精力充沛的
黃	愉快、高興、爽朗，精力充沛的
綠	年輕、平和、安詳、新鮮的、有希望的
青	穩重、涼快、寂寞、忠實、深遠
紫	悲哀、憂鬱、高貴、神秘、女性化的
黑	不安、死亡、中立、遲鈍、陰鬱、嚴肅、不穩定的
白	純潔、光明、天真、清潔
灰	曖昧、穩重、憂鬱、悲哀、暗淡

下面是西方世界所普遍認知的色彩的抽象性聯想：

色別	聯想
白色	啓蒙、純潔、信仰、光榮、救贖（透過光的方位知覺）
黑色	死亡、惡魔、哀傷（透過無光的方位知覺喪失）
紅色	愛情、熱情、火、血（極度情感）
藍色	忠實、憐憫、真理
綠色	希望、永生

第三節　傳播中的色彩意義

　　這裡要討論的色彩的意義，主要是指色彩作為圖像傳播的造型符號所呈現出來的情緒意義和象徵意義。我們已經知道，色彩在圖像傳播中扮演著極其重要的角色，它對讀者的情緒影響無庸置疑，同時作為某種理智或觀念的表徵，色彩還有象徵的意義。為了能夠使得討論深入進行，我們將綜合以上談到的關於色彩的知識，分別從單一色談起。

一、關於消色的討論

　　消色是非彩色，它是由從深灰（黑色）到淺灰（白色）的灰色組成的系列色，這是由物體表面的非選擇性吸收造成的。如果從彩色的角度來講，它只有明度，沒有色相和純度。實際上，它也是彩色的一種極端色彩表現形式，彩色的一切情緒反應和象徵意義它都具備。在中國的水墨畫論裡常有「墨分五色」或「墨分七色」之說，據科學家測定，從黑到白有 660 多個層次。在黑白圖像作品中，不同層次的黑、白、灰會使人自然聯想到紅日、彩霞、青山、綠水等等。彩色畫面如果是敘述性的，那麼黑白畫面更多的是聯想性的。

1.黑色

黑色可能是人類最早使用的顏色，在法國的拉斯科洞穴和西班牙阿爾塔米拉洞穴的壁畫上，先民先用黑和紅的顏色畫出概括性的線條，然後再塗色。澳大利亞的許多種族將木炭粉和油脂混合製成黑色用於紋身。非洲大地上的黑人似乎並不滿足自己的黑膚色，常常用黑色來增加微黑皮膚的美感。[13]古今中外的例證告訴我們，黑色應為人類初始之色彩。

黑色在中國的陰陽五行說中，是作為北方和冬天的顏色，象徵著通往極樂世界的道路。玄冬、黑道日會使人聯想到陰鬱的冬天。埃及的死神是極樂世界的使者，一般均用黑色表示；印度的破壞神西巴和妻子巴路哈特及迦梨女神均為漆黑色。

黑色一方面是黑暗、神秘、葬儀與恐懼和象徵；但另一方面，黑色還是莊重、威嚴、權力、勇敢、剛直的象徵。黑色與他色並列，可以很好地突出對方，並使該色沉著並有陰影感。如黑色的服飾可以襯托出膚色潔白鮮亮，由於黑色具有收縮的性質，且有利於突出形體。

黑色在許多國家被認為是死喪之色、不祥之兆和不吉利。莎士比亞認為「黑色是地獄的象徵，是地牢之色，是黑夜的衣裳」。但對於中國人來說，黑臉的包公又是一種不畏權貴、剛直不阿的象徵。

日本學者城一夫認為「黑色在生活中常是貶義之詞：black list 是指黑名單，black market 是指市場，black hijack 是指威脅，back mail 是指訛詐和勒索，black and white 是指黑白，當然其中黑是指陰暗面，即罪惡。」[14]更令人不安的是在現行社會制度下運行的黑社會。

黑色是一種魔幻之色，既可以象徵正面的力量，也可製造恐怖的氛圍；既可以代表魔鬼、幽靈，也可以象徵神聖和莊嚴。在西方，黑色在等級職位上是代表基督教徒階層三色。如在中世紀，教皇著白色服飾，樞機卿著紅色服飾，司祭官則著的是黑色服飾。

圖 10-15

《低吟》。 Jeanloup Sieff. Paris 1985.

2.白色

在所有的色彩中，白色具有極端對立的雙重性格。對於顏料色而言，白色是未經染色的純淨色；對於光譜色而言，白色是紅、綠、藍色光等量疊加的結果。一方面，白色象徵著光明、純潔、正義、幸福等，如白色代表陽光，婚禮中的白色婚紗、救死扶傷的「白衣天使」、心目中的「白馬王子」等象徵著生命、幸福。白色還體現了人類色覺的平衡滿足，是各種色明度的最終極限。另一方面，白色還象徵著死亡、毀滅、哀悼、無奈、虛無等。如葬禮的白布、投降的白旗、貧苦的「一窮二白」、奸詐的「小白臉」及「慘白」的心情等。在影視畫面中還有一種「無色的鏡頭」（鏡頭轉向白色物體表面或轉向白光），這是對人類情緒狀態的極度表達手法。當然，白色要被低明度的色托映，才能更好地顯示它的純潔性。如果它被暖色調或淺灰色調包圍干擾，其自身的純潔也會受到浸染。

在基督教中，白色是上帝的顏色，古希臘之神穿的也是白色服飾，埃及之神也是以白布裹身。白色還含有一切圓滿的善意，女性潔白的膚色永遠受人讚美。白色是明亮之色，是月亮和銀河之色。佛教中的白色、白牛作爲釋迦牟尼的使者而受人尊敬。

白色同其他色一樣還會成爲某種職業和社會階層的象徵。如基督教中教皇的白色禮服，世界各國的神官、僧侶、醫生、護士、實驗室的服裝色，現代社會的「白領」代表著腦力勞動者和有社會地位的人等。白衣天使、白色的十字代表著和平、純潔、清淨等。

白色不白，它是最富有的色，也是最虛空的色，它含蘊著極其豐富的社會內容和內心情感表徵。

圖 10-16

《公園小景》。Collection Amalgame

3.灰色

　　灰色的性格最為特殊，它能很好地顯示出消色的所有特點。

　　從實際情況而言，世界上不可能有純粹的黑色和白色，它們只不過是灰色的極端表現形式而已。灰色的明度越低、色調越暗，就越接近黑色；而灰色的明度越高、色調越亮，就越接近白色，在黑色與白色之間的一系列明度不同的階調就被我們稱之為灰色。目前我們可分辨出的灰色階調大約有 600 多級。在所有具有各種中等明度的純色顯示中，只有灰色系列才能突出消色的特殊品格。色彩學家一致認為：中性的灰色，沒有色度的變化，它是一種無色的、樸素的、沉靜平和的色。如灰色的服飾能更好地顯示穿著者的膚色純度，會給人一種明潔、典雅的印象；

圖像中的灰色能形成讀者接受色刺激的休息和緩衝地帶，其結果是引向與幫助展示其他色的相貌，而不產生強烈的明度對比現象。[15]消色的品格也會由此得到凸顯。

灰色，尤其是均勻的灰色會給人一種現代的感覺，因自工業化之後，現代社會生活中的機械表面和電子器具的表面大多為灰色，從古代到現代的鎧甲和兵器也大多為金屬灰色。灰色也是建築材料——水泥的基本色，這些基調都會給人一種現代工業的感覺。

圖 10-17
《黑與白》。Collection Amalgame

如果灰色被其他彩色包圍時，灰色的基調會偏向於該彩色的補色，這時，灰色的純淨性會受到很大的影響。在現實生活中，我們很難得到純正的灰色，因為它總是受到環境色的影響。圖像工作者，尤其是影像創作人員（電影、攝影）總是隨時配備一塊由專業公司生產的「灰板」，以便在圖像創作中更好地去再現或表現其他色形。灰色是一種草木燒盡的色，所以「灰心」、「灰滅」中的灰字也就代表了消極、絕望的意思。灰色如果偏暖，色調就會有些混濁，如果色調偏冷，那麼畫面會顯得清澈些。也有純度很低的彩色被人們當作灰色來看待，如紫灰、青灰、暖灰、冷灰等。這些色調所傳達出的情緒非常微妙、含蓄，能更好地傳達出作者的根本意圖，影響著受眾的閱讀。

二、關於彩色的討論

彩色是由物體表面的選擇性吸收與反射造成的。這樣一來，可以說現實世界的一切可視物像都是有色彩的，物體表面都會因為選擇性吸收或反射呈現出彩色。據測定，現在世界上可測定的顏色有 750 多萬種，這裡我們不可能一一討論到，而只能討論光譜色中的定義七色——紅、橙、黃、綠、青、藍、紫。

色彩的情緒意義，是指不同的色作用於人的視覺器官，色感覺與其他感覺器官發生連結現象，從而對人們的情緒產生影響。而色彩的象徵意義是指色彩作為某種理智或觀念的表徵作用，它是人們在社會生活中逐步形成的。彩色的各種涵義解釋會因人而異、因時間而異，有的甚至會得出完全相反的結論。這也再次地證明色彩的社會特徵的複雜性。

康定斯基曾發表過他對顏色的看法：「正如想像中的那樣，紅色是一種無限制的顏色，本質上是熱的，內在表現為一種洋溢著激烈、動盪生活的顏色。可是，它不具備黃色的消散性特點，黃色向四周延伸並消散於各個角落……。紅色表現出一股浩大的、不可抗拒的力量……。普

通的紅色（例如朱紅色），可以使心靈上的某些強烈的狀態更加持久。深藍色吸引人們對無窮無盡的想像，它喚醒了人們身上追求純粹的意願和一種超自然的渴望……，在變深的同時使人緩和、平靜下來。在趨向黑色的過程中，它表現出一種超越人類的憂傷之色……。而當它變亮以後，就顯得既遙遠又冷漠，就好像又高又藍的晴空。隨著藍色不斷變亮的過程，聲響感逐漸喪失直到完全消退，成為寂靜的休眠……。絕對的綠色是最安靜的顏色……，它不帶有歡樂、憂傷或激情的味道。綠色是夏天的支配色，夏季是一年之中，大自然戰勝春天和春天的暴風雨後，轉而沉浸在一種宜於休息的自我陶醉感當中的季節。……白色代表著歡樂，代表著純潔無暇，黑色則透著哀悼、沉痛、死亡的意味。」[16]從中可以看到複雜性既來自於顏色本身，更來自於觀察者的心靈。

1.紅色

　　紅色應該是這個世界上最為卓絕的顏色，眾色之首。在世界上比較通行的幾種語言中，「紅色」成為了「顏色」的代名詞。紅色的最早的相反色是白色（與白色對立的色還有黑色），後來，紅色又成為藍色和白色的對立色。亨利‧阿勒康（Henri Alekan）甚至認為「歷史發展中的第一色就是紅色（澳大利亞洞窟、黑非洲人民的壁畫、阿爾塔米拉、希臘最早的繪畫作品──按普林的說法，說到我們自己，還包括原始人）。按照詞源學的觀點，在梵語中，『紅』意味著『光』。」[17]可見紅色的重要性。從中國古代象形文字中得知，「紅」字從「火」，它既是咆哮的火焰，也讓人想到血液（生命）的色調。

　　歌德認為紅色「是一種充滿刺激性的和令人振奮的色彩」，「純粹的紅色能夠表現出某種崇高性、尊嚴性和嚴肅性。」「紅色之所以被稱為帝王的顏色，這與它那和諧性與尊嚴性是一致的。」[18]康定斯基認為「任何色彩中也找不到在紅色中所見到的那種強烈的熱力。」儘管紅色有強

圖 10-18
《茶紅》。馬克‧羅斯科，1958 年

大的能量和照射強度，然而「它只在自身之內閃耀，並不向外放射很多能量，它具有一個成年男子的成熟性，它的激情冷酷地燃燒著，在自身之內儲集著堅實的能量。」[19]紅色與其他暖色調相比，它是一種蘊蓄的熱情，潛藏著巨大的能量。紅色與鮮血的聯繫以及灼熱的性質，使它成為革命、勇敢、忠勇與正義的象徵。如紅旗、紅袍、紅心、赤面等，都是這種寓意的具體化。紅色在中國還是一種節慶的顏色，是喜慶、歡樂的象徵。

　　如果將紅色沖淡，其濃郁的品格會受到很大的損害，淡色的紅由於

其明度的提高而會帶有一種冷味，使人感覺到的是一種輕快與明淨的美麗。玫瑰紅色的豔麗感超過了從紅色那裡帶來的熱量。

紅色中帶有黃會變成一種朱紅色，繼而變成橙色。紅黃色能給人一種溫暖的和歡樂的感覺，充滿著活力，督促人們前進和積極地活動，並能表現出火焰般的熱情。

如果紅色中帶有藍味，從赤紅到紫紅，表現出一種內在的精神力量。紅藍色能使人有一種坐臥不安的感覺，不會像紅黃色一樣使人充滿著活力，它誘使人們走向一個安靜的地方。紅紫色所表現出的內在精神力量，在古今中外幾乎是一致的。如在西方，從聖母、聖子到教皇都身著紅色袈裟；在中國封建社會「紅紫不以爲褻服」，從東方到西方紅紫色都是統治者的專用色。這是因爲它看上去，會讓人感到有一種不可抗拒的巨大力量，有一種攀登階梯的感覺。但如果紅色中的藍的成分增加到一定的程度，就會從內在的熱情轉向光與熱的消失，甚至出現一種令人恐怖的、不祥的色調。歌德就曾說過：當紅色受到藍色影響時，它就會顯示出一種令人難以忍受的樣子。

2.橙色

橙色介於紅色和黃色之間，它是一種主動的色彩，能夠產生一種「積極的、有生命力的和努力進取的態度」（歌德語）。橙色會讓人感到溫暖，有一種內心歡愉的氛圍。

歌德說過，橙色（黃紅色）會產生出令人難以置信的震動，令人討厭地衝擊著視覺器官，使動物感到煩躁和暴怒。他甚至還舉例說到：「我所了解那些有教養的人，除了陰天之外，他們在任何時候遇上一個身著猩紅色外套的人時，都會感到難以忍受。」康定斯基也發現，橙色「能喚起富有力量、精神飽滿、野心、決心、歡樂、勝利等情緒。」[20]總之，橙色會給人一種活力，使人感到一種力量和壯觀。

圖 10-19

《夕陽下》。資料 SPP1-13

　　橙色是所有色彩中最能讓人感到有熱量的顏色。因為橙色兼有紅色和黃色的雙重品格，它表示出紅色和黃色所共有的性格：生命、活力、熱量、健康。橙色的純度越高，這種表現力就越強烈；如果橙色中加入了白色，這種表現力會被破壞，容易讓人感到將會很快喪失光與熱。橙色的穩定性不如其他顏色，它很容易將自身的能量傳遞給他色。

3.黃色

　　黃色是可見光譜中最明亮的色，是純色中最富於光感的色，它能在最大的明度下顯示其純度。王樹薇教授認為：由於黃色有較高的明度，因此在其他純色背景前，都能形成突出的效果。

在中國有「玄黃，天地之因」的說法，將黃色定為天地的根源色。在漢字中「黃」由「田」與「光」組成，是大地之光的意思。黃色是東方古老的印度教、道教、佛教以及儒家思想中地位最高的色彩。黃色在印度教中是主神梵天之色，在佛教中則是「釋迦聖佛」之色。黃色在這些宗教儀式中是極其重要的色彩。

在希臘神話傳說中，太陽神赫利俄滿頭黃髮，身披黃衣從大海的波濤中升起。喜愛黃色的神靈還有希臘智慧女神雅典娜、古羅馬智慧女神密涅瓦和埃及之神乃依斯。這一切，可能是由於黃的光明性所造成的。當然，黃的突出性及它的變體色，即金黃的珍貴性，也使它當之無愧地成為「至高無上」、「無上至尊」的象徵，它代表著「天國的輝光」。在陰陽五行說中，黃色位於中天，在五臟中屬於「心」。在五帝中對應於「黃帝」。在紅、青、白、黑、黃這五個正色中，黃色是富貴天子之色。孕育了中華文明的大河被稱為「黃河」。

在基督教社會中，黃色是忌諱的色彩，甚至使人想到敵意。這可能是背叛耶穌的猶大穿著黃衣，所以黃色就成為令人討厭的色彩（猶大真的是不是穿黃衣？為什麼要用黃色來描繪猶大？它象徵基督教中的什麼？）。在中世紀，只有猶太人和娼婦才穿著黃色的服裝。有的國家還制定法律頒布，規定猶太人必須穿黃色衣服。十六世紀西班牙宗教法庭規定，對於異端者則令其穿黃色服裝，並處以火刑，這一時期的法國對重罪人家的門塗以黃色。[21]

與紅色相比，歌德認為黃色是一種安靜的和愉快的色彩，它是一種愉快的、軟綿綿的和迷人的顏色。康定斯基指出，非常明亮的黃色能夠表現出兇暴的和狂亂的瘋狂。他甚至認為，明亮的黃色簡直有點象「那刺耳的喇叭聲」，令人難以忍受。這也充分證明，黃色的注目性非常強烈，它會嚴重地影響著人們的情緒。

黃色極其容易被藍色浸染，當黃色帶有微綠時，其純正性會受到破

圖 10-20
《大震動水平》。塞基・拉斐爾・索圖，1966 年

壞，也許是因為它的特徵，黃色又常常被當作「叛逆」與「猜忌」的象
徵。又由於黃色的紙張曾被當作快訊新聞紙使用，而這種號外和快訊卻
常常刊登一些名人的風流韻事。因此，黃色就在今天的社會形成了一種
概念：它與淫誨低俗及違法的事有關聯——「掃黃打非」運動等。但當
黃色所依附的形狀改變時，情況又會大不一樣了。如當不純正的黃——
黃綠色出現在植物嫩綠的枝頭時，或是少女穿著的服裝顏色時，一種生
命活力、青春盎然的景象就出現了。

4.綠色

綠色是大地植物的顏色，因此綠色的意義也是隨著植物生長的不同
時期的色彩變化而改變著的。如幼芽的嫩綠色調，是生機、朝氣、希望

和青春的象徵；當綠中藍的成分增加，就會成爲茂盛、豐饒的一種色彩；綠中如果帶有了青紫味，就是一種茁壯的色彩，能夠表現出典雅豐碩的意義。

綠色（顏料色）是黃色與藍色的混合色，但一種均勻的綠色，能夠展示出一種基本的單色所應具有的穩定性。歌德說綠色有一種「寧靜與穩定」的力量。康定斯基認爲綠色具有一種「人間的、自我滿足的寧靜，這種寧靜具有一種莊重的、超自然的和無窮奧秘」。純正的綠色，應該是一種中性的色彩，具有獨立的品格。它與其他色比起來稟性更爲平和，是色感的休息區域。因此成爲了和平安寧的象徵。康定斯基就認爲綠色是大自然中最寧靜的色彩，它不向四方擴張，也不具有擴張的色彩所具有的那種感染力，不會引起歡樂、悲哀和激情，不提出任何要求。

在埃及，綠色是尼羅河賦予人們植物和財富的色彩。埃及人還將綠色與孔雀石聯繫起來，並將時間看作爲「永恆的綠色」。愛西斯女神是綠色，服侍女神的祭司也穿著綠色服飾。伊斯蘭教將綠色作爲「色中之色」，綠色成爲許多伊斯蘭教國家國旗的主要顏色。綠色在歐洲也是五月節的重要色彩。綠色在歐洲還表示愛情，即妊娠之色。在日本，綠色和青色沒有明確的區分。現在全世界的大多數國家都選用綠色做爲軍服的顏色和武器及其軍用品的顏色。

在中國的古代，顏色是有尊貴貧賤之分的。如封建社會的尊黃尊紫，同時就要貶青貶綠，「青」、「綠」被黜爲「賤者」的服色。唐代規定：吏人有罪，令裏綠以辱之；元代典章規定：娼家親屬男子裏青頭巾；明制規定：樂人、官妓用碧綠巾裏頭。綠色成爲統治者污辱壓迫社會最底層的人的色彩。[22]在這裡，色彩的政治屬性可見一斑。

在圖像畫面中，王樹薇教授認爲：綠與黃相遇，可以表現爲生氣勃勃的色調，碧綠叢中嫩黃枝葉，逆光中觀察，那黃綠的輪廓，會給人一種生機盎然的感覺。藍綠色與玫瑰紅色並列，可以形成一種比較沉著的

圖 10-21

《麥田》。資料 SPP1-01.

美麗色調。綠色與白色並列，如果是淡綠，表情慘淡；如果是藍綠則趨向灰白；如果是中綠，可產生一種和平潔淨的感覺。當紅與綠相遇時，其色度對比最為強烈，表現出一種強烈的活躍。

5.青色

　　青色由於它與藍色的相近性，所以在有些國家和地區並不明確地區分出來，如日本對綠、青不分，中國對顏料色的青、藍和光譜色的青、藍稱謂是剛好相反的。青色屬於冷色系，是一種被動的顏色。又由於它與自然的青空和夜間的浩渺的色彩相一致，故充滿著神秘和神靈的氛圍。

　　在基督教中，聖母瑪利亞的外套是青色。青色是希伯萊之神耶和華與北方之神奧德的屬性。青色還是古希臘羅馬時代狩獵女神阿爾特彌斯

的色彩。青色也是古埃及支配人生的太陽神阿蒙的色彩。青色在印度教中是人們對神靈忠誠的象徵。青色是永不改變的天空和大海的顏色，象徵著貞操和永不變心。

青色象徵著天空，它是作爲創造天地的色彩而出現的。在中國的陰陽五行說中，青色是與春天、東方、肝臟相對應的色彩。青色也是自食其力、布衣一族的代名詞。青色還能引申出與青相關的一些辭彙，如青年、青春、青雲、青陽、青運、青蛾等等。在英國，青色緞帶是作爲爵位的最高勳章，現在各個領域的最高榮譽勳章也都爲青色，青色是一種最高意義的表達。

青色也有惡魔與遊蕩的意思，如「青面撩牙」的恐怖相。而「青樓」又專指妓女，在西方，青色又意味著「醉漢」。青色還象徵著「憂鬱」的

圖 10-22

《摩納哥王宮》。摩納哥，韓叢耀攝

心情和「不快」之意。淡淡的青色又有涼爽和快意之感。

6.藍色

藍色是典型的冷色，它與物體的陰影部分及空間深度聯繫著，畫面中的藍色總是離讀者而去，直至變爲宇宙空間的色調。大片的藍色讓人感到心曠神怡、深邃浩渺並伴有某種神秘的味道。藍色也是一種消極的色，它會表現一種無望的情緒。歌德認爲它是一種「一點也不迷人」的、空虛的和冷酷的顏色，總是傳遞出一種刺激性與安靜性在相互爭態的感覺。康定斯基認爲暗藍色則「沉入在包羅萬象的無底嚴肅之中」，而淡藍色則「具有一種安息的氣氛」。

純正透明的深藍色，會給人一種心醉的感覺。如萬里無雲、陽光照射下雪山後的天空純藍；雨過天晴時被雲朵投影遮住的山嶽的深藍；淺紫色沙灘對比下海面的蔚藍；以沙漠爲前景的天空暗藍；還有夜幕降臨時在燈光下觀察窗外夜空的泛藍，都顯示出藍色的純粹的力量。淡藍色或淡青色，會讓人感到輕快明潔。微微帶有藍味的白，比起純白來顯得更爲透明純淨，因此，淡藍色又成爲純潔與正義的象徵。

不純的藍色，總帶著迷茫、痛苦與接近毀滅的情調。從精神的觀點來看，不純的藍色又是苦行僧、受難的基督，這是一種十分莊重純樸的色調。如果由溫暖並富於生命感的色轉向藍色，將意味著收縮或熄滅。如在藍色中加入稍許的黃色，是一種令人作嘔的顏色。

王樹薇教授認爲：黑底上的藍色塊，好像觀察深遠夜空輝光的窗口。白底上的藍色，暗而死寂。藍色與黃色並列，能彼此增強其純度。黃底上的藍色，看起來沉滯呆板，藍色不能很好地顯示其力量；而在深藍背景前的黃色，則能得到最純亮的對比效果。

藍色不管在自然界還是圖像中都是一種基本色，它如同紅色一樣，在顏料色或光譜色中都是原色。

圖 10-23
《無題之單色藍》。伊夫・克萊恩，1957 年

7.紫色

紫色自古以來就被視為神聖的色彩，讓人感到精神上的高貴和靈魂上的虔敬。當然，同其他色彩的多面性一樣，它也是一種表情優婉的色彩，也有人認為它是一種中性的色彩。

在古希臘，紫色是神秘儀式中祭神官禮服的色彩。紫色意味著貴重，應屬羅馬皇帝所專用，它還是主神朱庇特的化身。在紫色中出生（born in purple）指的是皇太子在皇室中出生時用的色。在基督教中，紫色是象徵基督的受難和復活。現在紫色成了基督教中樞機卿的色彩。在歐洲，從東羅馬查士丁尼大帝的大氅到後來教皇的服飾都是一種象徵莊嚴和權力的紫色。在歐美的肖像畫中，經常可以看到全身著紫的貴婦像。紫在這裡顯示出不甚炫耀的華麗，給人一種優婉持重的感覺，從骨子裡透露著一股貴族的氣息。

　　古希臘悲劇作家埃思庫羅斯寫過人類罪惡和上帝正義問題的著名作品：《阿伽門農》。其中有一處情節，就是呂泰墨斯特拉在企圖謀殺她丈夫時說：「偉大的您消滅了特洛伊，不要把錢鋪在地上，請從紫色的地毯上走過來。」[23]如果走過紫色地毯就是走向自找的毀滅！因爲紫色是眾神的色彩，踩過紫色意味著人類的狂妄自大，這必然會遭致眾神的發怒，毀滅也就是肯定的事了。在此，紫色成爲人類對神靈是否敬重的試金石。

　　在中國，紫色同樣象徵著權貴的威嚴。紫色是天子貴人的色彩，也是福氣運氣的象徵：「紫氣東來」。從古至今，紫色一直伴隨著帝王豪紳，不曾與市井小民有關。

圖 10-24
《大地》。資料 SPP1-03.

　　但由於紫色是間色，像是冷卻紅，是從注目性強烈的黃、橙、紅色轉向逐漸隱沒的色，所以它又有一種哀傷的象徵。在中國的喪事中有大量地使用藍紫色的習俗。《論語》中有「紫奪朱，惡之」的說法，認為紫色如果搶奪了紅色的地位，將會帶來禍害。不純的暗紫色，暗示著不祥與恐怖，又是一種污穢晦暗的色調。不純的淡紫紅色，尤其是大面積的淡紫紅色會讓人產生曖昧不清的、不愉快的感覺。康定斯基認為：「紫色，是一種冷紅色。不管是從它的物理性質上看，還是從它造成的精神狀態上看，它都包含著一種虛弱的和死亡的因素。」

　　紫色雖然具有一種極度對立的特徵，但只要改變它的純度，以及保持住它的固有品質特徵，紫色仍是高雅和清靜的象徵。正如王樹薇教授所言：淡紫色是一種讓人感到不為妍媚的美麗色調，它與淡紅色、淡綠色、淡藍色相比，總帶有幾分嬌弱，老年女子衣著淡紫服裝，可顯示文靜優美。

　　圖像傳播中色彩意義的呈現還要同其他造型符號和圖像符號聯繫起來，是它們共同構成了圖像資訊的整體閱讀方式。

註釋

[1]Martine Joly, *L'image et Les Signe: Approche Sémiologique de l'image fixe*, Paris: Nathan, 1994, p.104.

[2]王樹薇，《色彩學基礎與銀幕色彩》，北京：中國電影出版社，1987，頁 30。

[3]阿恩海姆（Rudolf Arnheim），滕守堯、朱疆源譯，《藝術與視知覺》（*Art and Visual Perception*），北京：中國社會科學出版社，1984，頁 458。

[4]城一夫，亞健、徐漠譯，《色彩史話》，杭州：浙江人民美術出版社，1990，頁 124。

[5]王樹薇，《色彩學基礎與銀幕色彩》，北京：中國電影出版社，1987，頁 32-33。

[6]王樹薇，《色彩學基礎與銀幕色彩》，北京：中國電影出版社，1987，頁 34。

[7]王樹薇，《色彩學基礎與銀幕色彩》，北京：中國電影出版社，1987，頁 45。

[8]王樹薇，《色彩學基礎與銀幕色彩》，北京：中國電影出版社，1987，頁 46。

[9]阿恩海姆（Rudolf Arnheim），滕守堯、朱疆源譯，《藝術與視知覺》（*Art and Visual Perception*），北京：中國社會科學出版社，1984，頁 460。

[10]翟德爾（Herbert Zettl），廖祥雄譯，《映像藝術》（*Sight Sound Motion: Applied Media Aesthetics*），台北：志文，1994，頁 125。

[11]參見王樹薇，《色彩學基礎與銀幕色彩》，北京：中國電影出版社，1987，頁 28-29。

[12]太田昭雄、河源英介，北星圖書編輯部譯，《色彩與配色》，台北縣永和市：新形象出版，1996，頁 70。

[13]城一夫，亞健、徐漠譯，《色彩史話》，杭州：浙江人民美術出版社，1990，頁 6。

[14]城一夫，亞健、徐漠譯，《色彩史話》，杭州：浙江人民美術出版社，1990，頁 164。

[15]參見王樹薇，《色彩學基礎與銀幕色彩》，北京：中國電影出版社，1987，頁84-85。

[16]Martine Joly, *L'image et Les Signe: Approche Sémiologique de l'image fixe*, Paris: Nathan, 1994, pp.103-104.

[17]Martine Joly, *L'image et Les Signe: Approche Sémiologique de l'image fixe*, Paris: Nathan, 1994, p.103.

[18]阿恩海姆（Rudolf Arnheim），滕守堯、朱疆源譯，《藝術與視知覺》（*Art and Visual Perception*），北京：中國社會科學出版社，1984，頁470。

[19]阿恩海姆（Rudolf Arnheim），滕守堯、朱疆源譯，《藝術與視知覺》（*Art and Visual Perception*），北京：中國社會科學出版社，1984，頁470。

[20]阿恩海姆（Rudolf Arnheim），滕守堯、朱疆源譯，《藝術與視知覺》（*Art and Visual Perception*），北京：中國社會科學出版社，1984，頁472。

[21]城一夫，亞健、徐漠譯，《色彩史話》，杭州：浙江人民美術出版社，1990，頁156。

[22]參見王樹薇，《色彩學基礎與銀幕色彩》，北京：中國電影出版社，1987，頁83。

[23]城一夫，亞健、徐漠譯，《色彩史話》，杭州：浙江人民美術出版社，1990，頁162。

結　論

C

　　在即將結束對圖像傳播論述的時候，還應該指出的是，本書並沒有能夠透徹地解析圖像和全面地考察圖像的傳播過程，甚至沒能總結出幾條圖像傳播的規律性條文，更不要說建構一個圖像傳播的總體模式，無論是在專業領域還是應用領域。然而我們致力於論述圖像傳播學的原則從當代的傳播現象入手，縷析主要的流派、文本樣式，以及圖像研究的主要階段。我們還扼要地介紹了圖像及圖像傳播的研究方法和理論成果，尤其是對現代圖像從原理上進行一番剖析和討論。這是一種活力的激勵，即發現了問題又引出了問題，也將疑問放置其中。

　　也許這是非常個人化的思考，但透過這種思考和理論的回應，交替地刺激著研究的繼續深入，尤其是圖像傳播的符號學方法，是一種嚴肅而有效的方法，它不僅使人們理解圖像的特殊性，也使人們思考圖像的某些歷史特性，這種方法爲圖像提供了基礎和辯護。金斯柏格（Ginsburg）指出，現代科學的發展是透過兩種現象的交替來實現的：或是個體元素認知用於普及推廣，或是力圖建立、可能是探索著建立一種圍繞個體的科學知識的不同研究主體。我們這樣的思考和集合，雖然有些像在編撰「百科全書」：錯誤地按照受到限制的對等模型給出一個狹義的符號概念。但相反地，卻也讓人想到擴大了的推論模型。這也是我們在探討圖像本質、圖像構成、圖像動力時的漩渦和動力。我們沒有引入更現代的理論，而只是留意於圖像本體的梳理。

　　圖像傳播的核心問題，是圖像的視覺主體，主體與形象是緊密相連的，但形象又不是主體，或曰全部。形象與語言密切相關，從語言開始找尋，發現離散的形象，再將其錨固下來，剝離或形塑出主體。圖像不光具有主體，還有其他，但抓住了主體（視覺性的）也就抓住了關鍵。這實際就是圖像與它的外部關係問題了：一如圖像與受眾；一如圖像與社會。這樣重要的問題我們也只是概略的提及，深入的研究也許會生成巨大的學術空間。

　　對於構成圖像的各種組構，比如造型符號、圖像符號、認知符號和表徵符號等以及由它們組成的視覺編碼，被我們重新強調，尤其是將造型元素置於非常重要的位置，這是爲了避免人們忘記圖像的構成元素，而去著力在圖像的美學功能上。這種功能趨向圖像跡象的退化，是一條與圖像傳播研究完全不同的路子。

　　最後，從圖像的內部結構著手分析，清理圖像在傳播過程中的視覺外在特徵；在規定的時空場內限制說明，以自然科學的實驗手段尋找最大的可能；在色彩（彩色、影調等）本來的認知和情緒作用中探討色彩傳播的象徵意義。

　　從傳播的專業性和背景來考慮，這種幾近造型的元素縷析的能力及範圍便應該爲每一種概念或是每一種對圖像的解釋提供一個框架。

　　正如本書導論所言，我們是側重於探討「意義的生產與交換」，在圖像結構性本文上著力頗多，使得它不太像一般傳播學著作的模樣。我們只想提供一種觀察與思考的方法和路徑，而不是研究的藩籬或研究的模式。然而這些基礎的部分和研究的範式，還是能夠達到一種更爲特殊的層面。當然，也可以肯定地講，每一個研究者都可以根據自己的情況和興趣、能力在此基礎上做出更深入的研究。

　　不要爲了研究而研究，爲了學問而學問。學術研究是一種心靈的創造，應該充滿著朗朗的生命氣息。

參考文獻

一、中文部分

山東畫報出版社編，《攝影大師——500 經典巨作》，濟南：山東畫報出版社，1998。

孔祥竺，《攝影構圖》，瀋陽：遼寧美術出版社，1995。

王海龍，《人類學電影》，上海：上海文藝出版社，2002。

王樹薇，《色彩學基礎與銀幕色彩》，北京：中國電影出版社，1987。

弘學，《佛教圖像說》，成都：巴蜀書社，1999。

朱羽君，《攝影藝術講座》，北京：長城出版社，1982。

何恭上，《舊約聖經名畫》，台北：藝術圖書，2000。

李澤厚，《李澤厚十年集‧第一卷‧美的歷程》，合肥：安徽文藝出版社，1994。

林信華，《符號與社會》，台北：唐山，1999。

柳成行，《攝影創作的藝術表現》，北京：長城出版社，1983。

海潮攝影藝術出版社編，《1949-1989 中國攝影藝術作品選》，福州：海潮攝影藝術出版社，1989。

高千惠，《百年世界美術圖象》，台北：藝術家，2000。

張恬君、王鼎銘、葉立誠、孫春望，《映象藝術》，台北縣蘆州鄉：空大，1998。

張振陽、陳秋香，《沙漠明珠敦煌》，台北：大地地理，1996。

張會軍，《電影攝影畫面創作》，北京：中國攝影出版社，1998。

陳傳興，《憂鬱文件》，台北：雄獅，1992。

楊治良，《實驗心理學》，杭州：浙江教育出版社，1998。

劉國典，《攝影濾光器與影調調節》，北京：中國電影出版社，1988。

滕守堯，《審美心理描述》，成都：四川人民出版社，1998。

蕭師玲，《中國古代文化遺跡》，北京：朝華出版社，1995。

錢學森，〈系統思想、系統科學和系統論〉，清華大學出版社編輯部編，《系統理論中的科學方法與哲學問題》，北京：清華大學出版社，1984。

韓叢耀，〈視覺界面初探〉，中國攝影家協會理論部編，《世紀攝影論壇精粹》，北京：中國攝影出版社，2001，頁11-24。

韓叢耀，《目擊災難》，南京：江蘇人民出版社，2000。

韓叢耀，《新聞攝影學》，南寧：廣西美術出版社，1998。

韓叢耀，《實用攝影技巧》，北京：金盾出版社，1998。

韓叢耀，《踏查西藏秘境》，台北：大地地理社，2001。

韓叢耀，《攝影論》，北京：解放軍出版社，1997。

二、譯文部分

太田昭雄、河源英介，北星圖書編輯部譯，《色彩與配色》，台北縣永和市：新形象出版，1996。

巴特（Roland Barthes），李幼蒸譯，《符號學原理》（Elements de semiologie），北京：生活·讀書·新知三聯書店，1988。

巴特（Roland Barthes），許綺玲譯，《明室：攝影札記》（*La chambre claire: note sur la photographie*），台北：台灣攝影工作室，1995。

布洛克（H. Gene Blocker），滕守堯譯，《現代藝術哲學》（*Philosophy of Art*），成都：四川人民出版社，1998。

布洛克曼（J. M. Broekman），李幼蒸譯，《結構主義：莫斯科—布拉格—巴黎》（*Structuralism: Moscow, Prague, Paris*），北京：商務印書

館，1987。

本雅明（Walter Benjamin），林志明譯，《說故事的人》，台北：台灣攝影
　　工作室，1998。

本雅明（Walter Benjamin），許綺玲譯，《迎向靈光消逝的年代》（*Walter
　　Benjamin Essais*），台北：台灣攝影工作室，1998。

坎伯（Joseph Campbell），朱侃如譯，《千面英雄》（*The Hero with a
　　Thousand Faces*），台北縣新店市：立緒文化，1997。

沙特（Jean-Paul Sartre），魏金聲譯，《影像論》（*L'imagination*），台
　　北：商鼎文化，1992。

沃爾大林（Heinrich Wolfflin），潘耀昌譯，《藝術風格學》（*Principles of
　　Art History*），瀋陽：遼寧人民出版社，1987。

帕凱（Dominque Paquet），楊啓嵐譯，《鏡子——美的歷史》（*Miroir, mon
　　beau, miroir: une histoire de la beauté*），台北：時報文化，1999。

阿恩海姆（Rudolf Arnheim），滕守堯、朱疆源譯，《藝術與視知覺》
　　（*Art and Visual Perception*），北京：中國社會科學出版社，1984。

阿恩海姆（Rudolf Arnheim），滕守堯譯，《視覺思維》（*Visual
　　Thinking*），北京：光明日報出版社，1987。

城一夫，亞健、徐漠譯，《色彩史話》，杭州：浙江人民美術出版社，
　　1990。

施蘭姆（Wilbur Schramm），游梓翔、吳韻儀譯，《人類傳播史》（*The
　　Story of Human Communication*），台北：遠流，1994。

柏格（John Berger），連德誠譯，《畢卡索的成敗》（*The Success and
　　Failure of Picasso*），台北：遠流，1998。

柏格（John Berger），劉惠媛譯，《影像的閱讀》（*About Looking*），台
　　北：遠流，1998。

格雷馬斯（Algirdas Julien Gremas），吳泓緲譯，《結構語義學》

（*Sbmantique structurale: rechryche de mbthode original*），北京：生活・讀書・新知三聯書店，1999。

泰勒（Lisa Taylor）、魏理斯（Andrew Willis），簡妙如等譯，《大眾傳播媒體新論》（*Media Studies: Texts, Institutions and Audiences*），台北：韋伯文化，1999。

貢布里希（E. H. Gombrich），范景中譯，《藝術發展史》，天津：天津人民美術出版社，1992。

馬凌諾斯基（Bronislaw Malinowski），費通等譯，《文化論》（*What is Culture*），台北：台灣商務，1940。

曼古埃爾（Alberto Manguel），吳昌傑譯，《閱讀地圖》（*A History of Reading*），台北：台灣商務，1999。

康定斯基（Wassily Kandinsky），吳瑪悧譯，《藝術與藝術家論》（*Essays uber kunst und kunstler*），台北：藝術家出版，1998。

梅洛—龐蒂（Maurice Merleau-Ponty），王東亮譯，《知覺的首要地位及其哲學結論》（*Le Primat de la perception et ses consequences philosophiques*），北京：生活・讀書・新知三聯書店，2002。

梅達斯，Louvre，凡爾賽：法國黎絲藝術出版社，1997。

第亞尼（Marco Diani）編著，滕守堯譯，《非物質社會——後工業世界的設計、文化與技術》（*The Immaterial Society*），成都：四川人民出版社，1998。

傅拉瑟（Vilém Flusser），李文吉譯，《攝影的哲學思考》（*Towards a Philosophy of Photography*），台北：遠流，1994。

博田茶，《好色人生——色彩魔術師》，台北：婦女與生活社，2000。

萊辛（Gotthold Ephraim Lessing），朱光潛譯，《拉奧孔》（*Laokoon*），北京：人民文學出版社，1979。

費斯克（John Fiske），張錦華等譯，《傳播符號學理論》（*Introduction to*

Communication Studies），台北：遠流，1995。

雷登（Robert Layton），吳信鴻譯，《藝術人類學》（*The Anthropology of Art*），台北：亞太圖書，1995。

翟德爾（Herbert Zettl），廖祥雄譯，《映像藝術》（*Sight Sound Motion: Applied Media Aesthetics*），台北：志文，1994。

潘諾夫斯基（Erwin Panofsky），李元春譯，《造型藝術的意義》（*Meaning in the Visual Arts*），台北：遠流，1996。

潘諾夫斯基（Erwin Panofsky），傅志強譯，《視覺藝術的涵義》，瀋陽：遼寧人民出版社，1987。

諾曼（Donald A. Norman），黃賢偵編譯，《心科技》（*Things that Make Us Smart: Defending Human Attributes in the Age of the Machine*），台北：時報文化，1995。

錢德拉塞卡（S. Chandrasekhar），楊建鄴、王曉明譯，《莎士比亞、牛頓和貝多芬——不同的創造模式》（*Truth and Beauty: Aesthetics and Motivations in Science*），長沙：湖南科學技術出版社，1996。

鮑得威爾（David Bordwell）、湯普遜（Kristin Thompson），曾偉禎譯，《電影藝術——形式與風格》（*Film Art: An Introduction*），台北：麥格羅希爾，1996。

羅特施坦（Arthur Rothstein），李文吉譯，《紀實攝影》（*Documentary Photography*），台北：遠流，1993。

三、外文部分

Aumont, Jacques & Marie, Michel, *L'Analyse des films*, Paris: Nathan, 2002.

Chion, Michel, *L'audio-vision*, Paris: Nathan, 2002.

Collier, John, Jr. & Collier, Malcom, *Visual Anthropology: Photography as a Research Method*, Albuquerque: University of New Mexico Press, 1986.

Joly, Martine, *L'image et Les Signe: Approche Sémiologique de l'image fixe*, Paris: Nathan, 1994.

Layton, Robert, *The Anthropology of Art*, London: Cambridge University Press, 1991.

Lévi-Strauss, Claude, *The Savage Mind*, Chicago: University of Chicago Press, 1970.

Photo Icons (Petite histoire de la photo 1827-1926), TASCHEN GmbH, 2002.

圖像傳播學

著　　者／韓叢耀

審　　閱／陳斌全

出 版 者／威仕曼文化事業股份有限公司

發 行 人／葉忠賢

總 編 輯／閻富萍

地　　址／台北市新生南路三段 88 號 7 樓之 3

電　　話／(02)2366-0309

傳　　眞／(02)2366-0313

E-m a i l／service@ycrc.com.tw

郵撥帳號／19735365

戶　　名／葉忠賢

印　　刷／上海印刷廠股份有限公司

初版一刷／2005 年 9 月

定　　價／新台幣 650 元

Ｉ Ｓ Ｂ Ｎ／986-81493-0-4

本書如有缺頁、破損、裝訂錯誤，請寄回更換。

版權所有　翻印必究

國家圖書館出版品預行編目資料

圖像傳播學 = Image communication / 韓叢耀著. —
初版. -- 臺北市：威仕曼文化, 2005 [民 94]
　面；　公分. -- (視覺傳播系列；1)
參考書目：面
ISBN 986-81493-0-4（精裝）

1. 傳播 2. 視覺藝術

541.83　　　　　　　　　　　　94014431